餘韻研究叢書

116

中國文學之傳播與影響 1161

台灣文學之路 1162

南唐後主李煜之研究 1163

南唐後主李煜之研究

蔡輝振

楊秋珊 著

Family Sky 天空數位圖書出版

序　言

　　筆者自幼，即對文學充滿興趣，卻礙於七十年代工商業風氣的盛行，而一直從學、事於其領域，無緣置身所好，一探究竟，僅能偶興鑑賞於業餘而已。然此一憾事，終在年前，得以願償。

　　初踏文壇，承師長啟蒙，始能漸入佳境，流連忘返於歷代詩詞中。其中尤以南唐後主李煜，最為獨鍾，其詞不僅纏綿淒怨，樸實自然，尤以率真誠摯的自我抒寫方式，最能引人入勝。共鳴之處，常叫人為之落淚，久久不能釋懷，猶如後主再現。於是，筆者選擇李煜作為研究對象，嘗試剖析是何原因，促成其如此扣人心弦、曠世不朽的作品。

　　雖然，研究李後主者不乏其人，然因在其文學作品中，詞是李煜最有成就的一環，故後人研究，大都僅在詞中發揮，其詩、文等則少談及，縱或論到亦是一筆帶過，未作深入分析，殊不知李煜詩、文亦有可觀之處，如此片面探討，在對了解整個李煜的基礎上，恐易失之偏頗。在論詞的形式上，研究者不外乎從其生平、背景、詞的內容或同期之比較，以及對後世的影響上，作探索與評論，甚少人從其所經營的帝王事業上著手研究。在論詞的內容上，研究者不外乎論其詞之表現手法、藝術風格、特色與成就，也甚少人論其詞的體制、格律，這對李煜詞的研究實為一大缺陷。

再者，歷代對李煜生平家世，千秋功過的評析議論，雖譽眾貶寡，然至今尚存分歧。有謂：「不理朝政，荒淫酒色，貪生怕死，偷安苟且，屈辱伏降，風流失國」；有謂：「有如釋迦、基督之代人荷罪」等。李煜到底是哪一種人？這實有釐清的必要；加上歷代尚有一些爭議，如李煜作品辨偽、李煜死因之謎等問題，也需探究。

筆者即基於上述原因，而想對這位素有「詞中帝王」之稱的南唐後主李煜，作全面性之研究，以求客觀解決歷史上的爭議，還其真實面貌，並進一步補足其缺陷。

本文能順利完成，得師長們的教誨及提供資料，謹在此一併致謝。同時，由於筆者才疏學淺，文中缺失在所難免，還望時賢指正。

今承天空數位圖書公司的青睞，同意付梓，筆者僅在此表達謝意。

蔡輝振、楊秋珊　謹誌於雲林聽風軒

2020.春

摘　要

關鍵詞：南唐後主、李煜、詩詞、詞中帝王、歷史爭議

　　本文以「南唐後主李煜之研究」為題，其動機乃因研究李後主者雖不乏其人，然在其文學作品中，詞是李煜最有成就的一環，故後人研究，大都僅在詞中發揮。其詩、文等則少談及，縱或論到亦是一筆帶過，未作深入分析，殊不知李煜詩、文亦有可觀之處。

　　再者，歷代對李煜生平家世，千秋功過的評析議論，雖譽眾貶寡，然至今尚存分歧。有謂：〝不理朝政，荒淫酒色，貪生怕死，偷安苟且，屈辱伏降，風流失國〞；有謂：〝有如釋迦、基督之代人荷罪〞等。李煜到底是哪一種人？這實有釐清的必要；加上歷代尚有一些爭議，如李煜作品辨偽、李煜死因之謎等問題，也需探究。

　　可見，本文之研究目的，旨在對這位素有〝詞中帝王〞之稱的南唐後主李煜，作全面性之研究，以求客觀解決歷史上的爭議，還其真實面貌，並進一步補足其缺陷。

　　本文之研究方法，係採〝文獻分析法（Documentory Analysis Method）〞、〝批判法（Critical Method）〞，以及〝演繹法（Deductive Method）〞、〝歸納法（Inductive Method）〞四者並用。以李煜本人為點，向周圍擴展成面，由其祖父創立南唐起，至李煜去世止為經，並由當時的五代十國為緯，以求獲得結論。全文分八章，其步驟為：

本文研究結果，李煜文學對後世影響是既深且遠，被推崇〝詞中帝王〞的美譽，雖當之無愧。然其荒淫奢侈，屈辱苟安，既不思圖強，又不察時勢，終致祖先心血付之一炬的亡國之罪，應問心有愧。若說〝天以百凶成就一詞人〞，其代價未免太大，實不足為後人效法。

Summary

Keywords: The last emperor of the Southern Tang Dynasty, Li Yu, poems, the Master of the lyric, historical controversy.

This article entitled:"The Research of Li Yu, the Last Emperor of the Southern Tang Dynasty". There has been a lot of research about Li Yu, in particular, the research of his lyrics (*ci*). This is because the lyrics of Li Yu have been the most successful achievement in his life. However, researchers hardly notice Li Yu's poems and prose. Even though researchers mentioned Li Yu's poems and prose, they did not analyze them deep enough. Therefore, this is the first motivation of this article.

Secondly, the research of Li Yu's personal background and criticism of his lifetime achievements still hold different opinions in the past generations. Although most of the research praise Li Yu more than derogate him, different viewpoints toward him still exist. For instance, some criticism claim that Li Yu " neglected his duty as an emperor, indulged in pleasures, possessed greed of life and fear of death, satisfied with temporary peace, surrendered to the conqueror unconditionally, and lost the country". While some criticism claim that "Li Yu was blamed for the falling of the dynasty, which is as noble as the Buddha and the Christ". Among different criticism, which might be the true nature of Li Yu? This is the question need to be clarified. Furthermore, some issues such as the validation and edition of Li Yu's literary works, and the reason of his death remained uncertain in the past generations. These are important questions worth discussing.

The purpose of this research is to study Li Yu, the last emperor of the Southern Tang Dynasty who is also known as the Master of the lyric, on a wide scale. By doing so, this research hopes to objectively resolve questions in dispute with Li Yu's studies, and to make contributions to it.

The research methods in this article are as follows: "Text Analysis Method", "Criticize Method", "Deductive Method", and "Inductive Method". This research begins with Li Yu as a starting point; then expands to relevant topics. This research also integrates discussion of historical background dated back from Li Yu's grandfather founded Southern Tang Dynasty to the death of Li Yu, as well as discussions of Five Dynasties horizontally to reach the conclusion. The full text is divided into eight chapters, and the research steps are as follows:

Chapter 1: Introduction:This chapter discusses descriptions of research motivations, purposes, methods, steps, and scope, etc.

Chapter 2: Biography of Li Yu: This chapter discusses Li Yu's life from the royal family to the time of the dynasty fell and then being a prisoner.

Chapter 3: The origin of Li Yu's thought: This chapter discusses the inheritance and influence of his character and thoughts.

Chapter 4: Li Yu as an emperor: This chapter discusses Li Yu from the viewpoint of being an emperor, which starts from his inheritance to the throne until the falling of the dynasty.

Chapter 5: The Literary works of Li Yu: This chapter discusses his scholarly learning and various talents as well as characteristics of his literary works.

Chapter 6: Li Yu's influence on later generations: This chapter discusses the vigilance learned from his reign and also the appreciation of his literary works.

Chapter 7: Controversial issues of Li Yu's studies:This chapter discusses the mysterious background and death of Li Yu. Also, this chapter discusses the validation and edition of his literary works.

Chapter 8:Conclusion: The final chapter summarizes the conclusion based on the previous discussion.

This research shows that Li Yu's literary works have a profound and far-reaching influence on future generations, which is well-deserved for his reputation as "The Master of the lyric". However, his behaviors such as absurd extravagance, satisfaction of temporary peace and lack of the feeling of humiliation; he also abandoned the idea of reviving the dynasty, all of which caused the falling of the dynasty and Li Yu was the one to blame. If the saying "the master of lyric is accomplished by hundreds of evils descended from the heaven" is true, the price is too high to be paid. The later generations should not follow the suit.

目　錄

第一章　緒　論

本單元為緒論,先交代筆者之研究動機與目的、研究範圍與限制、研究方法與步驟、名詞概念與釋義,以及文獻分析與回顧等加以說明如下:

一、研究動機與目的

本文以「南唐後主李煜之研究」為題,其動機乃因研究李後主者雖不乏其人,然在其文學作品中,詞是李煜最有成就的一環,故後人研究,大都僅在詞中發揮。其詩、文等則少談及,縱或論到亦是一筆帶過,未作深入分析,殊不知李煜詩、文亦有可觀之處。如此片面探討,在對了解整個李煜的基礎上,恐易失之偏頗。在論詞形式上,研究者不外乎從其生平、背景、詞的內容或同期之比較以及對後世的影響上,作探索與評論,甚少人從其所經營的帝王事業上著手研究。在論詞的內容上,研究者不外乎論其詞之表現手法、藝術風格、特色與成就,亦甚少人論其詞的體制、格律,這對李煜詞的研究實為一大缺陷。

再者,歷代對李煜生平家世,千秋功過的評析議論,雖譽眾貶寡,然至今尚存分歧。有謂:〝不理朝政,荒淫酒色,貪生怕死,偷安苟且,屈辱伏降,風流失國〞;有謂:〝為君仁惠,好生善良,誤作人主,拙於治邦,重文偃武,終於亡國〞;有謂:〝做個才人真絕代,可憐薄命作君王〞;有謂:〝有如釋迦、基督之代人荷罪〞等不一而定之評論。李煜到底是:〝貪生怕死、苟且偷安〞?抑是〝有如釋迦、基督之代人荷罪〞?這實有釐清的必要。加上歷代尚有一些爭議,如李煜作品辨偽、李煜死因之謎等問題，也需探究。

可見，本文之研究目的，旨在對這位素有〝詞中帝王〞之稱的南唐後主李煜，作全面性之研究，以求客觀解決歷史上的爭議，還其真實面貌，並進一步補足其缺陷。

二、研究範圍與限制

本文範圍之界定，可以使研究材料的取捨有所依準，研究對象的分際得以劃清。蓋就研究〝李煜〞而言，實可以依其本人為點，向周圍擴展成面，從生平背景，以及作品這兩個角度去探討之。以前者言：本文將從其祖父創立南唐起，至李煜去世止為經，並由當時的五代十國為緯。以後者言：本文將從〈魚父詞〉起、詩文，以至〈虞美人〉等作品止為緯。輔之以後人的評論，由點而面，由橫而縱，全面性去探索，自然可獲得較完整、客觀的結論。

至於限制，則來自於歷史爭議性問題，既為歷史爭議，自是長久以來缺乏有力證據使然，後人僅能從有限資料去推論，很難獲得普遍性認同。故本文在探討爭議性問題時，也僅能從現有的文獻去論斷，所提出之結果，僅是筆者看法而已。

三、研究方法與步驟

本文之研究方法，係採〝文獻分析法（Documentory Analysis Method）〞、〝批判法（Critical Method）〞，以及〝演繹法（Deductive

Method）〞、〝歸納法（Inductive Method）〞四者並用。先行蒐集與研究有關的基本文獻、各家評論資料，繼就所得材料續予外在評估（External Criticism），與內在評估（Internal Criticism）。前者在鑑定資料之真實性，後者在確定資料之價值性，然後引述分析，並加以演繹、歸納，同時就不合理者提出批判，以求獲得結論。批判時，如係個人立場或文學素養等的差異，而有不同看法，無牽涉到所謂對或錯時，筆者將儘量不做任何批評，讓其從各種角度的主張，呈現出來，才不致流於以自己的主觀，去強暴他人的主觀，期能達到真正之客觀。然若屬史料或有充分的證據，以證明其錯誤時，則加以批判說明。全文分八章論之，其步驟為：

第一章　緒　　論：敘述筆者之研究動機、目的、方法、步驟、範圍等。

第二章　李煜之生平傳略：從其生於君王世家的背景論起，童年往事、婚姻生活等的深宮歲月，無奈天教心願與身違的帝皇生活，以至亡國之階囚生涯為止。

第三章　李煜之思想淵源：論其性格與思想之承襲及影響。

第四章　李煜之帝王事業：從其承襲王位論起，採苟且偷安政策，雖曾力圖振作，奈何天下無周公仲尼，加上沉迷佛事，內憂外患，以至國破家亡為止。

第五章　李煜之文藝創作：從其博學多才論起，詩詞析賞，並就其詩詞的表現手法及格律上作一探討，以至論其風格特色為止。

第六章　李煜之後世影響：論其帝業方面的警惕及其文藝方面的崇仰。

第七章　李煜之歷史爭議：本章係就先主李昪身世之謎、李煜作品辨
　　　　偽、及其李煜死因之謎的三大主要爭議做一探討。

第八章　結　　論：綜合上述，做出客觀總結。

四、文獻檢討與回顧

　　文獻檢討與回顧，係包含《南唐二主詞》的版本檢討，以及李煜
研究史的回顧文獻，茲分析如下：

（一）《南唐二主詞》版本：

　　該版本的作者為南唐中主李璟、後主李煜，由馮延巳編撰，約成
書於南宋，後世續有輯補，又有後人編寫各種版本，現在流行的則為
《南唐二主詞校訂》。

　　有關出版《南唐二主詞》的版本，主要有：清・王國維：《南唐
二主詞》，（晨風閣叢書本線裝書）；王次聰：《南唐二主詞校注》
四部刊要本，（台北：世界書局，民五十九年）；王仲聞：《南唐二
主詞校訂》，（香港：大光出版社，1959年）。其中，前者為清光緒
三十四年（1908）王國維手抄本，9行21字，綠格，白口，四周雙邊；
中者為王次聰校注，楊家駱以數十家版本互校，而成此書，書後附有
夏瞿禪所撰《南唐二主年譜》；後者王仲聞有鑒於後世續有輯補，但
均真偽雜陳，文字異同甚多，於是搜羅各種版本及選本、筆記、詞話

等資料加以校訂,並將原書未收詞作的校勘辨偽、散見各書的二主詞評語和本事、各家序跋及有關考證資料等附編於後,成《南唐二主詞校訂》一書,於1957年6月由人民文翠出版社出版,香港大光出版社於1959年據該版在香港出版。

然《南唐二主詞》的版本雖多且雜,但主要還是根據馮氏版所收錄的內容,該內容卻有多篇非李煜的作品。[1]可見,研究者所引用的版本,如果不加以辨偽,其研究成果,也必然有誤。

(二)李煜研究史回顧:

論述李煜的文獻資料雖眾多,然有相當的部分,僅止於散文式的發表己見而已,非學術論文,既非論文自不在本單元的回顧。再者,研究者雖也眾多,然大致不出本單元所列舉之主要專書論著,以及學位論文的範疇。茲分析如下:

1. 專書論著:

A. 游國恩等:《李煜詞討論集》,(北京:作家出版社,1957年)。該書收錄20篇,其中有18篇是關於李煜詞的討論,作者為:楚子、游國恩等18位,大多是散文式的討論並提出己見,非學術論文。

B. 唐文德:《李後主詞創作藝術的研究》(台中:光啟出版社),1975年)。該書內容主要分兩部分:一為李後主詞的創作與風格,一為李後主詞的剖析與欣賞。該書先從後主生命中的轉捩點亡國北上,

---

[1] 詳見本文第七章李煜之歷史爭議第二節李煜作品辨偽。

劃分出前後兩期。早期生長於宮廷，生活快樂無慮，生命中充滿著美好的夢和愛，一副詩情畫意的甜蜜。表現於詞作中，便是歌詠生命的美好與歡樂。亡國後，生活上憂苦與心靈的哀痛交織，表現在詞中，便是一闋闋的亡國悲歌與哀音。該書將李煜的詞作詳盡剖析陳述，對後世有參考價值。

　　C. 蔣勵材：《李後主詞傳總集》，（台北：國立編譯館，民六十七年）。該總集係蔣氏歸納歷代名家評論而成。

　　D. 詹幼馨：《南唐二主詞研究》，（武漢：武漢出版社，1992年）。該書對中主李璟、後主李煜的詞，及其闕佚詞、存疑詞，其他作品也分別作校勘、考證、箋注、解說，並提供有關詞牌、詞語等資料。後錄二主詞論、世系、年譜等。

　　E. 謝世涯：《南唐李後主詞研究》，（上海：學林出版社，1994年）。該書雖論及李煜生平等，然其重心在於詳論後主之詞藝成就、辨析前人對後主詞於詞藝方面之曲解、論駁所謂愛國思想與釋迦基督思想之謬說，以及就所謂「閱世愈淺情性愈真」之意為後主詞辨誣。可見，該書較其他論著，較為完整的研究李煜，可惜對其詩文則少論及，然對後世有參考價值。

　　F. 李心銘：《李後主詞的通感意象》，（北市：秀威資訊出版，2012年）。該文將李後主三十七闋詞中的意象歸納為視覺、聽覺、嗅覺、味覺和觸覺，並分析各種感官意象所派生出來的感覺，其中視覺意象又分為自然風景、人文物貌和女性態貌三類；聽覺意象則分為天籟、地籟和人籟三類。該文並以意象理論、修辭學和美學等為依據，並參酌相關傳記及宋人的筆記小說，掌握其生平脈絡，從其感官出發，探析其詞作，然而各種感官互相移轉只是藝術創作的手段，最終的價值還是詞的精神意涵。

2. 學位論文：

A. 王廣琪：《動亂中的詞人——李煜李清照比較研究》（國立彰化師範大學碩士論文），2008年。該文主要對詞中二李並列而論的研究立場，分析、比較易安詞對後主詞的承繼與創新，以彰顯李煜詞所標誌的南唐詞風範，易安詞的「婉約」本色，及其源流、特色等內在承轉；同時，以二李詞並論的角度，析論李煜以帝王為詞、易安以一介女子而擅詞場、開詞風及獨步詞史之特例。配合歷代詞話與評論，將二李詞置諸詞史的大背景，對兩人在詞史脈絡上承先啟後之功，作出分析與結論。

B. 李寶玲：《五代詩詞比較研究》，（台北：國立政治大學中國文學研究所碩士論文，民七十九年）。該文研究結果，詩詞之間的語言，可分為詩用詞不用、詞用詩不用及詩詞皆用三部份：詩用詞不用者多，詞用詩不用者少。而在詩詞皆用的部份中，同樣的詞彙，在詩詞之中，它所表達的方式、出現的次數，也各有異同。這樣的現象，形成後來研究詩詞者，在比較詩詞風格時，常說的「詩莊詞媚」、「詩之境闊」，以及「詞之言長」的差別。

C. 李金芳：《李後主文學研究》（國立高雄師範大學碩士論文），2005年。該文從李煜生平著手，然後論其詩文，尤其是詞作的題材內容及藝術特色，並藉由整理歷代與近代學者對於李煜之評價，探討他們的評析與論點，進而歸結出李煜之文學成就與地位。可見，該書較其他論著，亦較為完整的研究李煜，可惜對其一些歷史爭議並無論及，然對後世也有參考價值。

D. 沈鯤：《李煜及其詞創作的心理分析》（東北師範大學碩士論文），2006年。該文嘗試從心理學角度，對李煜及其詞的創作進行心理剖析，首先從李煜人格的形成著手，再論李煜內傾人格驅動下的前期詞，以及其缺失性體驗成就的李煜的後期詞。該文認為，李煜的人生極具典型意義，他用自己的生命在詞學史上鑄成一座不朽的豐碑。

E.邱國榮：《李後主前期詞作中的修辭格及其藝術作用之研究》，（國立臺中教育大學碩士論文），2009年。該文針對南唐李後主前期二十二闋詞，先進行辭格種類標示，再以表格說明次格、解釋認定為本修辭格之原因或簡述其藝術作用，接著綜合「內部語境」、「外部語境」，詳析該闋詞中各辭格所發揮藝術作用，並與各修辭學專書所揭櫫之修辭格作用、原則作一對照印證。

F. 胡雅雯：《李煜詞篇章意象探析》（國立台灣師範大學碩士論文），2007年。該文據《南唐二主詞》所收錄的李煜詞作，透過意象學及章法學的相關理論，對李煜詞的篇章意象作一探析，以求掌握李煜詞作中的意象形成及組織方式，並藉此與其身世遭遇作疊合，了解李煜前、後期詞作中的意象呈現情形，並點出李煜詞作在詞文學的發展所造成的影響。

G. 莊淑如：《李煜詞的鑑賞與研究》，（國立彰化師範大學碩士論文），2003年。該文研究結果認為，李煜以能將感情作最佳詮釋之文體為主，使作品充滿濃厚情感，令人讀之共鳴，而此濃厚情感所賴以抒發者，則是他在文章上的表現手法，加上善用白描，語文洗鍊貼切，使作品更顯得樸素自然、輕快靈巧。他的抒情，是善於概括，富於暗示，感染力強，而又形象生動，構成一種特有的風格。深哀淺貌，短語長情，無論內容和技巧，都達到小詞的極峰，悲慨鬱結，終於自成一格，成為一代詞宗。

H. 陳芊梅：《李後主研究》，（台北：國立台灣大學碩士論文，民六十一年）。該文之所以選定南唐詞人李後主為研究對象，乃因他在詞壇上的成就，一直被認為是一個偉大的代表，是超時代的人物，不但能代表五代詞的風格，且能創新格與開後路，他的小詞無論寫豔情，寫感概都達到無可超越的境地，尤其他一生的遭遇，令人羨慕與同情。

I. 陳慈君：《華麗與幻滅──李煜詞中的生命反差》，（國立中興大學），2015年。該文從李煜詞之創作背景著手，進而探討李煜詞反差之表現內容與主題意蘊，以及李煜詞的反差表現手法，並與李清照反差比較，並歸納出李煜以「夢」意象貫串一生，李清照以「酒」意象吐露心聲。最後結論出，高潮起伏的人生敲打著李煜的生命，羽化出精彩絕倫的詞作，使其有「富貴語」和「愁苦語」全方位的風格、幽微的意義與至高的地位，並讓讀者在不幸的生命中看見絢麗繽紛的光彩。

J. 劉春玉：《李後主詞研究》，（玄奘大學碩士論文），2007年。該文從李煜生平著手，然後論其詞的嬗變，再論其表現手法和藝術特質，並與傳承者李清照詞之比較，最後結論出，後主的詞作如滔滔江水，浩蕩不絕傳唱下去，是詞壇熠熠發光的閃耀之星。

　　本文即在此等研究成果的基礎上，對李煜研究做縱橫且完整之延伸。

第二章　李煜之生平傳略

本單元係對李煜之生平傳略做一探討，並分為：君王世家、深宮歲月、帝皇生活，以及階囚生涯等四個單元論之，茲說明如下：

第一節　君王世家

南唐開國之君，先主李昇，字正倫，小字彭奴，係徐州（今江蘇省銅山縣）人，唐僖宗光啟四年（公元八八八）二月二日生於彭城（今江蘇省徐州市）。自云為〝唐憲宗子建王恪之裔〞，至父李榮喜從浮屠遊，致家道中落。出世時，適逢唐末之亂，其父不知所終，母劉氏攜其避難於濠州（今安徽省鳳陽縣）、泗州（今安徽省泗縣）之間，不久亦亡，卒少貧無依，託跡開元寺。

唐昭宗乾寧二年（公元八九五），吳王楊行密攻濠州時，見其相貌非凡，本欲養以為子，然遭諸子反對。故托大將徐溫收養，卒為徐養子，冒姓徐氏，更名知誥。長大後，知誥壯身七尺，廣額隆準，為人溫厚有禮，自勵勤儉，奉溫更如親父，盡守人倫。他隨徐氏兵馬爭戰，有勇有謀，深得器重，由元從指揮使、溫州刺史、檢校司徒、潤州刺史，至官拜昇州刺史，時年二十九歲。

唐昭宗天祐十六年（梁末帝貞明五年，公元九一九），楊渥次子隆演始建國稱制，是為吳宣王，改元武義，擢昇知誥為左僕射參知政事，自此知誥握有吳國實權。由於他識度英偉，待士及禮，孜孜求活，故〝大江南北，封境之間，二十餘年，治平如砥〞、〝時中原多故，名賢夙德皆亡身歸順。〞[1]。翌年，宣王殂，弟溥即帝位，國號吳，是為吳睿帝。天祚元年（公元九三五），溥加封其為太師、大元帥，進封齊王。由此，知誥乃更名誥，改金陵為江寧府（原昇州），立宗廟，百官制度皆如吳朝。

吳睿帝天祚三年（公元九三七），知誥更以〝受禪老臣〞的身份，接受吳的〝禪讓〞，登上嚮往已久之帝位，建都金陵，國號大齊，改天祚三年為昇元元年。昇元三年（公元九三九），齊帝復姓李，更名　　，改國號為大唐，是為南唐烈祖，史稱先主。

李煜溫厚恭儉，勤政愛民，尤其是採息兵養民與敦睦鄰國之政策，使國家少有戰禍，人民生活安定。在位雖僅七年，卻為南唐紮下良好根基。然為長生不老，而服用大量金石，反致提前結束生命，終在昇元七年（公元九四三）二月崩逝，享年五十六歲，葬於永陵，育有五子，其帝位由長子景通繼承。

中主李璟，字伯玉，初名景通，改名瑤，後名璟，係徐州（今江蘇省銅山縣）人，為先主之長子，宋后所出，唐昭宗天祐十三年（公元九一六）生於昇州（今南京市）。其音容閒雅，眉目如畫，風度高秀，儒懦寬仁，有文學才華，十歲能吟〝新竹詩〞，使當時文壇士子均感訝異。據馬令云：

1　參見宋·龍袞：《江南野史》卷一，〈先主〉，載於清·紀昀等：《文淵閣四庫全書》第四六四冊，（台北：台灣商務印書館出版），P.72。

甫十歲，吟新竹詩云，棲鳳枝梢猶軟弱，化龍形狀已依稀，人皆奇之。[2]

由於景通生性懦弱，且深愛藝術，長於文學的文人，使先主曾有意將帝位傳給其他兒子，但礙於群議，難破長子繼承的傳統，而立為太子。景通心知父王別有鍾愛，故每欲立他為太子時，總不肯接受。據陸游謂：

> 昇元初，烈祖受禪封吳王，徙齊王，四年八月，立為皇太子，復固讓曰：〝前世以嫡庶不明，故早建元良，示之定分。如臣兄弟友愛，尚何待此。〞，烈祖為下詔，稱其守廉退之風，師忠貞之節，有子如此，予復何憂。赦殊死以下臣民。奉賤齊王如太子禮。[3]

昇元七年（公元九四三）三月，李昇逝世已十幾天，景通仍辭讓不肯嗣位，據馬令說：

> 既當儲副之地，而固讓再三，謙虛下士，常若弗及。烈祖殂，授顧命，猶讓諸弟，辭益堅。侍中徐玠以衰冕被之，曰：〝大行

[2] 見宋・馬令：《南唐書》卷二，〈嗣主書〉，載於清・紀昀等：《文淵閣四庫全書》第四六四冊，（台北：台灣商務印書館出版），P.255。

[3] 見宋・陸游：《南唐書》卷二，〈元宗本紀〉，載於清・紀昀等：《文淵閣四庫全書》第四六四冊，（台北：台灣商務印書館出版），P.393。

付殿下以神器之重，殿下固守小節，非所以遵先旨，崇孝道也。"
乃嗣位。[4]

陸游亦說：

> 保大元年春，三月己卯朔，烈祖殂已旬日，帝猶未嗣位，方泣
> 讓諸弟，奉化節度使周宗手取袞冕衣帝，曰，大行付陛下神器
> 之重，豈得固守小節，是日即皇帝位。[5]

經多番波折，景通遂即位金陵，改元保大，是為南唐元宗，史稱
中主。尊母宋氏為皇太后，立妃鍾氏為皇后，以長子南昌王弘冀為江
都尹東都留守。

李璟登位後，頗能遵守先訓，勤政愛民，然任用馮延巳、馮延魯、
魏岑、陳覺、查文徽等無安邦治國之才，卻浮華自負，諂妄陰詐的"
五鬼"把持朝政，無疑為南唐埋下最初的禍胎。保大二年（公元九四
四），即忘先主遺訓，出兵伐建州延政，戰敗於蓋竹。據陸游云：

> 五月，閩將朱文進弒其君曦自稱閩王，遣使來告。帝囚其使，
> 將討之。議者謂閩亂由王延政，當先討，乃釋閩使遣還。秋九
> 月庚午朔日有食之冬十二月，樞密院使查文徽請討王延政，詔

---

4 見宋·馬令：《南唐書》卷二，〈嗣主書〉，載於清·紀昀等：《文淵閣四庫
　全書》第四六四冊，（台北：台灣商務印書館出版），P.255。
5 見宋·陸游：《南唐書》卷二，〈元宗本紀〉，載於清·紀昀等：《文淵閣四
　庫全書》第四六四冊，（台北：台灣商務印書館出版），P.393。

以文徵為江西安撫使，往覘建州。文徵固請，乃以邊鎬為行營招討，共攻延政。敗績于蓋竹。[6]

保大三年（公元九四五），李璟不甘蓋竹之敗，也欲有一番作為，故又起兵出征，令樞密使查文徵率大軍破赤嶺、拔鐔州、克建州。汀州、泉州、漳州等守將隨即俯首稱臣。翌年，又命樞密使陳覺圍攻福州，可見李璟野心勃勃，急欲擴大南唐版圖。是歲契丹滅晉，密州刺史皇甫暉、青州刺史王建，及沿淮諸戍又皆降南唐。然當吳越救福州，南師即敗北而歸。

保大五年（公元九四七）五月，李璟聞契丹北歸，想把握時機入主中原，但又猶豫不決。六月，漢兵已回汴京，遂止，李璟悔恨交加。據龍袞云：

> 是時中原無主，寇盜縱橫。嗣主乃歎曰，孤不能因其厄運，命將出師，抗行中國，恢復高祖太宗之土宇。而乃勞師於海隅。孤實先代之罪人也。至於悔恨百端，不能自弭。[7]

保大十四年（公元九五六），周世宗柴榮親征南唐，南師大敗，李璟二度遣使求和，願以兄事，歲供萬物，自削帝號，奉表請為外臣，然周世宗不許。

---

6 見宋·陸游：《南唐書》卷二，〈元宗本紀〉，載於清·紀昀等：《文淵閣四庫全書》第四六四冊，（台北：台灣商務印書館出版），P.394。

7 見宋·龍袞：《江南野史》卷二，〈嗣主〉，載於清·紀昀等：《文淵閣四庫全書》第四六四冊，（台北：台灣商務印書館出版），P.75。

保大十五年（公元九五七），周世宗二度親征，諸道兵馬元帥景達援壽州，大敗。壽州、濠州、泗州、東都等皆陷降。次年，李璟遣使至周朝，奉為正朔，歲供萬物，並把江北未陷之地全部獻上，周世宗始罷兵。李璟卒去帝號稱國主，去年號稱顯德五年，改名景以避周信祖的諱，從此與中原劃江為界，偏安江南。

　　顯德七年（公元九六〇），趙匡胤〝陳橋兵變〞篡周，改元建隆，國號宋，是為宋太祖。南唐立遣使者至宋入貢，亦奉為正朔。翌年，趙氏練水師，造戰船，並耀兵揚州，李璟驚懼，遂於建隆二年（公元九六一）遷都洪州，是歲六月便憂鬱而終。據釋文瑩說：

　　　　都邑則迫隘丘坎無所施力，群情不安之下議來還會疾作殂於洪
　　　　州，年四十六。[8]

　　李璟死後葬於順陵，追諡為明道崇德文宣孝皇帝，享年四十六歲，育十子二女，其王位由六子從嘉繼承。南唐世系如下：

南唐世系表				
李昇（先主）		一、弘冀（保寧王）		
		二、弘茂（慶王）		
		三、□□		
		四、□□		
		五、□□		
	一、景通（中主）	六、從嘉（後主）	一、仲寓	一、正言
			二、仲宣	

8　見宋・釋文瑩：《玉壺野史》卷十，〈江南遺事〉，載於清・紀昀等：《文淵閣四庫全書》第一〇三七冊，（台北：台灣商務印書館出版），P.353。

		七、從善（鄭王）	
		八、從鎰（鄧王）	
		九、從謙（吉王）	
		十、從信（文陽郡公）	
		太寧公主	
		永禧公主	
	二、景遷（楚王）		
	三、景遂（晉王）		
	四、景達（齊王）		
	五、景（江王）		
備註			

第二節　深宮歲月

　　後主李煜，字重光，號鍾隱，別稱鍾山隱士、鍾峰隱居、鍾峰隱者、鍾峰白蓮居士、蓮峰居士等，初名從嘉，嗣位金陵，更名煜。係徐州（今江蘇省銅山縣）人，烈祖昇元元年丁酉（公元九三七）七月七日，生於金陵，為中主第六子，鍾后所出。初娶周娥皇，繼納其妹，有五兄四弟，子二孫一，後絕。

　　從嘉天生貌俊，寬額豐面，駢齒重瞳，神骨秀異，音容閒雅。其出生又值南唐立國之年，使他從小即深受先主與中主喜愛，卒遭長兄弘冀之妒忌。從嘉天性仁厚膽怯，從不與之計較，唯成天躲在書室，與藝術文學為伴，以讀書自娛。其父亦是文藝的愛好者，宮中藏有豐富的墨寶經典，足供觀摹研讀。故他自少即培養多方面的藝術才華，不但能文、能詩、能詞、能畫，亦能音樂，使其生活充滿文藝氣息。可見從嘉的童年皆沈溺於書室中，自得其樂。

從嘉不僅多才多藝且亦多情，故在其風流浪漫中，又充滿清雅的文藝氣息。難得是他先後擁有兩位才貌雙全的皇后，更激發其文學創作的靈感，使他才藝得以發揮淋漓盡致。

大周后周娥皇，係秣陵（今南京別名）人，吳睿帝天祚二年丙申（公元九三六），生於江寧府（原稱金陵），是三朝元老大司徒周宗與繼室所出之長女。

周氏天資聰穎，貌美多才，通曉詩書，能歌善舞，尤精於琵琶。相傳李璟讚賞她的技藝，不惜將御用燒槽琵琶賜贈與她。據馬令云：

> 後主昭惠后周氏，小字娥皇，大司徒宗之女，甫十九歲，歸于王宮。通書史，善音律，尤工琵琶。元宗賞其藝，取所御琵琶，時謂之燒槽者賜焉。[9]

她對音律亦有很深造詣，相傳其能自創新曲。據陸游謂：

9　見宋・馬令：《南唐書》卷六，〈女憲傳〉，載於清・紀昀等：《文淵閣四庫全書》第四六四冊，（台北：台灣商務印書館出版），P.276。

嘗雪夜酣燕，舉杯請後主起舞。後主曰：〝汝能創為新聲則可矣。〞后即命牋綴譜，喉無滯音，筆無停思。俄頃譜成，所謂邀醉舞破也。又有恨來遲破亦后所製。[10]

周氏不僅造新聲，亦將盛唐失傳的名曲〝霓裳羽衣曲〞殘譜，以琵琶彈奏，使其復傳於世。據陸游曰：

故唐盛時，霓裳羽衣，最為大曲。亂離之後，絕不復傳。后得殘譜，以琵琶奏之。於是開元天寶之遺音，復傳於世。[11]

可見周氏除其家世顯赫，亦是才華橫溢的女子。所謂〝門當戶對，才子佳人〞，保大十二年甲寅（公元九五四）終與從嘉成婚，時芳年十九，從嘉十八。兩人皆屬情竇初開，思想浪漫之齡，婚後伉儷情深、幸福甜蜜，終日沈醉於詩詞歌舞中，過著奢靡富麗的宮廷生活。

周世宗顯德六年己末（公元九五九），心胸狹小的皇太子長兄，為謀權奪利，毒殺季父晉王景遂，據陸游說：

初景遂之出鎮也，弘冀為太子。弘冀嘗被譴於元宗，有復立景遂之意。景遂在鎮亦頗忽忽多念謀，嘗以忤意殺都押衙袁從範之子。弘冀刺知之，乃使親吏持酖遺從範，使毒景遂。景遂擊鞠而渴，索漿，從範毒漿以進之，暴卒，年三十九。[12]

---

10 見宋·陸游：《南唐書》卷十六，〈昭惠后傳〉，載於清·紀昀等：《文淵閣四庫全書》第四六四冊，（台北：台灣商務印書館出版），P.477。

11 同前註。

12 同註10，卷十六，〈景遂傳〉，P.479。

弘冀雖權謀得逞，然因驚懼駭怕，一病不起，遂亡。大弟從善見有機可乘，卒與鍾謨為謀，欲奪走皇位，據陸游云：

> 初從善與鍾謨相附結。謨輒請以從善為嗣。元宗雖不從，然意亦自愛從善。其遷南都也，使主扈從諸軍。元宗殂，未御梓宮，從善輒從徐遊求遺詔，遊屬色拒之。至金陵，具以事聞。後主素友愛，略不以介意，愈加輯睦。[13]

　　從善計謀雖敗，然他並不介意，反而更加親熱，可見其對兄弟友愛之一般。從嘉便因兄長皆亡，推次為嗣，徙封吳王，以尚書令知政事居東宮，開崇文館招納賢士。

第三節　帝皇生活

　　宋太祖建隆二年辛酉（公元九六一）二月，中主李璟遷都洪州，立從嘉為太子，留金陵監國。六月，李璟殂於南都。七月，從嘉嗣位金陵，更名為煜，史稱後主，時歲二十有五。尊母鍾氏為聖尊后，立妃周氏為皇后，史稱大周后，其他叔弟等皆有徙封。

　　李煜登帝王寶座後，雖不能如前不理國事，然亦不忘尋樂作詞，常與娥皇通宵達旦，舞起霓裳羽衣曲。監察御史張憲，見其沉嗜音律廢政事，卒上疏直諫。據陸游謂：

---

13 見宋‧陸游：《南唐書》卷十六，〈從善傳〉，載於清‧紀昀等：《文淵閣四庫全書》第四六四冊，（台北：台灣商務印書館出版），P.482。

後主以后好音律，因亦耽嗜，廢政事，監察御史張憲切諫，賜
帛三十疋，以旌敢言，然不為輟也。[14]

如今李煜當上君王，更無所顧忌，迷戀於奢靡浪漫的後宮生活。

大周后育有二子，長子仲寓，次子仲宣，兩人均聰慧異常。尤其
次子生得眉目清秀，聰明伶俐，三歲讀古文，且能背誦《孝經》，又能
憑曲調，分出五音節律，亦懂進退揖讓、長幼尊卑之禮，故深得父母
喜愛。據釋文瑩說：

> 後主煜幼子，宣城郡公仲宣，周后所生。敏慧特異，眉神采若
> 圖畫，三歲能誦孝經及古雜文。煜置膝上，授之以數萬言。因
> 作樂，盡別其節。宮中讌飲，自然知事親之禮。見士大夫揖讓
> 進退，皆如成人。[15]

然天忌英才，聰穎的神童僅活四載，就因受驚而夭折，據陸游云：

> 宋乾德二年，仲宣纔四歲，一日戲佛像前，有大琉璃燈為貓觸
> 墮地，劃然作聲。仲宣因驚癇得疾，竟卒。追封岐王，諡懷獻。
> [16]

---

14 見宋·陸游：《南唐書》卷十六，〈昭惠后傳〉，載於清·紀昀等：《文淵
   閣四庫全書》第四六四冊，（台北：台灣商務印書館出版），P.477。
15 見宋·釋文瑩：《玉壺野史》卷十，〈江南遺事〉，載於清·紀昀等：《文
   淵閣四庫全書》第一〇三七冊，（台北：台灣商務印書館出版），P.353。
16 同註 14，卷十六，〈仲宣傳〉，P.483。

愛子遽逝，李煜悲傷異常，惟時周氏亦染病在床，為免娥皇擔心，未敢形聲於色，只暗自泣啜，並以詩誌哀。據吳任臣云：

> 仲宣歿，後主恐重傷昭惠后心，常默坐飲泣，因為詩以寫志。詩曰：〝……，空王因念我，窮子正迷家。〞吟詠數四，左右為之泣下。[17]

　　未幾，宋太祖乾德二年甲子（公元九六四）冬，臥病在床的娥皇，得知幼子病逝消息，精神突受刺激，病勢轉劇。李煜雖日夜照料，衣不解帶，仍無法挽回其生命。據馬令云：

> 后生三〔二〕子皆秀嶷，其季仲宣，儇寧清峻，后尤鍾愛，自鞠視之。后既病，仲宣甫四歲，保育於別院。忽遘暴疾，數日卒。后聞之，哀號顛仆，遂致大漸。後主朝夕視食，藥非親嘗不進，衣不解帶者累夕。后雖病亟，爽邁如常。謂後主曰：〝婢子多幸，託質君門，冒寵乘華，凡十載矣。女子之榮，莫過於此！所不足者，子殤身歿，無以報德。〞

　　遂以元宗所賜琵琶及常臂玉環，親遺後土，又自為書，請薄葬，越三日，沐浴正衣粧，自內含玉，殂于瑤光殿之西室。[18]

17　見清・吳任臣：《十國春秋》卷十九，〈南唐列傳〉，載於清・紀昀等：《文淵閣四庫全書》第四六五冊，（台北：台灣商務印書館出版），P.196。
18　參見宋・馬令：《南唐書》卷六，〈女憲傳〉，載於清・紀昀等：《文淵閣四庫全書》第四六四冊，（台北：台灣商務印書館出版），P.276。

大周后之逝給李煜打擊甚大，其痛苦遠超愛子仲宣的死，真是悲痛欲絕，據陸游云：

> 後主哀甚，自製誄刻之石，與后所愛金屑檀槽琵琶同葬。又作
> 書燔之與訣，自稱鰥夫煜，其辭數千言，皆極酸楚。[19]

李煜自製誄文，全文數千，字字血淚，至為哀痛，由文可知，李煜對大周后用情之深，無以言喻。然痛苦與悲傷，並未使這位風流倜儻的詞人，失去歡笑，早在大周后病篤時，即有佳人小周后闖入心扉，填補空虛。

小周后周氏，已佚其名，亦秣陵（今南京）人，元宗保大七年己酉（公元九四九），生於金陵，亦是大司徒周宗與繼室所出之次女，為大周后之妹。

周氏年僅十五，容貌綺麗，聰慧有才華，無論姿色才情皆不亞其姐，風騷尤甚，故很快成為李煜心中的最愛。在娥皇臥病時，李煜即常與她深夜幽會，〈菩薩蠻〉中的〝 襪步香階，手提金縷鞋〞、〝奴為出來難，教君恣意憐〞，即是描寫他們深夜幽會的情形。據馬令云：

> 後主樂府詞有衩襪步香階，手提金縷鞋之類，多傳于外。至納
> 后，乃成禮而已。翌日大醼，群臣韓熙載以下皆為詩以諷焉。
> 而後主不之譴。[20]

---

19 見宋・陸游：《南唐書》卷十六，〈昭惠后傳〉，載於清・紀昀等：《文淵閣四庫全書》第四六四冊，（台北：台灣商務印書館出版），P.477。
20 見宋・馬令：《南唐書》卷六，〈女憲傳〉，載於清・紀昀等：《文淵閣四

李煜風流，自不在意世俗諷言，倆人如乾草烈火，依舊夜下偷情不顧返，然終被娥皇發現，而至死不願再見其妹。據馬令云：

> 後主繼室周后，昭惠之母弟也。警敏有才思，神彩端靜。昭惠感疾，后常出入臥內而昭惠未之知也。一日因立帳前，昭惠驚曰：〝妹在此耶？〞后幼未識嫌疑，即以實告曰：〝既數日矣〞昭惠惡之，返臥不復顧。[21]

李煜雖深愛大周后，但當其病時，卻移情與小姨熱戀，真可謂風流成性。大周后殂時，年僅二十九，謚曰昭惠，葬於懿陵。

昭惠后去逝不久，其母聖尊后鍾氏亦臥病不起，煜事親至孝，早晚隨侍在側，藥必親嘗。既死，居喪哀毀，必扶杖而後能起，時乾德三年乙丑（公元九六五）。李煜前後一年內遭喪子、喪妻、喪母之痛，其打擊之巨，實難言喻。加上國步艱難，內憂外患，如無小周后的安慰與陪伴，還真不知如何渡日。也因此，他們更緊相依偎，為守孝，足嚐三年的相思苦。

宋太祖開寶元年戊辰（公元九六八），他們終如願成婚，婚禮的豪華隆重可說盛況空前，據馬令云：

庫全書》第四六四冊，（台北：台灣商務印書館出版），P.279。

[21] 見宋·馬令：《南唐書》卷六，〈女憲傳〉，載於清·紀昀等：《文淵閣四庫全書》第四六四冊，（台北：台灣商務印書館出版），PP.278～279。

〔繼室周后〕將納采，後主先令校鵝代白鴈，被以文繡，使銜書，侈靡不經類如此。及親迎，民庶觀者或登屋極，至有墜瓦而斃者。[22]

婚後，小倆口朝夕酣飲紅羅亭、錦洞天中，挾其帝王之尊，過著極奢華富麗生活，至於國庫空竭，朝廷政事，早已拋到九宵雲外。據《五國故事》載：

煜……，有慧（闊）壁以白銀釘玳瑁而押之。又以綠鈿剔隔眼，中糊以紅羅，種梅花於其外。又於花間設綵畫小木亭子，才容二座，煜與愛姬周氏對酌於其中，如是數處。每七夕延巧，必命紅白羅百疋以為月宮天河之狀，一夕而罷，乃歌之。[23]

陶穀亦說：

李後主每春盛時，梁棟窗壁柱拱階砌，並作隔筒密插雜花，榜曰錦洞天。[24]

李煜生性驕奢浪漫，周氏出豪奢之門，如此二人，其揮霍之巨可想而知。他們宮內擺設，亦是窮精極巧，鋪陳豪華。據王銍云：

[22] 見宋・馬令：《南唐書》卷六，〈女憲傳〉，載於清・紀昀等：《文淵閣四庫全書》第四六四冊，（台北：台灣商務印書館出版），P.279。

[23] 見宋・無名氏：《五國故事》卷上，載於清・紀昀等：《文淵閣四庫全書》第四六四冊，（台北：台灣商務印書館出版），P.210。

[24] 見宋・陶穀：《清異錄》卷上，〈竹木門〉，載於清・紀昀等：《文淵閣四庫全書》第一〇四七冊，（台北：台灣商務印書館出版），P.860。

小說載：江南大將獲李后主寵姬者，見燈，輒閉目，云：〝煙氣。〞易以蠟燭，亦閉目，云：〝煙氣愈甚。〞曰：〝然則宮中未嘗點燭耶？〞云：〝宮中本闊，每至夜則懸大寶珠，光照一室，如日中也。〞觀此則李氏之豪侈可知矣。[25]

　　如此奢侈豪華，難怪馬令會謂二周后〝侈靡之盛，冠于當時〞[26]，小周后尤甚。

　　李煜浪漫多情，深宮佳麗不可勝數，除大小周后外，尚有宵娘、保儀黃氏、慶奴及流珠等數姝，個個聰慧多姿，能歌善舞，亦深得李煜寵愛。據周密云：

道山新聞云，李後主宮嬪宵娘，纖麗善舞。後主作金蓮，高六尺，飾以寶物，組帶纓絡。蓮中作五色瑞雲。令宵娘以帛繞腳令纖小，屈上作新月狀，素襪，舞雲中曲有凌雲之態。唐鎬詩曰，蓮中花更好，雲裏月長新，是。人皆效之，以弓纖為妙，蓋亦有所自也。又有金蓮步詩云，金陵佳麗不虛傳，浦浦荷花水上仙，未會與民同樂意，卻於宮裏看金蓮。[27]

　　馬令云：

---

[25] 見宋・王銍：《默記》卷中，載於清・紀昀等：《文淵閣四庫全書》第一〇三八冊，（台北：台灣商務印書館出版），P.344。

[26] 參見宋・馬令：《南唐書》卷十一，〈列傳〉，載於清・紀昀等：《文淵閣四庫全書》第四六四冊，（台北：台灣商務印書館出版），P.302。

[27] 見宋・周密：《浩然齋雅談》卷中，載於清・紀昀等：《文淵閣四庫全書》第一四八一冊，（台北：台灣商務印書館出版），P.831。

> 保儀黃氏……，容態華麗，冠絕當世，顧眄韞笑，無不妍姣。
> 其書學伎能皆出於天性，後主雖屬意，會小周專房，由是進御
> 稀而品秩不加，第以掌墨寶而已。[28]

張邦基云：

> 江南李後主，嘗于黃羅扇上書以賜宮人慶奴云：〝風情漸老見
> 春羞，到處消魂感舊游。多謝長條似相識，強垂煙態拂人頭。〞
> 想見其風流也。[29]

吳任臣亦謂：

> 流珠，後主嬪御也，性通慧，工琵琶。後主常製念家山破，昭
> 惠后製邀醉舞，恨來遲二破，流傳既久，樂籍多忘之。後主追
> 念昭惠后，理其舊曲，顧左右無知者，流珠獨追憶無失。[30]

　　李煜真是生於瓊樓玉宇之中，長於宮娥妃嬪之手，然其風流成性
並未因而滿足，竟以一國之君，私往娼家狎遊，其生活浪蕩，實不亞
於北宋道君皇帝。據陶穀云：

> 李煜在國，……煜乘醉大書右壁曰：〝淺斟低唱、偎紅倚翠大
> 師，鴛鴦寺主，傳持風流教法。〞久之，僧擁妓入屏帷，煜徐

---

28 見宋・馬令：《南唐書》卷六，〈女憲傳〉，載於清・紀昀等：《文淵閣四庫全書》第四六四冊，（台北：台灣商務印書館出版），P.279。

29 見宋・張邦基：《墨莊漫錄》卷二，載於清・紀昀等：《文淵閣四庫全書》第八六四冊，（台北：台灣商務印書館出版），P.14。

30 見清・吳任臣：《十國春秋》卷十八，〈南唐宮人流珠傳〉，載於清・紀昀等：《文淵閣四庫全書》第四六五冊，（台北：台灣商務印書館出版），P.186。

步而出。僧妓竟不知煜為誰也。煜嘗密諭徐鉉，鉉言於所親焉。
31

　　李煜雖專寵大小周后，然其生性浪蕩不羈，風流瀟灑，終日沉溺
女人中，浪漫於花叢間。國家正值多事之秋，他竟有此心情戲遊，令
人費解。

　　李煜除沉迷詩詞歌舞外，亦篤信浮屠，聽法禮佛，大做佛事，是
其生活的一部份。據龍袞云：

> 後主自少俊邁，喜肆儒學……，酷信浮圖之法……，退朝與后
> 頂僧伽帽，衣袈裟，專誦佛書，手不暫釋，拜跪頓顙，至為疣
> 贅。……僧犯姦，有司具牘還俗，後主不聽……，勒令禮佛三
> 百拜免其刑。32

　　蘇東坡認為：〝李主好書神仙隱遁之詞，豈非遭離世故，欲脫世網
而不得者耶？〞33，遭離世故，欲脫世網，或許是他沈迷佛事的原因。
然此種行徑，除虛耗公帑外，對頹危國勢，並無助益，反而引起奸僧
亡國之禍，這是李煜始料未及。

---

31 見宋‧陶穀：《清異錄》卷上，〈么麼門〉，載於清‧紀昀等：《文淵閣四
　庫全書》第一〇四七冊，（台北：台灣商務印書館出版），P.854。
32 見宋‧龍袞：《江南野史》卷三，〈後主〉，載於清‧紀昀等：《文淵閣四
　庫全書》第四六四冊，（台北：台灣商務印書館出版），PP.84～85。
33 參見王仲聞：《南唐二主詞校訂》，（香港：大光出版社，1959年11月版），
　P.56。

李煜承襲祖業，擁有物博財豐的南唐，在物質上不虞匱乏；與殊姿絕藝的大小周后締結良緣，在精神上甚感欣慰；所以他在位的這段歲月中，其生活可謂豪奢浪漫，幸福美滿，真令人羨慕。

　　然人生有樂亦有苦，對李煜言，其最苦莫過於承擔那〝位不配才〞的霸業重任。他會是最好之文學家，但絕不會是個政治家，故南唐自其嗣位以來，國勢日衰，生計愈難。只知修貢苟安，而不知圖強，甚以寄情聲色、皈依佛法來慰藉其創痛心靈。然不論他如何諂媚奉承、忍辱屈就，亦無法改變宋祖一統天下的野心。不論他如何畏懼、逃避，亦依舊無法避免亡國的命運。

第四節　　階囚生涯

　　宋太祖開寶九年丙子（公元九七六）正月，後主李煜及宰相湯悅等四十五人隨宋將曹彬抵達宋京，身著白衣紗帽，向宋祖趙匡胤俯首稱臣，宋祖下詔赦罪，賜冠帶、器幣、鞍馬，並封違命侯，小周后封鄭國夫人。這是李煜一生中的轉折點，他將由帝王變成階囚，如從天堂掉進地獄，亦將由一般詞人涅槃成詞中帝王，受萬世崇仰。

　　李煜歸朝後，宋祖常對他輕視侮蔑，令李煜羞愧萬分，度日如年。據毛先舒云：

宋太祖一日小宴，顧李煜曰：〝聞卿能詩，可舉一篇〞煜思久之，
乃舉詠扇詩云：〝揖讓月在手，動搖風滿懷。〞太祖曰：〝滿懷
之風何足尚耶？〞[34]

又云：

李煜既降宋，太祖嘗因燕煜，顧近臣曰：〝當不忝作一翰林學
士？〞[35]

眾臣當前，如此口吻，豈非擺明羞辱嗎？李煜心情，真可謂〝別
有一般滋味在心頭〞。

十月，宋祖駕崩，其弟趙光義即位，是為宋太宗，改元太平興國，
並將李煜〝違命侯〞的辱號削去，徙封隴西郡公。太宗雖削去辱號，
然對他的猜忌與凌辱，卻駕乎宋祖之上。據脫脫云：

太宗嘗幸崇文院觀書，召煜及劉鋹令縱觀，謂煜曰：〝聞卿在江
南好讀書，此簡策多卿之舊物，歸朝來頗讀書否？〞煜頓首謝。
[36]

此等奚落，聽在李煜耳中，叫他何以能堪？然最讓人難受者，莫
過於逼幸小周后一事。據龍袞云：

---

34 見明·毛先舒：《南唐拾遺記》，載於清·曹秋岳：《學海類編》第十八冊，
　　線裝書，PP.後8～前9。
35 同前註，P.後13。
36 見元·脫脫等：《宋史》卷四百七十八，〈南唐李氏世家〉，四部備要本，
　　第二十冊，（台北：台灣中華書局），P.6。

李國主小周后，隨後主歸朝，封鄭國夫人，例隨命婦入宮。每一入輒數日，出必大泣罵後主，後主多宛轉避之。[37]

原是長養深宮尊為帝王的李煜，如今卻一再遭受橫暴摧殘，怎不令他沈痛表示〝此中日夕，只以眼淚洗面〞。往日的尊貴威望、豪奢榮華，皆成幻影，取而代之的盡是卑賤屈辱、生活困窘及禁錮如囚犯。由此，他變得憂鬱寡歡，一切的苦悶悲思，盡投入詩詞中，以求心靈寄託。

李煜囚禁期間，舊臣不得與之會面，惟徐鉉曾奉太宗之命前來探望，然這唯一的相聚，卻為李煜招來殺身之禍。據王銍云：

徐鉉歸朝為左散騎常侍，遷給事中。太宗一日問：

〝曾見李煜否？〞鉉對以〝臣安敢私見之？〞

上曰：〝卿第往，但言朕令卿往相見，可矣。〞

李主紗帽道服而出。鉉方拜，而李主遽下階，引其手以上。鉉告辭賓主之禮，主曰：〝今日豈有此禮？〞徐引椅少偏，乃敢坐。後主相持大哭，乃坐，默不言。忽長吁歎曰：〝當時悔殺了潘佑、李平。〞鉉既去，乃有旨再對。詢後主何言？鉉不敢隱，遂有秦王賜牽機藥之事。[38]

---

37 見明·毛先舒：《南唐拾遺記》，載於清·曹秋岳：《學海類編》第十八冊，線裝書，P.前9。

38 參見宋·王銍：《默記》卷上，載於清·紀昀等《文淵閣四庫全書》第一○三八冊，（台北：台灣商務印書館出版），PP.328～329。

想不到，一時感歎之語，竟引起殺機，太宗心胸之狹，猜疑之大，由此可知。加以李煜當時所作〈虞美人〉詞中有〝小樓昨夜又東風〞及〝一江春水向東流〞兩句，令他懷疑李煜仍不忘故國，起了叛心，於是俟機斬草除根。

　　宋太宗太平興國三年戊寅（公元九七八）七夕，正是後主李煜生日，煜在賜宅中令故妓起舞作樂，其聲徹於外。太宗聞之，不禁勃然大怒，乃謀一石二鳥之計，命李煜至交秦王趙廷美（亦是宋太宗的異母弟），為李煜祝壽，並賜酒以助其歡，廷美不知究理，欣然奉旨。嗚呼！一杯下肚，形同牽機，一代詞人便帶著無限痛苦及悔恨，與世長辭，享年四十二歲，葬於北邙（今河南省洛陽縣東北），贈太師，追封吳王。趙廷美亦貶死房州，小周后也因悲傷過度，隨之而逝，享年三十，與李煜同葬一起。

　　李煜死訊傳至南唐，江南父老故臣舊人，無不巷哭設齋，遙遙祭拜。據毛先舒云：

> 李後主葬北邙，故吏張泌，後官河南，每清明，親拜其墓，哭之甚哀。李氏子孫陵替，泌常分俸贍給焉。[39]

吳任臣云：

39　見明・毛先舒：《南唐拾遺記》，載於清・曹秋岳：《學海類編》第十八冊，線裝書，P.後10。

喬氏亦後主宮人，善書，居宮中，常出家奉佛，後主手書金字
心經賜之。國亡入宋禁中，聞後主薨，乃出經捨相國寺，以資
冥福。書其卷後云：「故李國主宮嬪喬氏，伏遇國主百日，謹捨
昔時賜妾所書般若心經，在相國寺塔院。伏願彌勒尊前，持一
花而見佛。」字整潔而詞愴惋，後江南僧持歸故國，置天禧寺
塔相輪中，見者悲之。[40]

鄭文寶亦云：

建康受圍二歲，斗米十數千，死者相藉，人無叛心。後主殂於
大梁，江左聞之，皆巷哭為齋。[41]

徐鉉奉太宗之令為李煜作墓誌銘〈大宋左千牛衛上將軍追封吳王
隴西公墓誌銘并序〉：

盛德百世，善繼者所以主其祀；聖人無外，善守者不能固其存。
蓋運曆之所推，亦古今之一貫。其有享蕃錫之寵，保克終之美，
殊恩飾壤，懿範流光，傳之金石，斯不誣矣。王諱煜，字重光，
隴西人也昔庭堅贊九德，伯陽恢至道，皇天眷祐，錫祚于唐。
祖文宗武，世有顯德。載祀三百，龜玉淪胥。宗子維城，蕃衍
萬國。江淮之地，獨奉長安。故我顯祖，用膺推戴。淳耀之烈，

40 見清·吳任臣：《十國春秋》卷十八，〈南唐列傳〉，載於清·紀昀等：《文
淵閣四庫全書》第四六五冊，（台北：台灣商務印書館出版），P.186。
41 見宋·鄭文寶：《江表志》卷三，載於清·紀昀等：《文淵閣四庫全書》第
四六四冊，（台北：台灣商務印書館出版），P.145。

載光舊吳。二世承基，克廣其業。皇宋將啟，玄貺冥符。有周開先，太祖歷試，威德所及，寰宇將同。故我舊邦，祇畏天命，貶大號以稟朔，獻地圖而請吏。故得義動元后，風行域中，恩禮有加，綏懷不世。魯用天王之禮，自越常鈞，鄫存紀侯之國，曾何足貴。王以世嫡嗣服，以古道馭民。欽若彝倫，率循先志。奉蒸嘗，恭色養，必以孝；賓大臣，事者老必以禮。居處服御必以節，言動施舍必以時。至於荷全濟之恩，謹蕃國之度，勤脩九貢，府無虛月；祇奉百役，知無不為。十五年間，天眷彌渥。然而果於自信，怠於周防，西鄰起釁，南箕（今上御名）禍。投杼致慈親之惑，乞火無里婦之辭。始勞因壘之師，終後塗山之會。太祖至仁之舉，大賚為懷；錄勤王之前效，恢焚謗之廣度。位以上將，爵為通侯，待遇如初，寵錫斯厚。今上宣獻大麓，敷惠萬方，每侍論思，常存開釋。及飛天在運，麗澤推恩，擢進上公之封，仍加掌武之秩。侍從親禮，勉諭優容。方將度越等彝，登崇名數。嗚呼！閱川無捨，景命不融，太平興國三年秋七月八日，（今上御名）疾薨于京師里之第，享年四十有二。皇上撫几興悼，投瓜軫悲。痛生之不逮，俾歿而加飾，特詔輟朝三日，贈太師，追封吳王，命中使蒞葬。凡喪祭所須，皆從官給。即其年冬十月日，葬于河南府某縣某鄉某里，禮也。夫人鄭國夫人周氏，勳舊之族，是生邦媛，肅雍之美，流詠國風。才實女師，言成閫則。子左千牛大將軍某，襟神俊茂，識度淹通。孝悌自表於天資，才略靡由於師訓，日出之學，未易可量。惟王天骨秀異，神氣清粹，言動有則，容止可觀。精究六經，旁綜百氏。常以為周孔之道，不可暫離，經國化民，發號施令，造次於是，始終不渝。酷好文辭，多所述作。一游一豫，必以頌宣。載笑載言，不忘經義。洞曉音律，精別雅鄭；窮先王制作之意，審風俗淳薄之原。為文論之，以續《樂記》。所著文集三十卷，雜說百篇。味其文，知其道矣。至於弧矢之善，筆札之工，天縱多能，必造精絕。本以惻隱之性，仍好竺乾之教。草木不殺，禽魚咸遂。賞人之善，常若不及；掩人之過，惟恐其聞。以至法不勝姦，威不克愛。以厭兵之俗，當用武之世。孔明罕應變之略，不成近功；偃王躬仁義之行，終于亡國。道有所在，復何媿歟？嗚呼哀哉！二室南峙，三川東注，瞻上陽之宮闕，望北邙之靈樹，旁寂寂兮迥野，下冥冥兮長暮。寄不朽於金石，庶有傳於竹素。其銘曰：天鑒九德，錫我唐祚。綿綿瓜瓞，茫茫商土。裔孫有慶，舊物重睹。開國承家，疆吳跨楚。喪亂孔棘，我恤疇依。聖人既作，我知所歸。終日靡俟，先天不違。惟藩惟輔，永言固之。道或汙隆，時有險易。蠅止于棘，虎游於市。明明大君，寬仁以濟。嘉爾前哲，釋茲後至。亦（今上御名）亦見，乃侯乃公。沐浴玄澤，徊翔景風。如松之茂，如山之崇。奈何不淑，運極化窮。舊國疏封，新阡啟室。人諗之謀，卜云其吉。龍章驥德，蘭言玉質，邈爾何往，此焉終畢。儼青蓋兮祥祥，驅素虯兮遲遲。即隧路兮徒返，望君門兮永辭。庶九原之可作,與緱嶺兮相期。垂斯文于億載,將樂石兮無虧。[42]

這篇情至義盡的墓誌銘,是李煜一生之概況,亦是〝受恩無補報,反袂泣途窮〞的徐鉉,深情緬懷舊主的寫照。太宗覽讀稱歎,每對宰臣稱鉉之忠義。

李煜死後,其後代狀況據陸游說:

仲寓字叔章,初封清源郡公,國亡北遷,宋授右千牛衛大將軍⋯⋯,拜郢州刺史,在郡以寬簡為治,吏民安之,淳化五年八月卒,年三十七。子正言,好學,亦早卒,於是後主之後遂絕。[43]

由之,自古以來,身為亡國之君尚能得到臣民如此愛戴者,除南唐李煜外,別無二人。他的一生,就像一場豪華淒美的夢,亦是一首纏綿悱惻的詩。

42 見宋·徐鉉:《徐公文集》卷二十九,〈大宋左千牛衛上將軍追封吳王隴西公墓誌銘并序〉,四部叢刊本,(上海:上海商務印書館),PP.197~198。

43 見宋·陸游:《南唐書》卷十六,〈仲寓傳〉,載於清·紀昀等:《文淵閣四庫全書》第四六四冊,(台北,台灣商務印書館出版),P.483。

第三章　李煜之思想淵源

本單元係對李煜之思想淵源做一探討，並分為：性格承襲、思想影響等二個單元論之，茲說明如下：

第一節　性格承襲

據心理學家謂：〝個人的心智能力是遺傳潛力和出生前、後環境交互作用（Interaction）的結果〞、〝個人共同及特有的經驗（環境），和遺傳潛能產生交互作用的結果，形成了人格〞以及〝所有的行為都受到遺傳和環境的交互影響〞[1]。可見一個人的智慧能力和性格行為，決定於遺傳、環境這兩大因素。李煜生性優柔懦弱，素昧威武，為人仁慈厚道，好文藝，尤是風流奢侈，想必其來有自。

李煜出自大唐李氏家族的優良血統，祖父李昇，生於多事之秋的唐末，自幼即孤貧無依，寄居徐氏，卒養成克儉勤奮，仁惠好學。為人果斷多謀，有才略，故能開創南唐一片基業。又富文藝，九歲即能吟詩，以一首〈詠燈詩〉，深獲養父徐溫的歡賞。詩云：

> 一點分明值萬金，開時惟怕冷風侵。
>
> 主人若也勤挑撥，敢向尊前不盡心。[2]

---

[1] 參見西爾格德（Ernes R. Hilgard ect）等著；張東峰、鄭伯壎合譯；楊國樞、張春興合編：《心理學》，（台北：桂冠圖書公司，民七十八年九月修訂版），PP.71、515、597。

[2] 見清聖祖御定：《全唐詩》卷八，〈南唐先主李煜〉，（台北：文史哲出版社，民六十七年十二月版），P.70。

父親李璟，生於官宦之家，時父（李昇）為昇州刺史，家庭富裕，自無需如父競競業業，南爭北戰，終日優游自在，與文藝為伍。故未能承襲其父〝雄才偉略，大將風範〞的性格，卻盡得克儉仁惠與文藝天份，其造詣有過之而無不及。他亦十歲能吟詩，然生性優柔懦弱，素昧威武，據龍袞云：

> 嗣主〔中主〕音容閑雅，眉目若畫。趣向清潔，好學而能詩。
> 然天性儒懦，素昧威武。[3]

　　先主李煜，就曾因他的懦弱寬仁，終日沉迷文藝，而想把皇位傳給他人。又據陸游說：

> 他日烈祖幸齊王宮，遇王親理樂器，大怒，數日未解。[4]

　　身為太子，親理樂器，不務大業，實愧於所托，然其性格與愛好，尤見一般。

　　李煜之性格及愛好，與父同出一轍，但亦有所揚棄，他光大父親〝以文藝自好〞的品性，登上〝詞中帝王〞，也承襲父親〝仁厚懦弱〞的心性，卻也揚棄節儉，而好奢侈風流。然祖父的〝大將之風〞，一點也未沾得，何也？蓋因環境使然。

---

[3] 見宋・龍袞：《江南野史》卷二，〈嗣主〉，載於清・紀昀等：《文淵閣四庫全書》第四六四冊，（台北：台灣商務印書館出版），P.81。
[4] 見宋・陸游：《南唐書》卷十六，〈烈祖後宮種氏傳〉，載於清・紀昀等：《文淵閣四庫全書》第四六四冊，（台北：台灣商務印書館出版），P.476。

煜生帝王之家，富裕自不在話下，從小又因奇表，而深受疼愛，婢女如雲，圍繞四週。如此〝生於深宮之中，長於婦人之手〞的美滿環境，自會養成和諧、柔善、奢侈、風流等的習性。加上祖父早死，父親遂成學習模仿之對象，故其性格、愛好，自與父一樣〝仁厚懦弱、優游文藝〞，唯一不同者，乃他豪奢及風流。該仁厚表現於行為，便是〝事親至孝、兄友弟恭、夫唱婦和、父慈子孝、恤民如子〞。而此等行為，皆可從其日常生活中窺見。

　　由於長養深宮，閱歷少，不涉世的單純環境，使他保有那〝幾曾識干戈〞之人類最〝純真〞的天性。這種天性，讓他臨事時，總以純感情立場來處理，故表現在政治上，便弄得一敗塗地。然表現在文學上，卻是他底詞之靈魂，由此創出萬世不朽的作品。李煜有此成就，蓋因能始終保持其〝純真〞，後雖歷經內憂外患，生離死別，國破家亡，仍不變矣！王國維評他說：

> 詞人者，不失其赤子之心者也。故生於深宮之中，長於婦人之手，是後主為人君所短處，亦即為詞人所長處。[5]

又云：

> 主觀之詩人，不必多閱世。閱世愈淺，則性情愈真，李後主是也。[6]

---

[5] 見清・王國維：《人間詞話》，（香港：中華書局，1961 年 8 月版），PP.7～8。

[6] 同前註，P.8。

第二節 思想影響

德國詩人海涅（Heinrich Heine, 1797-1856 A.D.）說：

> 思想志在變為行動，言詞力求變為血肉，而妙不可言的是人，
> 猶如聖經中的上帝，只須把他的思想說出口，世界就成形了。
> [7]

又說：

> 思想先於行動，猶如閃電先於雷聲。[8]意即先有思想，後有行為，
> 思想主導行為。

李煜多才多藝，詩詞書畫等樣樣精絕，尤是曠世不朽的詞作，真可謂〝天才型文學家〞。然觀李煜的成就，除來自前節所述之性格承襲外，其思想亦具有決定性的作用，故探其思想是有必要的。李煜之思想，大致受如下幾方面的影響：

一、家學環境之影響：

李煜生於唐末五代十國的亂世，所謂五代，係指後梁、後唐、後晉、後漢、後周五個朝代，他們相繼統治北方五十三年之久。所謂十國，係指吳、吳越、前蜀、楚、閩、南漢、荊南、後蜀、南唐、北漢

---

[7] 見Franklin L. Baumer著、李日章譯：《西方近代思想史》，（台北：聯經出版公司，民八十一年十二月二次印行），P.12。

[8] 同前註，P.13。

十個國家，他們相繼統治南方七十年之久。由於北方戰亂不斷，經濟文化等慘遭破壞，民生凋敝，謀生不易；南方則戰事較少，尤是西蜀與南唐，國家安定，物產富饒，商業發達，謀生較易，故湧入大量人民。騷人墨客亦多聚集於此，致西蜀與南唐，成為當時經濟文化的重心，文學風氣鼎盛一時，李煜思想自受此一外在大環境影響。

李煜長於優裕環境的深宮，祖父、父親皆熱愛文藝，對文藝提倡更不遺餘力，兄弟亦多喜文學（從善作〈薔薇詩〉、從謙作〈觀棋詩〉），兩位愛妻更是通曉詩書，能歌善舞。尤是父親李璟，不僅善屬文，工書法，曉音律，寫詞更寫出風騷。據《釣磯立談》載云：

> 天性雅好古道，被服樸素，宛同儒者。時時作為歌詩，皆出入風騷，士子傳以為玩，服其新麗。[9]

馬令亦云一則趣事：

> 元宗樂府辭云："小樓吹徹玉笙寒。"延巳有"風乍起，吹皺一池春水"之句，皆為警冊。元宗嘗戲延巳曰："吹皺一池春水。干卿何事？"延巳曰："未如陛下小樓吹徹玉笙寒。"元宗悅。[10]

9　見宋・無名氏：《釣磯立談》，載於清・紀昀等：《文淵閣四庫全書》第四六四冊，（台北：台灣商務印書館出版），P.54。

10　見宋・馬令：《南唐書》卷二十一，〈黨與傳下〉，載於清・紀昀等：《文淵閣四庫全書》第四六四冊，（台北：台灣商務印書館出版），P.344。

李璟作品流傳不多，卻篇篇皆為精心之作，其筆札存於《全唐文》，有十二篇，詩存於《全唐詩》，有七律、七古各一首，斷句六片，詞則與李煜合刊為《南唐二主詞》，計四首。

　　李璟作品雖少，然常召群臣講文論詞，宮中藏書更是豐富。據鄭文寶說：

> 保大五年，元日大雪，上詔太弟以下，登樓展燕。咸命賦詩……，夜艾方散。侍臣皆有圖有詠，徐鉉為前後序，太弟以下侍臣……，侍宴詩纔記數篇。[11]

陳彭年亦說：

> 元宗、後主皆妙於筆札，好求古跡，宮中圖籍萬卷。[12]

可見李璟酷愛文藝之一般。

　　李煜處此充滿文藝氣息的環境中，耳濡目染，加上父親教育的薰陶，故從小即喜好文辭藝術，誠如自謂：〝被父兄之蔭育，樂日月以優游〞。未嗣位即開崇文館，廣納文賢，據《江南餘載》載：當時有徐鉉、韓熙載、張洎、張佖、潘文祐、李平、徐鍇、王克貞、張穎、楊澤、朱銑、喬舜、湯濰、楊滂、郭昭度、孫孷、伍喬、孟拱辰、馮溢、張

11　見宋・鄭文寶：《江表志》卷二，載於清・紀昀等：《文淵閣四庫全書》第四六四冊，（台北：台灣商務印書館出版），PP.137～138。

12　見宋・陳彭年：《江南別錄》，載於清・紀昀等：《文淵閣四庫全書》第四六四冊，（台北：台灣商務印書館出版），P.128。

紹、賈球、顧彝等眾多文士，這不能不謂是一時之盛[13]。即位後又置澄心堂，引能文之士講論詩文，並學乃父，集群臣燕飲酬詠。據陸游說：

> 後主嗣位，好為文章。遊復以能屬文見 ，封文安郡公。燕飲則流連酬詠，更相倡和，雖后妃在席，不避也。昭惠后好音，時出新聲，或得唐盛時遺曲，遊輒從旁稱美，有三閣狎客之風。[14]

與群臣酬詠倡和，連后妃都不避，尤見其耽嗜之甚，文氣之濃，李煜思想自亦受此一內在小環境影響。

李煜一生，受父親影響最大，不僅性格愛好之承襲，思想詞風，亦深受其影響。尤是以描寫內心世界的感受，不事寄托，不假雕飾的白描手法為最。茲列舉二首論之：

〈浣溪沙〉　　李昇璟

手捲真珠上玉鉤，依前春恨鎖重樓，風裏落花誰是主？思悠悠！青鳥不傳雲外信，丁香空結雨中愁。回首綠波三楚暮，接天流。

---

[13] 參見宋・無名氏：《江南餘載》卷上，載於清・紀昀等：《文淵閣四庫全書》第四六四冊，（台北：台灣商務印書館出版），P.150。
[14] 見宋・陸游：《南唐書》卷八，〈徐遊傳〉，載於清・紀昀等：《文淵閣四庫全書》第四六四冊，（台北：台灣商務印書館出版），P.428。

〈烏夜啼〉　李昇煜

無言獨上西樓，月如鉤。寂寞梧桐深院，鎖深秋。

剪不斷，理還亂，是離愁。別是一般滋味，在心頭。

李璟此首充滿無限感慨，愁恨綿綿，一開頭即見愁緒滿懷，令人惆悵。接著以〝風裏落花〞來象徵春恨，使人易從此景感受其徬徨不安的愁懷。最後以〝回首綠波三楚暮，接天流〞來暗示江天茫茫，水流不盡，象徵〝春恨〞之無窮，他只能對廣闊江天寄託無限的愁懷。

李煜此首一開頭便用〝無言獨上西樓〞，來表達內心滿懷愁思，新〝月如鉤〞更令人觸景傷情，用〝寂寞梧桐深院，鎖深秋〞，來說明環境的冷清。透過〝獨上〞、〝月如鉤〞、〝寂寞〞等描寫，烘托自己孤單寂寞的心境。最後以〝是離愁〞，〝別是一般滋味，在心頭〞，來表現其無從說出的離愁滋味。

這兩首風格頗為相似，同是在小樓觀物，藉外在景象，來表達內心之無限愁緒。

〈浣溪沙〉　李昇璟

菡萏香銷翠葉殘，西風愁起綠波間，還與韶光共憔悴，不堪看！

細雨夢回雞塞遠，小樓吹徹玉笙寒。多少淚珠無限恨！倚闌干。

〈浪淘沙〉　李昇煜

簾外雨潺潺，春意闌珊。羅衾不耐五更寒。

夢裏不知身是客，一餉貪歡。獨自莫憑闌，無限江山，別時容易見

時難。流水落花春去也，天上人間。

李璟此首上闋，以藉西風吹動枯殘荷花的外在景象，來形容自己
之憔悴可憐。由一個〝愁〞字穿插於〝菡萏〞、〝翠葉〞、〝西風〞、〝綠
波〞四種景物間，使情景交融。下闋以午夜夢迴，樓外細雨濛濛，來
象徵自己綿綿的相思愁緒，更以〝小樓吹徹玉笙寒〞，來表達相思之
深，愁緒之長，最後以〝倚闌干〞來描述憑闌遠望，愁緒無限的心境。

李煜此首上闋，以藉被簾外雨聲驚醒，發覺自己絲被單薄，抵不
住清晨的寒意，來比喻今非昔比，用〝夢裏不知身是客〞，來說明今日
處境的可憐，唯有在夢中，才能忘記身為囚犯，貪戀片刻的歡樂。下
闋以莫獨自憑闌遠眺，會想起故國山河，徒令腸斷，不禁有別時容易
見時難的感歎！如今天上般的快樂日子,已如落花流水,一去不復返,
真是愁緒滿懷。

這兩首詞風格亦頗為相似，同是以憑闌遠望，來表達內心之無限
愁緒，且意境悲悽。以寫景起筆，而暗含豐富感情，致情景交融。

再者，觀兩者詞中所用的字句，皆能靈活運用，無生硬現象：語
言皆乾脆利落不雕琢,重視白描手法；詞風則皆委婉哀怨，直抒胸臆，
如李璟〈浣溪沙〉〝風裏落花誰是主？思悠悠〞,〈浣溪沙〉〝菡萏香銷

翠葉殘"、"還與韶光共憔悴，不堪看"。李煜〈烏夜啼〉"是離愁。別
是一般滋味，在心頭"，〈浪淘沙〉"別時容易見時難。

流水落花春去也，天上人間"。兩者皆以直抒胸臆的方式，把內心
那份憂愁滿懷的感受，不假雕飾，直接表達，如此更顯得委婉哀怨。

經由以上之對照比較，不難見出李煜之詞風特色，受其父家學的
影響頗深。

二、儒家、佛教之影響：

李煜天性好學，自幼即覃思經籍，精究六經，喜愛儒術，倡仁義
道德。徐鉉謂他"言動施舍必以時"、"一游一豫，必以頌宣，載笑載
言，不忘經義。"、"常以為周孔之道，不可暫離，經國化民，發號施
令，造次於是，始終不渝。"、"以古道馭民。"[15]。鄭文寶謂他"天
性純孝，孜孜儒學。"[16]。

足見其一心一意想實行先王之道，專以儒術治天下，然因群臣無
識於儒家要旨，故而嘆曰：

> 周公仲尼，忽去人遠，吾道蕪塞，其誰與明。[17]

15　參見宋·徐鉉：《徐公文集》卷二十九，〈大宋左千牛衛上將軍追封吳王隴
　　西公墓誌銘并序〉四部叢刊本，（上海：上海商務印書館），PP.197～198。

16　參見宋·鄭文寶：《江表志》卷三，載於清·紀昀等：《文淵閣四庫全書》
　　第四六四冊，（台北：台灣商務印書館出版），P.142。

17　見宋·無名氏：《釣磯立談》，載於清·紀昀等：《文淵閣四庫全書》第四
　　六四冊，（台北：台灣商務印書館出版），P.59。

可見李煜思想受儒家影響之巨，就連金陵被困時，尚要延攬大臣講學試士[18]，足證他是如何的篤守信道。

至於信奉佛教，早在先主李昪時，就已盛行，據陸游說：

> 烈祖居建業，大築其居，窮極土木之工既成，用浮屠說作無遮大齋七會，為工匠役夫死者薦福。末年溧水大興寺桑生木人，迎置宮中，奉事甚謹。[19]

又說：

> 保大九年，歲次辛亥，九月，皇帝以香茶乳藥之奠，致祭於右街清涼寺悟空禪師。[20]

《闕名寶刻類編》亦載：

> 李璟四祖塔院疏，正書，篆額，蘄。保大十三年正月十日。[21]

足見南唐於先主、中主時，即盛行浮屠，李煜從小耳濡目染，自然崇尚佛教。即位後，信得更迷，他廣修佛寺，普渡眾僧，常與小周后頭頂迦帽，身披袈裟，終日誦經禮佛。金陵城危，居然求助於佛力，令全國軍民皆誦〝救苦菩薩〞。

---

18 參見宋·陸游：《南唐書》卷三，〈後主本紀〉，載於清·紀昀等：《文淵閣四庫全書》第四六四冊，（台北：台灣商務印書館出版），P.406。
19 同前註，卷十八，〈浮屠傳〉，P.488。
20 見宋·陸游：《入蜀記》卷一，載於清·紀昀等：《文淵閣四庫全書》第四六〇冊，（台北：台灣商務印書館出版），P.885。
21 見夏瞿禪：《南唐二主年譜》，載於楊家駱：《南唐二主詞校注、南唐二主年譜》四部刊要本，（台北：世界書局，民五十九年一月再版），P.30。

可見李煜思想亦受佛教影響很大，就連城危時，仍幸淨居室，聽沙門德明、雲真、義倫、崇節講楞嚴圓覺經[22]。亡國歸宋途中，亦不忘上岸至普光塔禮佛，布施金帛。據龍袞謂：

> 〔後主〕既至汴口，欲登禮普光寺，左右猶諫止。後主怒而大罵曰：〝吾自少被汝輩禁制，都不自由。今日家國俱亡，尚如此耶？〞遂登禮，拳拳嘆息久之，散施衣物緝帛。[23]

足證他是如何的篤守信道，徐鉉謂他〝本以惻隱之性，仍好竺乾之教，草木不殺，禽魚咸遂。賞人之善，常若不及；掩人之過，惟恐其聞。〞[24]。李煜始終能保持其仁厚心性，想必是深受儒家與佛教的影響。

再者，綜觀李煜詞作之所以成功，除天賦外，主要於〝純真〞及〝環境巨變〞這兩大因素，此乃絕大多學者所認同。然論至李煜之純真時，學者皆奉清末國學大師王國維的話為圭臬，他認為李煜之純真，係因生長在單純的深宮，閱世不多，故能保其純真。胡雲翼深表贊同道：

22　參見宋‧陸游：《南唐書》卷三，〈後主本紀〉，載於清‧紀昀等：《文淵閣四庫全書》第四六四冊，（台北：台灣商務印書館出版），P.405。

23　見宋‧龍袞：《江南野史》卷三，〈後主〉，載於清‧紀昀等：《文淵閣四庫全書》第四六四冊，（台北：台灣商務印書館出版），P.84。

24　參見宋‧徐鉉：《徐公文集》卷二十九，〈大宋左千牛衛上將軍追封吳王隴西公墓誌銘并序〉四部叢刊本，（上海：上海商務印書館），P.198。

他的詞只知道說自己的話，只知道說誠實的自己的話。因為後主閱世甚淺；閱世淺則性情愈真，愈保有赤子之心，愈有真情之流。故所作皆歔情癡語，而愈可愛。[25]

蔣勵材亦謂：

王國維《人間詞話》說……這一方面是說後主生來就具有詞人那種必不可少的赤子之心。另一方面是說他這赤子之心，由長養深宮，不多閱世，能葆其性情之真而來。[26]

然世人推崇李煜的詞篇，多為亡國後之作，尤是〝虞美人（春花秋葉何時了）〞這一首。此時李煜已身經百戰，年逾四十，愛子、嬌妻、慈母一門慘禍，臣叛民離……城危、歸朝、受盡恥辱，舉凡種種，皆不能謂其閱世淺，足見王國維的評論亦有待商榷。殊不知李煜始終能保持〝純真〞，與他始終〝篤守信道〞的信念是一致的，就連他知道陷其亡國的小長老為奸時，他仍堅持自己的想法，〝教法其可毀乎〞[27]。尤見其篤守信道的主觀思想之不變性。故李煜始終能保持〝純真〞的天性，係來自〝篤守信道〞的思想，而此思想顯然受儒家、佛教的影響，絕非王國維謂來自〝閱世淺〞所致。

---

[25] 見胡雲翼：《中國詞史》，（台北：經氏出版社，民六十五年五月初版），P.58。

[26] 見蔣勵材：《李後主詞傳總集》，（台北：國立編譯館中華叢書編審委員會，民六十七年三月平裝再版），P.90。

[27] 參見宋·陸游：《南唐書》卷三，〈後主本紀〉，載於清·紀昀等：《文淵閣四庫全書》第四六四冊，（台北：台灣商務印書館出版），P.489。

三、文藝名家之影響：

李煜自幼即愛好文藝，除學習環境的薰陶外，登位後更不遺餘力，推動南唐文化圈，使南唐文化昌盛，名家輩出。他的周遭更如眾星拱月般，擁有大批文藝名家，李煜思想自受此等名家影響。可惜，他除詩詞尚存部份外，餘皆散佚不傳，吾人無法從其作品，窺見此等名家影響的痕跡。今將影響李煜之名家列舉如下：

1. 書法：

應用善寫細字，微如毛髮，曾在一枚錢幣上書寫《心經》，亦曾在一粒芝麻上寫〝國泰民安〞四字，可謂鬼斧神工，令人讚歎。

王文秉則善寫小篆，曾書寫〝紫陽石磐銘〞、〝千字文〞，皆流傳於世，為人珍愛。

2. 繪畫：

董源時任後苑副使，工山水畫，人物畫也佳。

董羽時任翰林待詔，善畫龍水海魚，冠絕當代。在鍾陵清涼寺所畫的海水，與元宗李璟的八分題名、李蕭遠的草書，並稱三絕。

衛賢時任內供奉，長於繪樓臺、人物。李煜的《漁父》詞，即題在衛氏所作之《春江釣叟圖》上。

解處中時任翰林司藝，工修竹，極盡嬋娟之態。

梅行思時任待詔，以繪人、牛、馬、雞聞名。

厲昭慶時任翰林待詔，以人物畫見長。

顧閎中工人物畫，五代最出名，今傳《韓熙載夜宴圖》即他代表作。

徐熙江南世族，善花木、禽魚、蟬蝶、蔬果，並創〝沒骨法〞，稱〝徐體〞，今傳《蓮花圖》即他代表作。

曹仲元善繪道釋鬼神像，建業寺上下壁繪畫，即奉李煜之命所作。

周文矩亦以道釋鬼神像見長，李煜曾以其畫向宋進貢。[28]

3. 音樂：

深受大小周后影響。

4. 詩詞文章：

如馮延巳、徐鉉、韓熙載、張泌、潘文祐等文臣，他們以詩作載體，抒情寫性，佳句紛陳。其中以業師馮延巳[29]之影響最大，在李煜詞中，馮氏痕跡處處可尋（詳見以下論述）。

---

[28] 參見徐楓：《李後主》，（台北：知書房出版社，1994年1月平裝初版），PP.72～75。

[29] 參見宋·陸游：《南唐書》卷十一，〈馮延巳傳〉，載於清·紀昀等：《文淵閣四庫全書》第四六四冊，（台北：台灣商務印書館出版），P.447。

四、文學趨勢之影響：

詞係起源於唐人近體詩，隨音樂演化，而蛻變成一種句式參差不齊的文體，又名長短句或詩餘，其本質仍是詩，卻又與音樂有密切關係。

初唐時，即有不少詩人精於絕句之作，是以被諸管絃，卒有詞調產生。據孟棨云：

> 中宗朝，御史大夫裴談崇奉釋氏，妻悍妒，談畏之如嚴君。……時韋庶人頗襲武氏之風軌，中宗漸畏之。內宴唱迴波詞，有優人詞曰：〝迴波爾時栲栳，怕婦也是大好。外邊祇有裴談，內裏無過李老。〞韋后意色自得，以束帛賜之。[30]

又云：

> 沈佺期會以罪謫，遇恩還秩，朱紱未復。嘗內晏，群臣皆歌迴波樂，撰詞起舞，因是多求遷擢。佺期詞曰：〝迴波爾時佺期，流向嶺外生歸。身名已蒙齒錄，袍笏未復牙緋。〞中宗即以緋魚賜之。[31]

---

[30] 見唐・孟棨：《本事詩》，〈嘲戲篇〉，載於清・紀昀等：《文淵閣四庫全書》第一四七八冊，（台北：台灣商務印書館出版），P.245。

[31] 同前註，P.244。

由上可知，當時為方便於歌，其詞甚為通俗。後之李白〈清平調〉、王昌齡〈芙蓉樓送辛漸〉、王之渙〈涼州詞〉等，其詞文雅，且可播之於聲律。可見，初唐乃詞之播種期。

及至中唐，詞調與作者漸眾，早期有：韋應物、王建、戴叔倫之〈調笑令〉、〈三臺〉，張松齡、張志和之〈漁父〉，顧況之〈竹枝〉，及元結之〈款乃曲〉，此期雖多人創作，然作品尚少。後期有：劉禹錫之〈紇那曲〉、〈憶江南〉、〈瀟湘神〉、〈楊柳枝〉、〈竹枝〉、〈浪淘沙〉、〈拋球樂〉等七調四十一首，及白居易之〈花非花〉、〈憶江南〉、〈竹枝〉、〈楊柳枝〉、〈浪淘沙〉、〈宴桃源〉及〈長相思〉等七調二十九首。此期雖仍未脫離絕句形態，然數量與技巧已遠勝前人，可見中唐乃詞之萌芽期。

及至晚唐，文學主流開始轉向，一般文人不再偏重唐詩，而開始詞的習作。經杜牧、段成式、鄭符、張希復等人之努力，尤是溫庭筠、皇甫松、司空圖、韓偓等諸人的大量製作，填詞始蔚成風氣。其中當以溫庭筠為唐代詞人泰斗，他是第一位有詞集《握蘭》與《金荃》問世的詞人，雖已失傳，然《花間集》尚保存六十餘首。溫詞多以女人為對象，喜歡堆砌詞藻，色彩濃艷，文字自免繁澀隱晦，卻為婉約派立下根基。王國維評他說：

　　劉融齋謂：〝飛卿精艷絕人。〞差近之耳。[32]

---

[32] 見清‧王國維：《人間詞話》，（香港：中華書局，1961年8月版），P.5。

又曰：

〝畫屏金鷓鴣〞，飛卿語也，其詞品似之。[33]

然詞體至此，始由附庸蔚為大國，與詩分道揚鑣，五代和宋初詞人，方能在此基礎上，另闢新徑。故溫氏於詞史上之貢獻，遠超越同代任何人，佔有舉足輕重的地位，可見晚唐乃詞之成長期。

及至五代十國，由於北方戰事不斷，南方較安定，故詩人詞客多聚集於西蜀和南唐，致兩地詞作鼎盛一時。尤是西蜀，我國第一部詞集《花間集》，由後蜀趙崇祚選錄溫庭筠、韋莊、李珣等十八家詞人，五百首詞作而成，蔚為大觀。然各家詞風，亦多以女人為對象，仍不脫溫氏堆砌濃艷的窠臼，故曰〝婉約派〞。惟韋莊作品，雖承襲溫氏的華美濃艷，卻已開始重視白描，對象也不再局限女人。他有少數作品，即以樸素精練的語言，抒寫真實情感，

其風格清秀。王國維評他說：

〝絃上黃鶯語〞，端己語也，其詞品亦似之。[34]

周濟亦評說：

端己詞清艷絕倫，初日芙蓉春月柳，使人想見風度。[35]

---

[33] 見清・王國維：《人間詞話》，（香港：中華書局，1961年8月版），P.5。
[34] 同前註。
[35] 見清・周濟：《介存齋論詞雜著》，載於唐圭璋：《詞話叢編》第九冊，線裝書，民二十三年版，P.前2。

一般言之，溫氏詞品華麗濃艷，開啟婉約派（花間派）之風，西蜀詞人多受影響；韋氏詞品雖承溫氏的華麗濃艷，卻能另闢清秀之新徑，南唐詞人多受影響。足見兩者對詞史的貢獻，並無二致。

至於南唐，詞人及作品雖無西蜀多，代表人物以馮延巳、李璟、李煜為主，然其成就，卻非西蜀花間派所及。誠如王國維說：

> 馮正中詞雖不失五代風格，而堂廡特大，開北宋一代風氣。與中後二主詞皆在《花間》範圍之外，宜《花間集》中不登其隻字也。[36]

馮延巳是唐五代詞作最多的人，其作品約百首，錄於《陽春集》傳世。他的詞風，樸實清秀處近似韋莊，纏綿濃麗處又似溫庭筠，故有〝和淚試嚴妝〞[37]，及〝一樹櫻桃帶雨紅〞[38]之評。但抒寫情感，又較韋氏深刻真摯，較溫氏寓有悲淒苦悶之情。可知馮氏雖受韋、溫二人影響，然能進一步深入擴大詞境，對後世具有推動作用。故馮煦說：

> 吾家正中翁，鼓吹南唐，上翼二主，下啟歐晏，實正變之樞貫，短長之流別。[39]

---

[36] 見清·王國維：《人間詞話》，（香港：中華書局，1961年8月版），PP.7～8。

[37] 同前註，P.5。

[38] 參見鄭因百：《從詩到曲》，〈論馮延巳詞〉，（台北：科學出版社出版，民五十年），P.110。

[39] 見清·成肇：《唐五代詞選》，〈馮煦·序〉，（上海：上海商務印書館出版）。

李璟亦受溫、韋、馮三人影響，然詞風，已脫離溫庭筠華麗濃艷的窠臼，轉向韋、馮樸素清秀的一面，其抒寫情感，又不亞於馮氏的深刻真摯。故更顯得委婉哀怨，感慨遂深，其在詞史上地位，與馮氏不分軒輊。

　　詞發展至此，可謂百花齊放，各家爭鳴。此一文學發展巨流，愛好文學的李煜，自會捲入旋渦，深受影響，進而集其大成，為後世開創康莊大道。有宋一代之晏殊、柳永、歐陽修、蘇軾，以至清代之納蘭性德等，始能豐收甜果，詞遂成宋代文學之主流，與唐詩分庭亢禮。誠如王國維謂：

> 詞至李後主而眼界始大，感慨遂深，遂變伶工之詞而為士大夫之詞。[40]

　　足證五代十國乃詞之成熟期，宋代乃詞之豐收期。此將影響李煜之花間派及馮延巳論述如下：

　　《花間集》成書之目的，據歐陽炯云：〝庶使西園英哲，用資羽蓋之歡；南國嬋娟，休唱蓮舟之引〞[41]，在當時社會，一定是部暢銷書，加上當時的印刷業已很發達，其流行自應廣泛。該書成於公元九四〇年，適值李煜四歲，故在他的學習過程中，自會閱賞此集。再者，李煜詞風雖與花間大相逕庭，然其造句，仍可尋出學習的痕跡。如李煜

---

[40] 見清・王國維：《人間詞話》，（香港：中華書局，1961年8月版），P.7。
[41] 參見後蜀・趙崇祚：《花間集》，〈歐陽炯敘〉四部刊要本，（台北：世界書局，民四十五年二月初版）。

詞中〝深院靜，小庭空〞，與韋莊詞中〝深院閉，小庭空〞類似；李煜詞中〝燕脂淚〞，與張泌詞中〝無端和淚拭燕脂〞類似；李煜詞中〝蝶翻金粉雙飛〞，與毛文錫詞中〝雙雙蝶翅塗鉛粉〞類似；李煜詞中〝林花謝了春紅〞，與和凝詞中〝洞口春紅飛蔌蔌〞類似；李煜詞中〝幾曾識干戈〞，是否也來自韋莊詩中〝當年人未識兵戈〞？可見李煜乃受花間派各家的影響。

至於馮延巳及李璟，一個是業師，一個是父親，深受其影響是必然的事。馮氏詞風，著重感情的真實描述，特別是自寫身世之感，更能入木三分，李煜承襲並發揮之，以一己之悲，包容全人類之哀。有如王國維所謂〝後主則儼有釋迦基督擔荷人類罪惡之意〞[42]，足見其意境，已非其師所及。再者，由詞作中，亦可尋出馮氏影響的痕跡，如：馮氏詞中有〝桃李無言花自紅〞，李煜詞中有〝桃李無言一隊春〞；馮氏〈采桑子〉詞中有〝香印成灰〞，李煜〈采桑子〉詞中亦有〝香印成灰〞。可見李煜深受業師馮氏的影響。父親李璟的家學影響，前已論及不重複。

由之，李煜出自大唐後裔，性格愛好承襲其父，思想風格亦淵源矣！且深受時代背景及五代詞人溫、韋、馮等名家影響。然其成就卻超越五代詞人，其另闢之新徑，又非其父所能局限。何也？蓋因李煜遭受時代劇變所致，足令他有機會寫出意境遼闊，感慨深邃之作也。

---

[42] 參見清·王國維：《人間詞話》，（香港：中華書局，1961年8月版），PP.7～8。

第四章　李煜之帝王事業

本單元係對李煜之帝王事業做一探討，並分為：承襲王位、苟且偷安、力圖振作、沉迷佛事、內憂外患，以及國破家亡等六個單元論之，茲說明如下：

第一節　承襲王位

　　自烈祖昇元元年丁酉（公元九三七）先主李昇開創帝業以來，即努力經營，富國強兵，為南唐奠下牢固的根基後，本欲待時勢躍馬中原，以恢復大唐為職志，奈何天不假年，壯志未酬，含恨而去。臨終前對中主李璟說：

> 德昌宮儲戎器金帛七百萬，汝守成業，宜善交鄰國，以保社稷。
> 吾服金石欲延年，反以速死，汝宜視以為戒。帝生長兵間，知
> 民厭亂，在位七年，兵不妄動，境內賴以休息。[1]

據吳任臣對李昇的評論說：

> 烈祖煢煢一身，不階尺土，托名徐氏，遂霸江南。挾莒人滅鄫
> 之謀，創化家為國之事，凡其巧於曲成者，皆天也。然息兵以
> 養民，得賢以闢土，蓋實有君德焉。東海鯉魚，兆雖有自，要
> 豈得謂竟非人力也邪？[2]

---

[1] 見宋・陸游：《南唐書》卷一，〈烈祖本紀〉，載於清・紀昀等：《文淵閣四庫全書》第四六四冊，（台北：台灣商務印書館出版），PP.391～392。
[2] 見清・吳任臣：《十國春秋》卷十五，〈南唐烈祖本紀〉，載於清・紀昀等：《文淵閣四庫全書》第四六五冊，（台北：台灣商務印書館出版），P.152。

可見李昪是位雄韜偉略之賢君，留給後代的江山亦是堅實基業。

元宗保大元年癸卯（公元九四三）中主李璟登基後，亦能繼承父志，勤政愛民，開疆拓土，東滅閩，西降楚，將原有版圖的二十八州，一度擴至三十五州，而與西蜀、後周鼎足天下。如脫脫所說：

> 初，景之襲父位，也屬中原多故，盧文進、李金全、皇甫暉之徒，皆奔於景，跨據江淮三十餘州，擅魚鹽之利，即山鑄錢，物力富盛，嘗試貢士高祖入關詩，頗有窺覦中土之意。[3]

然時不我與，後周太祖郭威的崛起，加上不察時勢，任所非人，貪功妄動，終在周世宗柴榮時，一戰而失掉淮南十四州。從此與中原劃江為界，自除帝號，奉後周為正朔，偏安江南憂鬱而終，李煜便“天教心願與身違”[4]的繼承了王位。據陸游對李璟的評論曰：

> 元宗舉閩楚之師，境內虛耗。及契丹滅晉，中原有隙可乘，而南唐兵力國用既已弗支，熟視而不能出，世以為恨。予謂不然。唐有江淮，比同時割據諸國，地大力強，人材眾多，且據長江之險，隱然大邦也。若用得其人，乘閩楚昏亂，一舉而平之，然後東取吳越，南下五嶺成南北之勢，中原雖欲睥睨，豈易動哉。不幸諸將失律，貪功輕舉，大事弗成，國勢遂弱。非始謀

3　見元・脫脫等：《宋史》卷四百七十八，〈南唐李氏世家〉第二十冊，四部備要本，（台北：台灣中華書局），P.3。

4　此句出於：〈浣溪沙〉，《歷代詩餘、全唐詩》均作後主詞，《陽春集、花草粹編》則作馮延巳詞。

之失，所以行之者非也。且陳覺、馮延魯輩用師閩、楚，猶喪敗若此，若北鄉而爭天下，與秦、晉、趙、魏之師戰於中原，角一旦勝負，其禍可勝言哉！[5]

又曰：

元宗多才藝，好讀書，便騎善射，在位幾二十年，慈仁恭儉，禮賢睦族，愛民字孤，裕然有人君之度。……會周師大舉，寄任多非其人，折北不支，至於蹙國降號，憂悔而殂。[6]

吳任臣亦說：

元宗在位幾二十年，史稱其慈仁恭儉，禮賢愛民，裕然有人君之度。然兵氣方張，旋經敗衄，國威損矣。卒之淮南震驚，奉表削號，豈運會有固然與？抑任寄非才，以至此也。治亂顧不係于人哉！[7]

蔡東藩則說：

唐為周敗，國威不振，至於割地請和，始正宋黨之罪，論者已嫌其太遲，竊謂亡羊補牢，猶未晚矣。越王勾踐，其前師也，唐主璟誠自懲前敗，黜佞任良，則十年生聚，十年教訓，二十

5 見宋・陸游：《南唐書》卷二，〈元宗本紀〉，載於清・紀昀等：《文淵閣四庫全書》第四六四冊，（台北：台灣商務印書館出版），P.400。
6 同前註。
7 見清・吳任臣：《十國春秋》卷十六，〈南唐元宗本紀〉，載於清・紀昀等：《文淵閣四庫全書》第四六五冊，（台北：台灣商務印書館出版），P.170。

年後，與北宋角逐中原，尚未知鹿死誰手。顧猶信用二馮，吟
風嘲月，迨周使遠來，則密囑歌妓以狎侮之，餌人不足，結怨
有餘，多見其不知量也，劉晟父子，更出璟下，故其亡也，比
江南為尤速。[8]

可見李璟雖仁慈恭儉，禮賢愛民，卻拙於政事謀略，不懂用人，
以致無力振邦，終使南唐淪為附庸國。

第二節　苟且偷安

宋太祖建隆二年辛酉（公元九六一），後主李煜自父親手中，接過
其國勢漸微之帝業後，對內政策採德治主張，想實行先王之道，以仁
愛治天下。左散騎常侍，遷給事中徐鉉說他〝一游一豫，必以頌宣。
載笑載言，不忘經義。〞[9]，可見他多尊崇儒術。其仁愛政治可由他〝送
鄧王二十六弟牧宣城序〞中窺見：

噫！俗無獷順，愛之則歸懷；吏無貞污，化之可彼此。……此
言勉從，庶幾寡悔。苟行之而願益，則有先王之明謨，具在於
緗帙也。[10]

8 見蔡東藩：《五代史通俗演義》第六冊，線裝書，（上海：會文堂，民十二年
版），P.後44。

9 參見宋·徐鉉：《徐公文集》卷二十九，〈大宋左千牛衛上將軍追封吳王隴西
公墓誌銘并序〉四部叢刊本，（上海：上海商務印書館），P.198。

10 見南唐·李煜：〈送鄧王二十六弟牧宣城序〉，載於清·董誥等：《全唐文》
卷一百二十八，〈南唐後主李煜〉第三冊，（台北：台灣大通書局），P.1618。

亦可由他的一些作為上得知,如《江南餘載》說:

趙綺困于場屋,將自三山北渡,以歸梁京。為邏者所得,遂下
廷尉。從獄中上書曰:"初至江干,覺天網之難漏;及歸棘寺,
知獄吏之可尊。"後主覽之,批其末曰:"陵雖孤恩,漢亦負
德。"乃釋其罪。明年,綺狀元及第。[11]

陸游亦說:

〔後主〕常獵於青山,還如大理寺,親錄繫囚,多所原釋。中
書侍郎韓熙載奏:"獄訟有司之事,囹圄非車駕所宜臨幸,請罰
內庫錢三百萬,以資國用。"雖不聽,亦不怒也。[12]

本來,在太平盛世,人民安定下,實行仁愛政治是很好的主張。
然在群雄爭霸,民心浮動下,並不適合。加上李煜為人仁厚,待人慈
祥,以致他的仁愛政治,弄到徐鉉所謂"法不勝姦,威不克愛。"[13]
的地步。

對外政策仍遵循中主李璟的苟且偷安,奉宋為正朔,歲貢萬金。
據脫脫說:

11 見宋·無名氏:《江南餘載》卷上,載於清·紀昀等:《文淵閣四庫全書》
第四六四冊,(台北:台灣商務印書館出版),P.154。
12 見宋·陸游:《南唐書》卷三,〈後主本紀〉,載於清·紀昀等:《文淵閣
四庫全書》第四六四冊,(台北:台灣商務印書館出版),P.405。
13 參見宋·徐鉉:《徐公文集》卷二十九,〈大宋左千牛衛上將軍追封吳王隴
西公墓誌銘并序〉四部叢刊本,(上海:上海商務印書館),P.198。

煜每聞朝廷出師克捷及嘉慶之事，必遣使犒師脩貢。其大慶，
即更以買宴為名，別奉珍玩為獻。吉凶大禮，皆別脩貢。[14]

陸游亦說：

後主數貢奉，帑藏空竭，昭符市於富民石守信家，得絹十萬。
[15]

《邵氏見聞錄》也載：

李主國用不足，民間鵝生雙子，柳條結絮，皆稅之。[16]

可見南唐自李煜繼位以來，全靠脩貢買宴厚納財物而殘喘一隅，
由此弄得國庫空竭，稅賦繁苛，致百物飛脹，民生困苦，國勢一落千
丈，委靡不振。其為苟安的半壁江山，不惜恥辱，乞憐於大宋的心態，
更可從其〝即位上宋太祖表〞中顯露無遺：

臣本於諸子，實愧非才，自出膠庠，心疏利祿。被父兄之蔭育，
樂日月以優游。……徒以伯仲繼沒，次第推遷。……既嗣宗枋，
敢忘負荷，唯堅臣節，上奉天朝。若曰稍易初心，輒萌異志，

14 見元・脫脫等：《宋史》卷四百七十八，〈南唐李氏世家〉第二十冊，四部
　　備要本，（台北：台灣中華書局），P.4。
15 見宋・陸游：《南唐書》卷八，〈睦昭符傳〉，載於清・紀昀等：《文淵閣
　　四庫全書》第四六四冊，（台北：台灣商務印書館出版），P.433。
16 見夏瞿禪：《南唐二主年譜》，載於楊家駱：《南唐二主詞校注、南唐二主
　　年譜》，（台北：世界書局，民五十九年一月再版），P.44。

豈獨不遵於祖禰，實當受譴於神明。……庶使遠臣，得安危懇。
[17]

文中所表露的盡是卑躬屈節，曲意奉承。就連宋太祖趙匡胤派特使來賀襲位時，李煜惶恐得王者禮都不敢用，以紫袍接待使者，而後每逢宋使前來，連金陵殿閣一向用鴟吻裝飾，亦撤換以示尊服。據陸游云：

初，元宗雖臣於周，惟去帝號，他猶用王者禮。至是國主始易紫袍見使者，使退如初服。[18]

馬令亦云：

初，金陵臺閣殿庭皆用鴟吻，自乾德後，朝廷使至則去之，使還復用。[19]

《五國故事》中則有一載：

初，煜以建隆三年七月二十九日，襲偽位於金陵，因登樓，建金雞以肆赦〔按建金雞以肆赦，即立金雞竿於宮門以肆赦。此天子之禮，諸侯不得擅用。〕，太祖聞之，怒。因問其進奏使睦昭

[17] 見元‧脫脫等：《宋史》卷四百七十八，〈南唐李氏世家〉第二十冊，四部備要本，（台北：台灣中華書局），PP.3～4。

[18] 見宋‧陸游：《南唐書》卷三，〈後主本紀〉，載於清‧紀昀等：《文淵閣四庫全書》第四六四冊，（台北：台灣商務印書館出版），P.402。

[19] 見宋‧馬令：《南唐書》卷五，〈後主書〉，載於清‧紀昀等：《文淵閣四庫全書》第四六四冊，（台北：台灣商務印書館出版），P.270。

符，符素辨給，上頗憐之。是日對曰：「此非金雞，乃怪鳥耳！」上大笑，因而不問。[20]

中主李璟雖向北稱臣，卻也只去帝號，王者禮儀悉數如故，然李煜為王，君臣竟畏卑如此，真是一代不如一代。句容縣尉張泌，見國勢如江河日下，憂憤不已，遂上書慷慨陳詞說：

今陛下當數歲大兵之後，鄰封襲利之日，國用匱竭，民力罷勞，而野無劉章、興居之人；朝無絳侯、曲逆之佐，可謂危矣！設使漢文帝之才，處今日之勢，何止於寒心消志而已也！臣惟國家今日之急務，一曰舉簡大以行君道，二曰略繁小以責臣職，三曰明賞罰以彰勸善懲惡，四曰慎名器以杜作威擅權，五曰詢言行以擇忠良，六曰均賦役以恤黎庶，七曰納諫諍以容正直，八曰究毀譽以遠讒佞，九曰節用以行克儉，十曰克己以固舊好。[21]

李煜覽書大悅，批慰喻贊揚一番，召張氏為監察御史，可惜！李煜並沒有從此奮起。無事不貢，無時不貢，以金銀財寶換取苟延殘喘的生存，已是這位文人帝王無奈的選擇。所謂「人在屋簷下，不得不低頭」。

20　見宋・無名氏：《五國故事》卷上，載於清・紀昀等：《文淵閣四庫全書》第四六四冊，（台北：台灣商務印書館出版），P.211。

21　見清・吳任臣：《十國春秋》，卷二十五，〈南唐張泌傳〉，載於清・紀昀等：《文淵閣四庫全書》第四六五冊，（台北：台灣商務印書館出版），P.238。

問題是，以金帛和卑恭所鋪成的夾縫，能苟存嗎？此時，宋太祖兄弟正夜訪宰相趙普，策劃〝先南後北〞的大計。

第三節　力圖振作

宋太祖乾德四年丙寅（公元九六六），後主李煜奉宋祖之命，令知制誥潘佑作書，相約南漢主劉鋹事宋，奉為正朔。漢主得書大怒，罵其助紂為虐，並將使者慎儀扣押，答書李煜，用詞很不客氣。據吳任臣云：

> 大寶十三年秋九月……，宋帝欲舉兵，未決。詔江南國主以書諭我稱臣，歸湖南舊地。帝不從，江南國主乃遣給事中龔慎儀持書遺帝……，帝得書囚慎儀，驛書答江南國主，詞多不屈。宋帝乃命潘美為桂州道行營都部署，尹崇珂為副。以入寇。[22]

李煜懼於宋祖天威，只好將潘佑的勸降書，連同漢主的回書一併呈上汴京，但他心裏明白，南唐、南漢，唇齒相依，休戚與共，南漢亡，南唐亦危。加上荊湖、西蜀相繼淪陷，無底洞的進貢，使國庫空虛，民生凋敝，這些皆令他寢食難安，深深反省。無論如何，先主李昇心血不能毀在自己手裏，做個末代國主。於是，他想革新政治，力圖振作。據《釣磯立談》載云：

22 見清・吳任臣：《十國春秋》卷六十，〈南漢後主本紀〉，載於清・紀昀等：《文淵閣四庫全書》第四六五冊，（台北：台灣商務印書館出版），PP.527～530。

後主天性喜學問，嘗命兩省丞郎，給諫詞掖集賞，勤政殿學士，分夕於光政殿，賜之對坐與相劇談，至夜分乃罷。充位之人議論，率不如旨。嘗一日嘆曰：〝周公仲尼，忽去人遠，吾道蕪塞，其誰與明？〞乃著為〝雜說〞數千萬言，曰：〝特垂此空文，庶幾百世之下，有以知吾心耳。〞[23]

如此的〝召對咨訪，率至夜分〞，可見李煜謀國富民之熱心。同時命韓熙載為中書侍郎百勝軍節度使兼中書令，職掌軍國大政。可惜！李煜所用非人，韓氏是一個荒誕無智之人，據《侯鯖錄》載：

熙載相江南。後主即位，頗疑北人，有酖死者。熙載懼禍，因肆情坦率，不遵禮法。破其家財，售妓樂數百人，荒淫為樂，無所不致。所受月俸，至不能給，遂弊衣破履作瞽者持絃琴，俾門生舒雅執板挽之，隨房乞丐，以足日膳。後人因畫夜宴圖以譏之。其情亦可哀矣。[24]

脫脫亦云：

熙載善為文，江東士人道釋，載金帛以求銘誌碑記者不絕，又累獲賞賜。由是畜妓妾四十餘人，多善音樂，不加防閑，恣其出入外齋，與賓客生徒雜處。煜以其盡忠言事，垂欲相之，終

---

23 見宋・無名氏：《釣磯立談》，載於清・紀昀等：《文淵閣四庫全書》第四六四冊，（台北：台灣商務印書館出版），PP.58～59。

24 見夏瞿禪：《南唐二主年譜》，載於楊家駱：《南唐二主詞校注、南唐二主年譜》，（台北：世界書局，民五十九年一月再版），P.48。

以帷薄不修，責授右庶子分司洪州。熙載盡斥諸妓，單車即路。煜留之，改秘書監。俄而復位，向所斥之妓，稍稍而集，頃之如故。煜嘆曰：〝吾亦無如之何！〞遷中書侍郎光政殿學士承旨。[25]

身為宰輔竟如此放蕩淫鄙，其他大臣就更可想而知。如《江南餘載》謂：

陳致堯雍熟於開元禮，官太常博士，國之大禮，皆折衷焉。與韓熙載最善。家無擔石之儲，然妾妓至數百，暇奏霓裳羽衣之聲，頗以帷薄取譏於時。二人左降者數矣。熙載詩：〝陳郎不著世儒衫，也好嬉遊日笑談。幸有葛巾與藜杖，從呼宮觀老都監。〞其廳中置大鈴，大署其旁曰：〝無錢僱僕，客至，請挽之。〞[26]

如此群臣，如何對抗宋祖野心，難怪李煜感嘆曰：

天下無周公仲尼，君道不可行。[27]

生性懦弱無能，做事有始無終，加上後宮佳麗的柔情萬千。李煜早就忘了〝家國惄惄，如日將暮〞之危機，投入小周后呢喃的溫柔鄉，享受那既豪侈又浪漫之生活。春天御龍閒遊北苑，冬天打獵於青龍山，

---

25 見元·脫脫等：《宋史》卷四百七十八，〈南唐李氏世家〉四部備要本，第二十冊，（台北：台灣中華書局），P.8。

26 見宋·無名氏：《江南餘載》卷上，載於清·紀昀等：《文淵閣四庫全書》第四六四冊，（台北：台灣商務印書館出版），P.155。

27 見宋·釋文瑩：《湘山野錄》卷中，載於清·紀昀等：《文淵閣四庫全書》第一○三七冊，台北，台灣商務印書館出版），P.251。

加上後宮的錦洞天、紅羅亭，全年安閒自在，如處於太平盛世一般。徐鉉記敘當時盛況曰：

> 歲躔己巳，月屬仲春，主上御龍舟游北苑。新王舊相，至於近臣，並儼華纓，同參曲宴。……乃命即席分題賦詩。[28]

釋文瑩亦曰：

> 〔李後主〕十一月，獵於青龍山。[29]

又據說大理寺卿蕭儼，是位剛正不阿，敢於直言的三朝元老，一日見李煜不理朝政，埋頭與嬪妃奕棋消遣，怒不可遏，闖入宮中，一舉掀翻棋盤。李煜大駭！追問儼說：〝汝欲效魏徵耶？〞儼答以〝臣非魏徵，則陛下亦非太宗矣。〞[30]。

可見李煜是多麼的玩物喪志，沈迷於聲色，以致荒政誤國，令人扼腕。當然，他的圖強終告失敗。

28　見宋·徐鉉：《徐公文集》卷十八，〈北苑侍宴詩序〉四部叢刊本，（上海：上海商務印書館），PP.129～130。

29　見宋·釋文瑩：《湘山野錄》卷中，載於清·紀昀等：《文淵閣四庫全書》第一○三七冊，（台北：台灣商務印書館出版），P.251。

30　參見蔣勵材：《李後主詞傳總集》，（台北：國立編譯館中華叢書編審委員會，民六十七年三月平裝再版），P.38。

第四節　沉迷佛事

　　宋太祖開寶二年己巳（公元九六九），後主李煜的縱情聲色，奢華生活，並沒有讓他忘卻時局紛亂，國勢頹萎。對宋的諂媚卑屈亦無改善宋祖的威脅。為擺脫這些煩惱與無奈，他決定將心許佛，唯在〝七寶蓮花〞的座下，才能獲得心靈寄託，於是沉迷於空門，日夜念佛。

　　宋祖悉李煜酷愛佛法，心生一計，想利用佛教，征服人心，耗殆江南財物後，半壁江山便垂手可得。於是派選有雄辯口才的少年，號曰〝小長老〞，假僧徒之名，至江南作奸細。而李煜悅之，謂為〝一佛出世〞，據陸游說：

> 開寶初，有北僧號小長老，自言募化而至，多持珍寶怪物，賂貴要為奧助。朝夕入論天宮地獄果報之說。後主大悅，謂之一佛出世。服飾皆縷金絳羅。後主疑其非法。答曰，陛下不讀華嚴經。安知佛富貴。因說後主多造塔像，以耗其帑庾。又請於牛頭山造寺千餘間，聚徒千人。日給盛饌。有食不能盡者，明旦再具，謂之折倒。蓋故造不祥語以搖人心。及王師渡江，即其寺為營。……然後知其為間也。[31]

　　李煜不察，果然中計的大興佛事，罔恤政務，據《江南餘載》云：

---

31 見宋・陸游：《南唐書》卷十八，〈浮屠傳〉，載於清・紀昀等：《文淵閣四庫全書》第四六四冊，（台北：台灣商務印書館出版），PP.488～489。

後主篤信佛法，於宮中建永慕宮，又於苑中建靜德僧寺，鍾山
亦建精舍，御筆題為報慈道場。日供千僧，所費皆二宮玩用。
[32]

陸游亦云：

僧尼犯姦淫，獄成，後主每曰：「此等毀戒，本圖婚嫁，若冠笄
之，是中其所欲。」命禮佛百而捨之。[33]

又云：

奏死刑日，適遇其齋，則於宮中佛前然燈，以達旦為驗，謂之
命燈。未旦而滅，則論如律。不然，率貸死。富人賂宦官竊續
膏油，往往獲免。[34]

可見，李煜信奉佛教的虔誠。他拜倒佛門之下，不惜財帛，廣募
百姓為僧，一切取用皆出官府，一時之間，所渡僧尼不計其數。據王
說：

---

[32] 見宋・無名氏：《江南餘載》卷下，載於清・紀昀等：《文淵閣四庫全書》
　　第四六四冊，（台北：台灣商務印書館出版），P.161。
[33] 見宋・陸游：《南唐書》卷十八，〈浮屠傳〉，載於清・紀昀等：《文淵閣
　　四庫全書》第四六四冊，（台北：台灣商務印書館出版），P.488。
[34] 同前註。

江南李主佞佛度人為僧，不可數計。太祖既下江南，重行沙汰，其數尚多。太宗乃為之禁。至道元年六月己丑，詔江南兩浙福建等處，諸州僧三百人歲度一人，尼百人歲度一人。[35]

李煜沉溺浮屠，影響所及，上至朝中大臣，下至平民百姓，莫不以談神論佛為榮，致政事日弛，朝綱盡廢。大臣韓熙載好為僧侶作碑銘，漳州節度使邊鎬每出必載佛而行，中書舍人張洎，見李煜必談佛法而受寵。據畢沅云：

當時大臣亦多蔬食持戒以奉佛。[36]

陸游亦云：

元宗、後主皆酷好浮屠，群臣化之，政事日弛。景獨尊六經名教，排斥浮屠不少撓。[37]

可見當時佛法之盛，一時蔚為風尚，然香煙繚繞，木魚篤篤，國庫金銀涓落如水，南唐財政，無疑雪上加霜。如此揮霍能支持多久？讓人不得不嘆宋祖高明。

---

35 見宋·王栐：《燕翼詒謀錄》卷三，載於清·紀昀等：《文淵閣四庫全書》第四〇七冊，（台北：台灣商務印書館出版），P.731。

36 見清·畢沅：《續資治通鑑》卷五，〈宋太祖啟運皇帝本紀〉四部備要本，第一冊，（台北：台灣中華書局），P.4。

37 見宋·陸游：《南唐書》卷十六，〈景傳〉，載於清·紀昀等：《文淵閣四庫全書》第四六四冊，（台北：台灣商務印書館出版），P.480。

1. 凡有政治才略者皆知，如此禮佛，是侵奪人口的無底巨壑。將會
   產生如下弊端：

2. 多一佛徒，朝廷就少一份賦役。

3. 寺院大量的田產和僧侶，有礙政局穩定。

4. 寺院增多，大量的銅被用來鑄成佛像，易致錢幣短缺，商品
   交流與朝廷歲收，皆受影響。

5. 人民易養成消極個性，凡事逃避。

當年周世宗改革，第一要務即廢寺院，令僧尼還俗，以增加生產
人口；"悉毀天下銅佛以鑄錢"，改善錢幣不足，以促進商品流通，朝
廷歲收自然豐。國家富裕，便可整軍備武，問鼎中原，自是指日可待。
宋祖有此基業，實應歸功於柴榮。

如此簡單道理，又有前例可循，然李煜不明，或許他真的太單純，
誠如王國維所謂：

> 主觀之詩人，不必多閱世。閱世愈淺，則性情愈真，李後主是
> 也。[38]

是時雖有江王李景　、中書舍人徐鉉等排斥浮屠，然凡上書勸諫
者，不是治罪便是不理。歙州進士汪煥，恨李煜不聽忠言，猶自齋戒
持誦，略無虛日，於是再繼前者，冒死上諫曰：

---

[38] 見清·王國維：《人間詞話》，（香港：中華書局，1961年8月版），P.8。

梁武事佛，刺血寫佛經，散髮與僧踐，捨身為佛奴，屈膝禮和
尚，及其終也，餓死于臺城。今陛下事佛，未見刺血、踐髮、
捨身、屈膝，臣恐他日猶不得如梁武之事。[39]

李煜覽書，心中惝然，除寬赦汪氏外，並擢為校書郎，致於忠諫？
他依然故我，沉迷於佛事。

第五節　內憂外患

宋太祖開寶三年庚午（公元九七〇），當宋太祖開啟統一大業的
第四戰役[40]，由潭州防禦使潘美領軍直逼南漢的同時。後主李煜之臣
民也有為私利不惜出賣祖國，奔宋獻〝平南策〞，為大宋江山做出貢
獻，如：小臣杜著、彭澤令薛良及落第書生樊若水。據脫脫說：

---

[39] 見宋·洪邁：《容齋續筆》卷十六，〈忠臣名不傳〉，載於清·紀昀等：《文
淵閣四庫全書》第八五一冊，（台北：台灣商務印書館出版），P.533。

[40] 宋太祖為統一中國於乾德元年（公元九六三）發動第一次戰役，由山南東道
節度使慕容延釗領軍攻滅荊湖。乾德二年（公元九六四）發動第二次戰役，
由忠武節度使王全斌領軍攻滅西蜀。開寶元年（公元九六八）發動第三次戰
役，由昭義節度使李繼勳領軍進攻北漢，不克而還。開寶三年（公元九七〇）
發動第四次戰役，由潭州防禦使潘美領軍攻滅南漢。開寶七年（公元九七四）
發動第五次戰役，由宣徽南院使義成節度使曹彬領軍攻滅南唐。太平興國三
年（公元九七八）吳越自動獻地入宋。太平興國四年（公元九七九）宋太宗
趙光義親自領軍發動第六次戰役，攻滅北漢，中國卒統一。

知古嘗舉進士不第，遂謀北歸。迺漁釣采石江上數月，乘小舟載絲繩維南岸，疾棹抵北岸，以度江之廣狹。開寶三年詣闕上書，言江南可取狀，以求進用。[41]

陸游亦說：

初，若冰〔一作若水，即知古〕不得志於李氏，詐祝髮為僧，廬於采石山。鑿石為竅，及建石浮圖。又月夜繫繩於浮圖，棹小舟急渡，引繩至江北，以度江面。既習知不謬，即亡走京師，上書。其後王師南渡，浮梁果不差尺寸。……方若冰之北走也，江南皆知其獻南征之策，或請誅其母妻，李煜不敢，但羈置池州而已。其後若冰自陳母妻在江南，朝廷命煜護送，煜雖憤切，終不敢違，厚遺而遣之。然若冰所鑿石竅及石浮圖皆不毀，王師卒用以繫浮梁。[42]

厚遣樊氏母妻，是迫於宋室之命，不得不從，但未毀掉石竅與石浮圖，則是一大失策。其軍事要地，竟如此大意，郭昭慶就曾上書李煜，論及采石磯防備之重要。據馬令云：

41 見元・脫脫等：《宋史》卷二百七十六，〈樊知古傳〉四部備要本，第二十冊，（台北：台灣中華書局），P.6。
42 見宋・陸游：《入蜀記》卷一，載於清・紀昀等：《文淵閣四庫全書》第四六〇冊，（台北：台灣商務印書館出版），P.888。

昭慶復走金陵，再獻經國治民論各十餘篇，大抵皆指述池州采石堤要害備禦之處，及東海隅可以拓之之略。後主覽而悅之。[43]

袁桷亦云：

渡江雖功在曹彬，而江面闊狹表裏，實一僧圖獻于太祖。宋史特諱不言耳。[44]

可見江南之亡，此乃關鍵之事。

開寶四年辛未（公元九七一），李煜得悉宋已滅南漢並屯兵漢陽時，驚恐萬分，速遣其弟鄭王李從善攜大批財物朝貢。同時派心腹奔往汴京，以五萬兩銀子賄賂宋相趙普。據李燾說：

十一月癸巳朔，江南國主煜遣其弟鄭王從善來朝貢。於是始去唐號，改印文為江南國印。賜詔乞呼名。從之。先是，國主以銀五萬兩遺宰相趙普。普告于上，上曰，此不可不受，但以書答謝，少賂其使者可也。普叩頭辭讓。上曰，大國之體不可自為削弱，當使之不測。及從善入覲，常賜外，密賚白金如遺普之數。江南君臣聞之皆震駭，服上偉度。[45]

43 見宋・馬令：《南唐書》卷十四，〈儒者傳下〉，載於清・紀昀等：《文淵閣四庫全書》第四六四冊，（台北：台灣商務印書館出版），P.316。

44 見元・袁桷：《清容居士集》卷四十七，〈跋玉笥觀李後主牒〉四部備要本，第二冊，（台北：台灣中華書局），P.4。

45 見宋・李燾：《續資治通鑑長編》卷十二，〈太祖篇〉，載於清・紀昀等：《文淵閣四庫全書》第三一四冊，（台北：台灣商務印書館出版），P.196。

行賄計謀頓成泡影，李煜不得不佩服宋祖的氣度和心機。卒又自去唐號，改江南國主，下書不稱〝詔〞，改作〝教〞，並將國家制度全面降格，殿闕上那象徵消災袪禍、鎮守社稷的〝鴟吻〞亦從此消失，如此委屈求全，只為博得宋祖垂憐。據馬令云：

> 春，皇朝屯師漢陽，鄂州楊守忠以聞，人心大恟。乃貶損制度，下書稱教。改中書門下省為左右內侍府，尚書省為司會府，御史臺為司憲府，翰林為文館，樞密院為光政院。降封韓王從善為南楚國公，鄧王從益為江國公，吉王從謙為鄂國公。其餘官號多有改易。[46]

陸游亦云：

> 初金陵殿闕皆設鴟吻。元宗雖臣於周，猶如故。乾德後，遇中朝使至則去之，使還，復設。至是遂去不復用。[47]

　　鄭王出使北宋後，即被宋祖授與泰寧軍節度使，軟禁京師。李煜念手足情深，多次上疏請求釋放鄭王南歸，然皆未能如願。他心裏清楚，這是北宋尋釁的開始，可惜！李煜只知忍氣吞聲，黯然淚下，卻不知自救圖強。連有多次抗衡北宋的機會，都因自己軟弱而喪失。據陸游云：

46 見宋・馬令：《南唐書》卷五，〈後主書〉，載於清・紀昀等：《文淵閣四庫全書》第四六四冊，（台北：台灣商務印書館出版），P.271。

47 見宋・陸游：《南唐書》卷三，〈後主本紀〉，載於清・紀昀等：《文淵閣四庫全書》第四六四冊，（台北：台灣商務印書館出版），P.403。

有商人來告，中朝造戰艦數千艘在荊南，請密往焚之。國主懼，不敢從。[48]

又云：

林仁肇，建陽人。事閩為裨將。沉毅果敢，文身為虎，軍中謂之林虎子。閩亡，久不見用。會周侵淮南，元宗遣使至福建募勇士，得仁肇，時周人正陽浮橋初成，扼援師道路，仁肇率敢死士千人，以舟實薪芻，乘風舉火焚橋。……開寶中，密言於後主曰：＂宋淮南諸州戍守單弱，而連年出兵滅蜀平荊湖，今又取嶺表，往返數千里，師旅罷弊，此在兵家為有可乘之勢，請假臣兵數萬，出壽春，渡淮據正陽，因思舊之民，以復故境。兵起之日，請以臣舉兵外叛聞。事成，國家饗其利；不成，族臣家，明陛下不預謀。＂後主懼不敢從。[49]

再云：

開寶中，〔絳〕密說後主曰：＂吳越仇讎，腹心之疾也。他日必為北兵鄉導以攻我。臣屢與之角，知其易與，不如先事出不意滅之。＂後主曰：＂然則大朝且見討，奈何？＂絳曰：＂臣請詐以宣歙叛，陛下聲言伐叛，且賂吳越乞兵。吳越之兵，勢不得

[48] 見宋・陸游：《南唐書》卷三，〈後主本紀〉，載於清・紀昀等：《文淵閣四庫全書》第四六四冊，（台北：台灣商務印書館出版），P.403。
[49] 同前註，卷十四，〈林仁肇傳〉，PP.464～465。

不出。俟其來，拒擊之，而臣躡其後，國可覆也。滅吳越則國威大振，北兵不敢動矣。〞後主不聽。[50]

以上三計，任何一條皆可能讓南唐揚眉吐氣，奈何！李煜竟如此卑怯，一點圖強的勇氣與信心都沒有，實在可悲！然卑怯只會讓北宋更食之知味。

開寶六年癸酉（公元九七三），宋祖便遣翰林學士盧多遜，公然向南唐索取江東圖經。據《別史》載：

多遜艤舟宣化口，使白國主，以朝廷修天下圖經獨缺江東為言。國主令錄一本送之。因得十九州屯戍遠近，戶口多寡，遂有用兵意。[51]

宋祖得圖後，並沒有馬上出兵，亦無答應李煜上表願受爵命的請求。他知道南唐尚有幾員勇武大將，尤其是南都留守林仁肇，不可貿然挺進。於是，又一個陰謀醞釀成熟，據商輅說：

宋忌仁肇威名，賂其侍者，竊取仁肇畫像，懸別室，引江南使者觀之，問何人？使者曰：〝林仁肇也。〞曰：〝仁肇將來降，

50 見宋・陸游：《南唐書》卷十四，〈盧絳傳〉，載於清・紀昀等：《文淵閣四庫全書》第四六四冊，（台北：台灣商務印書館出版），PP.465～466。

51 見夏瞿禪：《南唐二主年譜》，載於楊家駱：《南唐二主詞校注、南唐二主年譜》，（台北：世界書局，民五十九年一月再版），P.63。

先持此為信。〞又指空館曰：〝將以此賜仁肇。〞使者歸白江南主，江南主不知其間，鴆殺仁肇。[52]

陸游亦說：

> 時皇甫繼勳，朱全〔令〕贇掌兵柄，忌仁肇雄略，謀有以中之。會朝貢使自京師回，摘使言仁肇密通中朝，見其畫像於禁中，且已為築大第以待其至。後主方任繼勳等，惑其言，使人持酖往毒之。喬歎曰：〝國勢如此而殺忠臣，吾不知所稅駕也。〞[53]

只要稍加思索便可找出破綻的反間計，居然能令李煜殺了中流砥柱的勇將，其昏庸無能可見一般。

內史舍人潘佑見〝家國惛惛，如日將暮〞，朝臣佔著權位而飽食終日，心憂如焚，頻頻上書李煜，極論時政彈劾庸臣，如當朝宰相湯悅等十數人，誤國殃民，實當誅殺。然連上七疏，紀綱亦無所振，為國死諫的悲情，讓他置生死於度外，譏憤上表曰：

> 陛下既不能彊，又不能弱，不如以兵十萬助收河東，因率官吏朝覲，此亦保國之良策也。[54]

---

[52] 見明·商輅等：《御批續資治通鑑綱目》卷一，載於清·紀昀等：《文淵閣四庫全書》第六九三冊，（台北：台灣商務印書館出版），P.44。

[53] 見宋·陸游：《南唐書》卷十四，〈林仁肇傳〉，載於清·紀昀等：《文淵閣四庫全書》第四六四冊，（台北：台灣商務印書館出版），P.465。

[54] 見宋·李燾：《續資治通鑑長編》卷十四，〈太祖篇〉，載於清·紀昀等：《文淵閣四庫全書》第三一四冊，（台北：台灣商務印書館出版），P.217。

並決心第八次冒死再諫，據陸游說：

> 時南唐日衰削，用事者充位無所為。佑憤切上疏，極論時政，
> 歷詆大臣將相，詞甚激訐。佑七疏不止，而佑復上疏曰：三軍
> 可奪帥也，匹夫不可奪志也。臣乃者繼上表章凡數萬言，詞窮
> 理盡，忠邪洞分。陛下力蔽姦邪，曲容諂偽，遂使家國惝惝如
> 日將暮。古有桀紂孫皓者，破國亡家，自己而作，尚為千古所
> 笑，今陛下取則姦回，敗亂國家，不及桀紂孫皓遠矣。臣終不
> 能與姦臣雜處，事亡國之主。陛下必以臣為罪，則請賜誅戮，
> 以謝中外。詞既過切，張洎從而擠之。後主遂發怒，以潘佑素
> 與李平善，意佑之狂直多平激之，而平又以建白造民籍為所排。
> 乃先收平屬吏，併使收佑。佑聞命自剄，年三十六。[55]

潘氏〝大逆不道〞的把李煜與古今亡國庸君相提並論，是激怒殺
他的主因，連同其好友戶部侍郎李平也賠了性命。事後，李煜很後悔，
據《釣磯立談》載云：

> 後主既已誅佑而察其無他腸，意甚悔之，是以厚撫其家。語及
> 佑事，則往往投饋，至為作感傷之文。[56]

---

55 見宋·陸游：《南唐書》卷十三，〈潘佑傳〉，載於清·紀昀等：《文淵閣
　四庫全書》第四六四冊，（台北：台灣商務印書館出版），P.459。
56 見宋·無名氏：《釣磯立談》，載於清·紀昀等：《文淵閣四庫全書》第四
　六四冊，（台北：台灣商務印書館出版），P.59。

另一位三朝元老檢校太保廖居素，亦走上諫台激昂陳詞，不惜以自己生命，力圖喚醒君王的清醒。據陸游說：

> 廖居素將樂人。仕烈祖元宗之間。……後主屢昏，而群臣方充位保富貴，國益削。居素獨慷慨驟諫，冀後主一悟。終不見聽，乃閉門卻食，服朝衣冠，立死井中。已而得手書大字于篋笥曰：〝吾之死，不忍見國破也。〞徐鍇為文弔之。以比屈原、伍員。[57]

嗚呼！一代忠臣名將，死於如此庸君，南唐能不滅亡乎？

第六節　國破家亡

宋太祖開寶七年甲戌（公元九七四），自宋祖以武力輕取南方四國後，他的如意算盤又在噠噠作響，想以朝拜覲見為由，召南唐、吳越二主入朝，然後賜以美宅，永不放歸，如此不費一兵一卒而垂手兩地。由此，後主李煜便不斷接到使者敦促入朝，然李煜雖庸，卻也知北上意味著什麼，故皆托病為由。就連閣門使梁迴的〝誘船〞之計，他亦未上鉤。據龍袞云：

---

[57] 見宋·陸游：《南唐書》卷九，〈廖居素傳〉，載於清·紀昀等：《文淵閣四庫全書》第四六四冊，（台北：台灣商務印書館出版），P.440。

初流言共謂北使竊同後主出餞至船，必載之北渡。自是後主懼，
不復登使者舟。[58]

　　然李煜的朝貢與推托，並未使宋祖放棄統一大業的美夢，在他於
今年完成發動第五次戰役的軍事佈局後，便軟硬兼施派知制誥李穆，
手持詔書，要李煜入朝，與天子同閱犧牲，並揚言若再拒，將兵戎相
見。李煜害怕，本將從之，然樞密使陳喬勸阻曰：

陛下與臣俱受先帝顧命，委以社稷大計。今往而見留，則國非
已有，悔將何及。臣雖死，實靦面於先帝。[59]

　　事關生命安危及那令人流連的聲色生活，他決心放手一搏，何況，
局勢有待觀望，縱兵戎相見，天塹亦難攻，勝負仍未可知。於是，他
倔強起來，堅辭不往，第一次昂頭挺胸，向宋使慷慨陳詞說：

臣事大朝，冀全宗祀，不意如是，今有死而已。[60]

　　宋使無策，再度空返。於是，李煜倉惶備戰，金陵城內，一片忙
碌聲，他並向朝臣宣誓說：

[58] 見宋‧龍袞：《江南野史》卷三，〈後主〉，載於清‧紀昀等：《文淵閣四
庫全書》第四六四冊，（台北：台灣商務印書館出版），P.83。
[59] 見宋‧馬令：《南唐書》卷十七，〈義死傳下〉，載於清‧紀昀等：《文淵
閣四庫全書》第四六四冊，（台北：台灣商務印書館出版），PP.327～328。
[60] 見宋‧陸游：《南唐書》卷三，〈後主本紀〉，載於清‧紀昀等：《文淵閣
四庫全書》第四六四冊，（台北：台灣商務印書館出版），P.404。

他日王師見討，孤當躬擐戎服，親督士卒，背城一戰，以存社稷。如其不獲，乃聚室自焚，終不作他國之鬼。[61]

李煜當初若能如此堅定，積極備戰，南唐必有可為，然此時大勢已去，為時已晚矣！宋祖得知李煜信誓旦旦，欲背水一戰，冷然一笑曰：

此措大兒語耳。徒有其口，必無其志。渠能如是，孫皓、叔寶不為降虜矣！[62]

然此時，由宣徽南院使義成節度使曹彬所率領的北宋大軍，如狂潮巨浪之勢，分路直抵長江岸邊，會師采石，由西向東攻擊金陵。另一方面，又令吳越王錢俶為東南面行宮招撫制置使，領軍沿太湖由東向西襲擊金陵。李煜頓時兩面受敵而倉皇失色，一方面遣其弟江國公李從鎰攜帛二十萬疋，白金二十萬斤，直奔汴京。又派潘慎以帛萬疋，錢五百萬，為宋買宴。另一方面，繼續築城聚糧，準備背水一戰[63]。同時修書吳越王，義正辭嚴，曉以利害的說道：

今日無我，明日豈有君？一旦明天子易地賞功，王亦大梁一布衣耳！[64]

61 見宋‧龍袞：《江南野史》卷三，〈後主〉，載於清‧紀昀等：《文淵閣四庫全書》第四六四冊，（台北：台灣商務印書館出版），P.84。
62 同前註。
63 參見宋‧陸游：《南唐書》卷三，〈後主本紀〉，載於清‧紀昀等：《文淵閣四庫全書》第四六四冊，（台北：台灣商務印書館出版），P.404。
64 同前註。

吳越王效當年後主，將信呈於宋。

李煜的進貢買宴，有如石沉大海，了無痕跡。北宋大軍自九月進攻，十月即輕取池州，池州守將戈彥倉促之中，不及抵抗，終棄城而逃。李煜立刻下令全國戒嚴，廢北宋的〝開寶〞紀年，一律改作干支紀年，並積極招兵買馬，連北宋賞賜的馬匹，亦牽入營壘。

曹彬得池州後，即令大軍乘勝東進，不出一月，銅陵、蕪湖、當塗等長江要塞，紛紛攘入手中。采石磯之戰，守軍雖奮勇抵擋，然眾寡懸殊，南唐二萬兵卒亦敗於磯下。宋軍又按樊知古之策，速造浮橋，三天而成，始知樊氏尺寸不差。浩瀚長江，驀然橫跨一條舉世罕見的巨大浮橋，使北宋大軍如履平地，直逼金陵。據脫脫云：

> 煜初聞朝廷作浮梁，語其臣張洎。洎對曰，載籍已來，長江無為梁之事。煜曰，吾亦以為兒戲耳。[65]

國家危在旦夕，李煜君臣還當兒戲，等宋軍兵臨京師西部時，李煜才驀然驚醒，匆忙調兵遣將。把軍旅委給皇甫繼勳，授他神衛統軍都指揮使之重任，機事委陳喬、張洎，又以吏部員外郎徐元㻋、兵部郎中刁衍為內殿傳詔。另派鎮海軍節度使鄭彥華領水師萬人，天都侯杜貞領步卒萬人，水陸並舉，直奔采石迎戰，希能斷浮橋、截北兵成功，金陵即可解圍。然這二支李煜寄以厚望的隊伍，浴血苦戰，亦擋

---

65 見元・脫脫等：《宋史》卷四百七十八，〈南唐李氏世家〉四部備要本，第二十冊，（台北：台灣中華書局），P.5。

不住北軍強勢攻擊，潰退而返。二軍大敗，南唐君臣無不失色。李煜急令皇甫氏募民為兵，據陸游說：

> 初烈祖有國，凡民產二千以上，出一卒，號義軍。分籍者又出一卒，號生軍。新置產亦出一卒，號新擬軍。客戶有三丁者出一卒，號拔山軍。元宗時許郡縣村社競渡，每歲重午日，官閱試之，勝者給綵帛銀碗，皆籍姓名。至是盡取為卒，號凌波軍。民奴及贅婿號義勇軍。募豪民以私財招聚亡賴亡命，號自在軍。至是又大蒐境內，自老弱外，皆募為卒，號排門軍。民間又有自相率拒敵，以紙為甲，農器為兵者，號白甲軍。凡十三等，皆使捍禦。然實皆不可用，奔潰相踵。[66]

馬令亦說：

> 江南自周世宗後不復用兵，僅二十年，老將已死，主兵者皆新進少年，以功名自負，輒抗王師。聞兵興，踊躍言利害者日有十數。及遇，輒敗北。中外奪氣。[67]

這樣的軍隊，如何保衛家國，真如處士劉洞所謂：

66 見宋・陸游：《南唐書》卷三，〈後主本紀〉，載於清・紀昀等：《文淵閣四庫全書》第四六四冊，（台北：台灣商務印書館出版），P.404。
67 見宋・馬令：《南唐書》卷五，〈後主書〉，載於清・紀昀等：《文淵閣四庫全書》第四六四冊，（台北：台灣商務印書館出版），PP.271〜272。

千里長江皆渡馬，十年養士得何人。

　　翻憶潘郎章奏內，悁悁日暮好沾巾。[68]

　　把軍旅委給皇甫繼勳，實為李煜一大失策，皇甫氏並無才幹，臨陣怯懦，貪生怕死，他能有今天，全藉其父英名。如今，南唐社稷全繫他一人，他竟與姪子紹傑密謀投降之計，使得奮不顧身，直奔金陵救急的袁州、汀州統軍使張雄，連同七個兒子全部血染沙場，李煜的希望又一次落空。皇甫氏手下將士忍無可忍，自組敢死隊，偷襲敵軍營壘，如此精忠報國，所得結果竟是嚴厲的軍法。

　　南唐後主乙亥歲（宋開寶八年，公元九七五）二月，宋軍拔金陵城關，圍困京師，靜待李煜出城自降。接著三月，吳越攻常州，守將禹萬誠開門降敵。情勢如此危急，李煜悠然不知，以為大軍於皇甫氏，便可高枕無憂。他依舊禮佛，頻頻齋僧，聽小長老花言巧語，大談菩薩保佑，逢凶化吉的謬論。是年二月，他還令戶部員外郎伍喬知貢舉，放進士二十八人。殊不知，皇甫氏已操縱一切，戰敗軍情皆蒙蔽不奏，積極進行投降之計，以保身家財產。

　　五月，李煜久不聞戰情，心中疑惑，遂登金陵城樓，放眼望去，剎時臉色蒼白，原來自己早已身陷圍城。他既後悔又懊惱，如此信任皇甫氏，卻被矇騙數月而不知。於是，誘捕皇甫氏，立即誅殺。據陸游云：

68　見清聖祖御定：《全唐詩》卷七百四十一，〈劉洞〉第二十一冊，（台北：中華書局出版，民六十七年），P.8446。

國主以軍旅委皇甫繼勳，機事委陳喬、張洎，又以徐元瑀、刁
衎為內殿傳詔。而邊書警奏日夜狎至，元瑀等輒屏不以聞。王
師屯城南十里，閉門守陴，國主猶不知也。[69]

又云：

繼勳保惜富貴，無效死之意，第欲後主盃降。聞諸軍敗績，則
幸災見于詞色，偏裨有募死士謀夜出奮擊者，輒鞭而囚之。自
度罪惡日聞，稀復朝請。後主召議事，亦辭以軍務不至。內結
傳詔使，一切蔽塞。及後主登城見王師旌旗壘柵彌偏四郊，始
大駭失色。繼勳從還至宮，乃以屬吏。始出宮門，軍士雲集臠
之，斯須皆盡。[70]

脫脫亦云：

皇甫繼勳，江州節度使暉之子。幼以父蔭為軍校。諸老將相次
皆死，而繼勳尚少，遂為大將。貲產優贍。營第舍車服，畜妓
樂，潔飲食，極遊宴之好。及宋師至，諸軍多敗衄。繼勳欲煜
之速降，每眾中流言，頗道國中虛弱。姪紹傑亦以繼勳故，為
巡檢。常令紹傑入見煜，陳歸命之計。會有風雹，繼勳又密陳
滅亡之兆。偏裨或有募勇士欲夜出營邀宋師者，輒鞭而拘之。
又因請出煜親兵千餘守關城，為宋師所掩。一日，煜躬自巡城，

69 見宋・陸游：《南唐書》卷三，〈後主本紀〉，載於清・紀昀等：《文淵閣
四庫全書》第四六四冊，（台北：台灣商務印書館出版），P.404。
70 同前註，卷十，〈皇甫繼勳傳〉，P.443。

見宋師列柵城外，旌旗偏野，始驚懼，知為左右所蔽。及巡城還，繼勳從至宮，煜乃責其流言惑眾及不用命之狀，收付大理。始出，軍士悉集，臠割其肉，頃刻都盡。紹傑亦被誅。[71]

未待劊子手操刀，這位叛徒已被眾軍士臠割殆盡，可見皇甫氏的作為，令人憤怒已極。唉！李煜真是「孤雛逃命落泥溝」，與中主李璟一樣所任皆非人也。

皇甫氏死後，李煜於內苑置澄心堂，親召文臣商議軍政，然李煜並無軍事才幹，致軍隊一團糟。據陸游說：

置澄心堂於內苑，引能文士及徐元機、元榆、元樞兄弟居其間，中旨由之而出。中書、密院乃同散地。兵興之際降御札，移易將帥，大臣無知者。皇甫繼勳誅死之後，夜出萬人斫營，招討使但署牒遣兵，竟不知何往。蓋皆澄心堂直承宣命也。[72]

六月，吳越軍輕取常州後，直攻京口，李煜深知潤州若破，金陵將背腹受敵，故派遣心腹大將劉澄前往鎮守。行前囑道：

卿本未合離孤，孤亦難與卿別，但此非卿不可，勉副孤心。[73]

---

[71] 見元・脫脫等：《宋史》卷四百七十八，〈南唐李氏世家〉四部備要本，第二十冊，（台北：台灣中華書局），P.10。

[72] 見宋・陸游：《南唐書》卷三，〈後主本紀〉，載於清・紀昀等：《文淵閣四庫全書》第四六四冊，（台北：台灣商務印書館出版），P.405。

[73] 見宋・陳彭年：《江南別錄》，載於清・紀昀等：《文淵閣四庫全書》第四六四冊，（台北：台灣商務印書館出版），P.128。

君臣灑淚揮別後，劉氏即收盡家中財物前往，並對人說：

此皆前後所賜，今國家有難，當散此以圖勳業。[74]

聞者無不動容敬仰，李煜更是高興。沒想到劉氏與皇甫氏一樣，還未開戰就獻城投降，吳越軍不費一卒取得潤州後，繼續西進與宋軍會師金陵，京師已岌岌可危。

此時，宋祖派李穆送從鎰回國，並勸李煜投降。李煜召群臣諮議，陳喬建議遣人冒圍，寄望於長江上游軍隊。於是，密令衛殿卿陳大雅深夜突圍，急召洪州節度使朱令贇赴難。據陸游云：

洪州節度使朱令贇帥勝兵十五萬赴難，旌旗戰艦甚盛。編木為長百餘丈，大艦容千人。令贇所乘艦尤大，擁甲士，建大將旗鼓，將斷采石浮橋。至皖口，與王師遇，傾火油焚北船，適北風反焰自焚，我軍大潰。令贇及戰櫂都虞候王暉皆被執。[75]

南唐十五萬大軍，就在風向突然的改變下，喪生火海，埋身江底，連同葬下的是李煜最後生機，真是天不予南唐也。

李煜無奈！兩次派遣徐鉉等至宋厚貢萬財，並上表哀求緩兵曰：

臣猥以幽孱，曲承臨照。……嗟一誠生聚，吾君赤子也；微臣薄軀，吾君外臣也。忍使一朝，便忘覆育。臣又聞：鳥獸，微

---

[74] 見宋·陳彭年：《江南別錄》，載於清·紀昀等：《文淵閣四庫全書》第四六四冊，（台北：台灣商務印書館出版），P.128。

[75] 見宋·陸游：《南唐書》卷三，〈後主本紀〉，載於清·紀昀等：《文淵閣四庫全書》第四六四冊，（台北：台灣商務印書館出版），P.405。

物也，依人而猶哀之；君臣，大義也，傾忠能無憐乎？倘令臣
進退之跡不至醜惡，宗社之失不自臣身，是臣生死之願畢矣。
皇天后土，實鑒斯言。[76]

表中出語哀苦，跡近搖尾乞憐，然宋祖志在滅唐，並不為所動。
徐鉉只得冒被殺之險，以口舌之辯，完成使命，據歐陽修云：

太祖皇帝之出師南征也，煜遣其臣徐鉉朝于京師，鉉居江南以
名臣自負。其來也，欲以口舌馳說存其國。……曰：「李煜無罪，
陛下師出無名。」太祖徐召之升，使畢其說。鉉曰：「煜以小事
大，如子事父，未有過失，奈何見伐。」其說累數百言。太祖
曰：「爾謂父子者為兩家可乎？」鉉無以對而退。[77]

王季平亦云：

鉉等既還，煜復遣入奏。鉉言李煜事大之禮甚恭，以病未任朝
謁，非敢拒詔。乞緩兵以全一邦之命。太祖怒，按劍謂鉉曰：
「不須多言，江南亦有何罪。但天下一家，臥榻之側，豈容他
人鼾睡？」鉉皇恐而退。[78]

76 見清‧董誥等：《全唐文》卷一百二十八，〈南唐後主李煜〉第三冊，（台
　　北：台灣大通書局），P.1618。
77 見宋‧歐陽修：《新五代史》卷六十二，〈南唐世家〉，載於清‧紀昀等：
　　《文淵閣四庫全書》第二七九冊，（台北：台灣商務印書館出版），P.444。
78 見宋‧王季平：《東都事略》卷二十三，載於清‧紀昀等：《文淵閣四庫全
　　書》第三八二冊，（台北：台灣商務印書館出版），P.166。

徐氏雖為一流外交人才，善於應對，奈何！〝秀才遇到兵〞，無功而返，二次厚貢亦徒勞一場。

如今，庇佑南唐的只剩它的城牆，一度是六朝古都，龍蟠虎踞，西臨長江，南控秦淮河。昔日先主李曾擴建，加固了這道城牆，時至今日，雖爬滿青苔，卻依舊威風，城上守軍更是誓死堅守。然宋師百道攻城，晝夜不休，城中斗米萬錢，人病足弱，死者相枕藉。

在面臨城破家亡的時刻，李煜還癡想菩薩可共度難關，據陸游云：

> 金陵受圍，後主召小長老求助。對曰：〝北兵雖強，豈能當我佛力？〞登城一麾，圍城之師為小卻。後主真以為佛力，合掌歎異，厚賜之。下令軍民皆誦〝救苦菩薩〞，聲如江濤。未幾，梯衝環城，矢石亂下如雨。倉皇復召小長老，稱疾不至，始悟其姦，殺之。群僧懼併坐誅，乃共乞授甲出門死國難，後主曰：〝教法其可毀乎？〞弗許。[79]

《墨莊漫錄》亦載：

> 王師攻金陵垂破，後主倉皇中作一疏禱於釋氏，願兵退後許造佛像若干身，菩薩若干身，齋僧若干萬員，建殿宇若干所。數多而字草，蓋危窘中書也。[80]

---

79 見宋·陸游：《南唐書》卷十八，〈浮屠傳〉，載於清·紀昀等：《文淵閣四庫全書》第四六四冊，（台北：台灣商務印書館出版），P.489。

80 見夏瞿禪：《南唐二主年譜》，載於楊家駱：《南唐二主詞校注、南唐二主年譜》，（台北：世界書局，民五十九年一月再版），P.74。

情況如此危急，李煜依舊迷信佛法，妄想佛陀保佑，真是悲夫！然當其悟為奸時，一切已晚矣！

　　李煜至此，已是四面楚歌，呼天喚地皆不靈的局面，然他不甘束手就擒，故鋌而走險，令張洎密製蠟丸書，求救於契丹，最後亦失敗。據馬令云：

> 張洎，南譙人。王師圍金陵，洎在城中作蠟丸帛書，使間道走契丹求援。為邊侯所得。及金陵平，太祖皇帝召洎詰責，以書示之。洎神色自若，徐曰，此臣在國所作。上曰，汝國稱藩事大，何乃反覆如此。汝實為之，咎將誰執。洎曰，當危急之際，望延歲月之命，亦何計不為。臣所作帛書甚多，此特其一爾。[81]

　　宋師圍城既久，死傷慘重，將士皆疲，休兵議論已在汴京響起，宋祖決定休兵，以為後圖。南唐出現曙光，然此時卻殺出侯陟，葬送南唐江山。據脫脫云：

> 時江表未拔，太祖厭兵，南土暑熾，軍卒疫死。方議休兵以為後圖。陟適從揚州來，知金陵危甚，多遜令，上急變求見。陟時被病，令掖入，即大言曰，南唐平在朝夕，陛下奈何欲班師。

81 見宋・馬令：《南唐書》卷二十三，〈歸明傳下〉，載於清・紀昀等：《文淵閣四庫全書》第四六四冊，（台北：台灣商務印書館出版），PP.357～358。

願急取之，臣若誤陛下，願夷三族。上屏左右召升殿問狀，遂寢前議。[82]

一連串的事件中，皆可能讓南唐翻身，然天要亡也，李煜竟無機會。

宋、吳越會師圍困金陵，已近一載，外無援兵內無糧草，李煜深知大勢已去，卒遣長子清源郡公仲寓出城請降，然為左右所攔。陳喬悲慨萬分，寧背城戰死，亦不願投降。據陸游說：

及城將陷，後主自為降款，命喬與清源郡公仲寓詣曹彬。喬持款歸府，投承霤中。復入見云，〝自古無不亡之國，降亦無由得全，徒取辱耳。請背城一戰而死。〞後主握喬手涕泣，不能從。喬曰，〝如此，則不如誅臣，歸臣以拒命之罪。〞後主又不從。乃掣手而去，至政事堂，召二親吏，解所服金帶與之，曰，〝善藏吾骨，〞遂自縊。[83]

十一月二十七日乙未夜半，宋軍下達總攻擊令，攻擊前，曹彬要各員大將當面宣誓，破城之日，決不妄殺一人，並善待李氏一門，以不負宋祖告誡。於是，展開巨大帥旗，兵士向城牆衝鋒過去。古都城牆，再也抵擋不住敵軍的瘋狂。宋、吳越大軍終破城而入，將軍呂彥

82 見元・脫脫等：《宋史》卷二百七十，〈侯陟傳〉四部備要本，第二十冊，（台北：台灣中華書局），P.12。

83 見宋・陸游：《南唐書》卷十四，〈陳喬傳〉，載於清・紀昀等：《文淵閣四庫全書》第四六四冊，（台北：台灣商務印書館出版），P.467。

率壯士數百，力戰而死；勤政殿學士鍾蒨朝服坐家中，亂兵至，舉族服毒；保儀黃氏，舉火焚盡所有圖籍；昇元寺閣內的豪民貴婦，被吳越兵舉火焚毀，哭聲震天；淨德院尼八十餘人舉火自焚尤稱壯烈；城中百姓，更是橫屍遍野。據吳任臣云：

> 冬十一月，白虹貫日晝晦，乙未城陷，將軍咼彥、馬誠信及弟承俊帥壯士數百力戰而死，勤政殿學士鍾蒨朝服坐于家，亂兵至，舉族就死不去。右內史侍郎陳喬請死，不許，自縊死。國主帥司空知左右內史事殷崇義等四十五人肉袒降于軍門。時昇元寺閣高可十丈，士大夫及豪民富商婦女避難于上者殆數百人，吳越兵舉火焚之，哭聲動天。[84]

如此淒涼悲狀，蓋因李煜懦弱無能，不知圖強。嗚呼！百姓何辜？

李煜積薪宮中，本欲率全家赴火自盡，然經左右泣諫勸阻。李煜既不能殉國，乃率宰相湯悅等四十五人，內袒跪拜，降於曹彬、潘美的軍門。據陳彭年云：

> 城陷後主欲自殺，左右泣涕固諫得止。[85]

《談淵》亦載：

84 見清・吳任臣：《十國春秋》，卷十七，〈南唐後主本紀〉，載於清・紀昀等：《文淵閣四庫全書》第四六五冊，（台北：台灣商務印書館出版），P.177。
85 見宋・陳彭年：《江南別錄》，載於清・紀昀等：《文淵閣四庫全書》第四六四冊，（台北：台灣商務印書館出版），P.128。

建隆中，曹彬、潘美統王師平江南，二將皆知兵善戰，曹之識慮尤遠，潘所不迨。城既破，國主李煜白衫紗帽見二公。先見潘，設拜。潘答之。次見曹設拜。曹使人明語之曰，介冑在身，下拜不及答。識者善其得體。[86]

宋祖自開寶七年九月進攻南唐，至開寶八年十一月陷金陵，歷時一年三個月，南唐終於亡國。吳任臣評論曰：

後主恂恂大雅，美秀多文，鄉使國事無虞，中懷兢業，抑亦守邦之主也！乃運丁百六，晏然自侈，譜曲度僧，略無虛日；遂至京都淪喪，出涕嗟若。斯與長城之玉樹後庭賣身佛寺以亡國者，何其前後一轍邪？[87]

宋太祖亦曰：

李煜若以詩詞工夫治國，豈為吾虜耶！[88]

由之，李煜亡國其來有自，悲夫！

---

86 見夏瞿禪：《南唐二主年譜》，載於楊家駱：《南唐二主詞校注、南唐二主年譜》，（台北：世界書局，民五十九年一月再版），P.77。
87 同前註。
88 見明‧毛先舒：《南唐拾遺記》，載於清‧曹秋岳：《學海類編》第十八冊，線裝書，P.後19。

第五章　李煜之文藝創作

本單元係對李煜之文藝創作做一探討，並分為：博學多才、詩詞析賞、表現手法、格律探討，以及風格特色等五個單元論之，茲說明如下：

第一節　博學多才

李煜不僅是個風流瀟灑，多情浪漫之君王，亦是個才華橫溢，天縱驕子的文人。除詞具非常成就外，文章、詩、書法、繪畫、音樂等，亦樣樣精通。徐鉉謂他〝酷好文辭，多所述作〞、〝洞曉音律，精別雅鄭〞、〝弧矢之善，筆札之工，天縱多能，必造精絕〞[1]。可見其博學多才，善工藝精，由此構成李煜豐富多彩的人生。茲就上述之造詣，分文學、藝術兩方面論述如下：

壹、文學方面

一、文章：

據徐鉉說李煜的〝雅頌文賦凡三十卷〞[2]、〝所著《文集》三十卷，《雜說》百篇〞[3]；脫脫也說〝《南唐後主李煜雜說》二卷〞[4]，又說〝《李

1 參見宋·徐鉉：《徐公文集》卷二十九，〈大宋左千牛衛上將軍追封吳王隴西公墓誌銘并序〉四部叢刊本，（上海：上海商務印書館），P.198。
2 同前註，卷十八，〈御製雜說序〉，P.129。
3 同註1。
4 參見元·脫脫等：《宋史》卷二百五，〈藝文志四〉四部備要本，第八冊，（台北：台灣中華書局），P.14。

煜集》十卷又《集略》十卷〞5;《全唐詩》亦載李煜的〝集十卷,詩一卷,失傳〞6。

可見李煜著為數不少的《文集》和《雜說》,可惜多已散佚,流傳的僅約如下之單篇文章:

1. 《書述》其文曰:

> 擫者,擫大指骨上節,下端用力欲直,如提千鈞。壓者,捺食指,著中節旁。鉤者,鉤中指,著指尖,鉤筆令向下。揭者,揭名指,著指爪肉之際,揭筆令向上。抵者,名指揭筆,中指抵住。拒者,中指鉤筆,名指拒定。導者,小指引名指過右。送者,小指送名指過左。7

此篇述作,係李煜悟得書法撥鐙(八字法)之真傳後,詳細記錄其基本要領,以及書法風格等,以供後人研習。

2. 《書評》其評曰:

> 善法書者,各得右軍之一體。若虞世南得其美韻而失其俊邁;歐陽詢得其力而失其溫秀;褚遂良得其意而失其變化;薛稷得其清而失於拘窘;顏真卿得其筋而失於粗魯;柳公權得其骨而

5 參見元‧脫脫等:《宋史》卷二百八,〈藝文志七〉四部備要本,第九冊,(台北:台灣中華書局),P.7。

6 參見清聖祖御定:《全唐詩》卷八,〈後主煜〉第一冊,(台北:文史哲出版社,民六十七年十二月版),P.71。

7 見清‧孫岳頒等:《御定佩文齋書畫譜》卷三,〈論書〉,載於清‧紀昀等:《文淵閣四庫全書》第八一九冊,(台北:台灣商務印書館出版),P.126。

失於生獷；徐浩得其肉而失於俗；李邕得其氣而失於體格；張
旭得其法而失於狂；獻之俱得之，而失於驚急無蘊藉態度。[8]

此篇評文，係李煜以書法藝術之道，高超鑑賞眼光，評論唐代多
位書法家的得失。

3.　《南唐金銅蟾蜍硯滴銘》其銘曰：

捨月窟、伏羣几，為我用，貯清泚。端溪石，澄心紙，陳玄氏、
毛錐子，同列無譁聽驅使。微吾潤澤烏用汝？[9]

此篇充滿得意與樂趣的銘文，係李煜擁有：龍尾石硯山、金銅蟾
蜍硯滴、澄心紙、廷珪墨、玉筆管，文房四寶時所寫。

4.　《即位上宋太祖表》其表曰：

臣本於諸子，實愧非才，自出膠庠，心疏利祿。被父兄之蔭育，
樂日月以優游。思追巢許之餘塵，遠慕夷齊之高義。既傾懇悃，
上告先君。固非虛詞，人多知者。徒以伯仲繼沒，次第推遷。
先世謂臣克習義方，既長且嫡。俾司國事，遽易年華。及乎暫
赴豫章，留居建業，正儲副之位，分監撫之權，懼弗克堪，常
深自勵。不謂奄丁艱罰，遂玷纘承。因顧肯堂，不敢滅性。然
念先世君臨江表，垂二十年中，開務在倦勤，將思釋負，臣亡

8　見清・董誥等：《全唐文》卷一百二十八，〈南唐後主李煜〉第三冊，（台北：
　　台灣大通書局），P.1620。

9　見元・陸友：《研北雜志》卷下，載於清・紀昀等：《文淵閣四庫全書》第八
　　六六冊，（台北：台灣商務印書館出版），P.599。

兄文獻太子從冀，將從內禪，已決宿心，而世宗敦勸既深，議言因息，及陛下顯曆，帝錄彌篤，睿情方誓。子孫仰酬臨照，則臣向於脫屣，亦匪邀名。既嗣宗祊，敢忘負荷，惟堅臣節，上奉天朝。若曰稍易初心，輒萌異志，豈獨不遵於祖禰，實當受譴於神明。方主一國之生靈，遐賴九天之覆燾。況陛下懷柔義廣，煦嫗仁深，必假清光，更逾曩日，遠憑帝力，下撫舊邦，克獲宴安，得從康泰。然所慮者，吳越國鄰於敝土，近似深讎。猶恐輒向封疆，或生紛擾。臣即自嚴部曲，終不先有侵漁，免結釁嫌，撓干旒扆。仍慮巧肆如簧之舌，仰成投杼之疑，曲搆異端，潛行詭道。願迴鑒燭，顯諭是非。庶使遠臣，得安危懇。
10

此篇充滿卑恭折節，曲意奉承的表文，係李煜登基時所寫，並遣馮延魯至宋奉表陳襲位。

5.　《答張泌諫手批》其文曰：

古人讀書不祇謂詞賦口舌也，委贄事人，忠信無隱，斯可謂不辱士之風矣。況朕篡承之始，政德未敷；哀毀之中，知慮荒亂。深虞布政設教，有不足仰副民望，泌居下位而首進讜論，觀詞

10　見清・董誥等：《全唐文》卷一百二十八，〈南唐後主李煜〉第三冊，（台北：台灣大通書局），PP.1617～1618。

氣激揚，次搜覽十事煥美，可舉而行。朕必善初而思終，卿無今直而後佞。其中事件，亦有已於敕書處分者。二十八日。[11]

此篇充滿喜悅慰勉的批文，係李煜即位之初，批張泌上書〝十大救國建議〞之數千言奏文時所寫。

6. 《昭惠周后誄》其誄曰：

天長地久，嗟嗟蒸民。嗜欲既勝，悲歡糾紛。

緣情攸宅，觸事來津。貲盈世逸，樂尟愁殷。

沈烏逞兔，茂夏凋春。年彌念曠，得故忘新。

闕景頹岸，世閱川奔。外物交感，猶傷昔人。

詭夢高唐，誕誇洛浦。構屈平虛，亦憫終古。

況我心摧，興哀有地。蒼蒼何辜，殲予伉儷。

窈窕難追，不祿於世。玉潤珠融，殞然破碎。

柔儀俊德，孤映鮮雙。纖穠挺秀，婉孌開揚。

艷不至冶，慧或無傷。盤紳奚戒，慎肅惟常。

環珮爰節，造次有章。含顰發笑，擢秀騰芳。

鬢雲留鑒，眼彩飛光。情瀾春媚，愛語風香。

瑰姿稟異，金冶昭祥。婉容無犯，均教多方。

茫茫獨逝，捨我何鄉？昔我新昏，燕爾情好。

媒無勞辭，筮無違報。歸妹邀終，咸爻協兆。

11 見宋・鄭文寶：《江表志》卷三，載於清・紀昀等：《文淵閣四庫全書》第四六四冊，（台北：台灣商務印書館出版），PP.146～147。

俛仰同心，綢繆是道。執子之手，與子偕老。

今也如何，不終往告。嗚呼哀哉！志心既達，孝愛克全。

殷勤柔握，力折危言。遺情眇眇，哀淚漣漣。

何為忍心，覽此哀編。絕艷易凋，連城易脆。

實曰能容，壯心是醉。信美堪餐，朝饑是慰。

如何一旦，同心曠世？嗚呼哀哉！豐才富藝，女也克肖。

采戲傳能，奕棋逞妙。媚動占相，歌縈柔調。

茲　爰質，奇器傳華。翠蚪一舉，紅袖飛花。

情馳天際，思棲雲涯。發揚掩抑，纖緊洪奢。

窮幽極致，莫得微瑕。審音者仰止，達樂者興嗟。

曲演來遲，破傳邀舞。利撥迅手，吟商逞羽。

制革常調，法移往度。翦遏繁態，藹成新矩。

霓裳舊曲，韜音淪世。失味齊音，猶傷孔氏。

故國遺聲，忍乎湮墜？我稽其美，爾揚其祕。

程度餘律，重新雅製。非子而誰？誠吾有類。

今也則亡，永從遐逝。嗚呼哀哉！該茲碩美，鬱此芳風。

事傳遐祀，人難與同。式瞻虛館，空尋所蹤。

追悼良時，心存目憶。景旭雕甍，風和繡額。

燕燕交音，洋洋接色。蝶亂落花，雨晴寒食。

接輦窮歡，是宴是息。含桃薦實，畏日流空。

林彫晚蘀，蓮舞疏紅。煙輕麗服，雪瑩修容。

纖眉範月，高髻凌風。輯柔爾顏，何樂靡從。

蟬響吟愁，槐凋落怨。四氣窮哀，萃此秋宴。

我心無憂，物莫能亂。絃爾清商，艷爾醉盼。

情如何其，式歌且宴。寒生蕙幄，雪舞蘭堂。

珠籠暮捲，金爐夕香。麗爾渥丹，婉爾清揚。

厭厭夜飲，予何爾忘？年去年來，殊歡逸賞。

不足光陰，先懷悵怏。如何倐然，已為疇曩？

嗚呼哀哉！孰謂逝者，荏苒彌疏？我思妹子，永念猶初。

愛而不見，我心熅如。寒暑斯疚，吾寧御諸？嗚呼哀哉！

萬物無心，風煙若故。惟日惟月，以陰以雨。

事則依然，人乎何所？悄悄房櫳，孰堪其處。

嗚呼哀哉！佳名鎮在，望月傷娥。雙眸永隔，見鏡無波。

皇皇望絕，心如之何？暮樹蒼蒼，哀摧無際。

歷歷前歡，多多遺致。絲竹聲悄，綺羅香杳。

想渙乎忉怛，恍越乎悴憔！嗚呼哀哉！歲云暮兮，無相見期。

情瞀亂兮，誰將因依？維昔之時兮亦如此，維今之心兮不如斯。

嗚呼哀哉！神之不仁兮，斂怨為德。既取我子兮，又毀我室。

鏡重輪兮何年，蘭襲香兮何日？

嗚呼哀哉！天漫漫兮愁雲曀，空曖曖兮愁煙起。

蛾眉寂寞兮閉佳城，哀寢悲氛兮竟徒爾。

嗚呼哀哉！日月有時兮，龜蓍既許。簫笳淒咽兮，旐常是舉。

龍輴一駕兮，無來轅；金屋千秋兮，永無主。

嗚呼哀哉！木交枸兮，風索索；鳥相鳴兮，飛翼翼。

弔孤影兮，孰我哀？私自憐兮痛無極！

嗚呼哀哉！夜寤皆感兮，何嚮不哀？窮求弗獲兮，此心鬱摧。

號無聲兮何續？神永逝兮長乖！

嗚呼哀哉！杳杳香魂，茫茫天步。抆血撫櫬，邀子何所？

苟雲路之可窮？冀傳情於方士。嗚呼哀哉。[12]

此篇充滿真切情意，嘔心泣血的誄文，係李煜悼念大周后去世時所寫，並刻在懿陵的石碑上，以誌永念。

《送鄧王二十六弟牧宣城序》其序曰：

秋山的翠，秋江澄空，揚帆迅征，不遠千里。之子于邁，我勞如何！夫樹德無窮，太上之宏規也；立言不朽，君子之常道也。今子藉父兄之資，享鍾鼎之貴。吳姬趙璧，豈吉人之攸寶？矧子皆有之矣。哀淚甘言，實婦女之常調，又我所不取也。臨歧贈別，其唯言乎？在原之心，於是而見。噫！俗無獷順，愛之則歸懷；吏無貞污，化之可彼此。刑唯政本，不可以不窮不親；政乃民中，不可以不清不正。執至公而御下，則憸佞自除。察薰蕕之稟心，則妍媸何惑。武惟時習，知五材之難忘；學以潤身，雖三餘而忍捨。無酣觴而敗度，無荒樂以蕩神。此言勉從，庶幾寡悔。苟行之而願益，則有先王之明謨具在於緗帙也。嗚呼！老兄盛年壯思，猶言不成文，況歲晚心衰，則詞豈迨意？

---

12 見清・董誥等：《全唐文》卷一百二十八，〈南唐後主李煜〉第三冊，（台北：台灣大通書局），PP.1619～1620。

方今涼秋八月，鳴根長川，愛君此行，高興可盡。況彼敬亭溪山，暢乎遐覽，正此時也。[13]

此篇充滿情深意長，叮嚀勉勵的序文，係李煜派二弟從鎰出鎮宣州時所寫。

7. 《批韓熙載奏》其奏曰：

言偽而辯，古人惡之。熙載俸有常秩，錫賚尚優，而謂廚無盈日，無乃過歟。[14]

此篇批文，係李煜批韓熙載上書"家無盈日之廚，野乏百金之產"之數百言奏文時所寫。

8. 《批有司奏》其奏曰：

天不憖遺，碎我瑚璉。辭章乍覽，痛切孤心。嗟乎！抗直之言，而今而後，迨不得其過半聞聽者乎！可別輟朝一日，贈右僕射平章事，仍官給葬事。[15]

此篇充滿情溢乎辭的批文，係李煜批有司因韓熙載病逝而上書之"當輟朝三日，以示哀悼"時所寫。

13 見清‧董誥等：《全唐文》卷一百二十八，〈南唐後主李煜〉第三冊，（台北：台灣大通書局），PP.1618～1619。

14 見宋‧馬令：《南唐書》卷十三，〈儒者傳上〉，載於清‧紀昀等：《文淵閣四庫全書》第四六四冊，（台北：台灣商務印書館出版），P.311。

15 見宋‧徐鉉：《徐公文集》卷十六，〈唐故中書侍郎光政殿學士承旨昌黎韓公墓銘〉四部叢刊本，（上海：上海商務印書館），P.113。

9. 《卻登高文》其文曰：

> 玉斝澄醪，金盤繡糕，茱房氣烈，菊蕊香豪，左右進而言曰：
> 維芳時之令月，可藉野以登高，矧上林之伺幸，而秋光之待褒
> 乎？余告之曰：昔時之壯也，情槃樂恣，歡賞忘勞，惆心志於
> 金石，泥花月於詩騷，輕五陵之得侶，陋三秦之選曹，量珠聘
> 伎，紉綵維艘，被牆宇以耗帛，論邱山而委糟。豈知忘長夜之
> 靡靡，累大德於滔滔。愴家艱之如燬，縈離緒之鬱陶，陟彼岡
> 矣，企予足，望復關兮睇予目，原有鶺兮相從飛，嗟予季兮不
> 來歸。空蒼蒼兮風淒淒，心躑躅兮淚漣洏。無一歡之可作，有
> 萬緒以纏悲，於戲噫嘻，爾之告我，曾非所宜。[16]

此篇充滿離愁悲懷的賦文，係李煜因大弟從善被扣留汴京，無心
重九登高賞秋，拒絕臣子建議時所寫。

10. 《遺吳越王書》其書曰：

> 今日無我，明日豈有君，一旦明天子易地賞功，王亦大梁一布
> 衣耳。[17]

此篇義正辭嚴，曉以利害的書文，係李煜於吳越王舉兵犯常州、
潤州時所寫。

---

[16] 見清·董誥等：《全唐文》卷一百二十八，〈南唐後主李煜〉第三冊，（台北：台灣大通書局），P.1619。

[17] 見宋·陸游：《南唐書》卷三，〈後主本紀〉，載於清·紀昀等：《文淵閣四庫全書》第四六四冊，（台北：台灣商務印書館出版），P.404。

11. 《乞緩師表》其表曰：

> 臣猥以幽孱，曲承臨照。僻在幽遠，忠義自持，唯將一心，上
> 結明主。比蒙號召，自取愆尤。王師四臨，無往不克。窮途道
> 迫，天實為之。北望天門，心懸魏闕。嗟一城生聚，吾君赤子
> 也；微臣薄軀，吾君外臣也。忍使一朝，便忘覆育，號咷鬱咽，
> 盍見捨乎。臣性實愚昧，才無異稟。受皇朝獎與，首冠萬方。
> 奈何一日自踵蜀漢不臣之子，同群合類而為囚虜乎？貽責天下，
> 取辱祖先，臣所以不忍也。豈獨臣不忍為，亦聖君不忍令臣之
> 為也。況乎名辱身毀，古之人所嫌畏者也。人所嫌畏，臣不敢
> 嫌畏也。惟陛下寬之赦之。臣又聞：鳥獸，微物也，依人而猶
> 哀之；君臣，大義也，傾忠能無憐乎？倘令臣進退之跡不至醜
> 惡，宗社之失不自臣身，是臣生死之願畢矣。實存沒之幸也。
> 豈惟存沒之幸也，實舉國之受賜也；豈惟舉國之受賜也，實天
> 下之鼓舞也。皇天后土，實鑒斯言。[18]

此篇充滿哀婉猥瑣，搖尾乞憐的表文，係李煜於宋、吳越會師圍
攻金陵時所寫，並遣徐鉉等至宋厚貢萬物乞求緩兵。

12. 《不敢再乞潘慎修掌記室手表》其表曰：

> 昨因先皇臨御，問臣頗有舊人相伴否？臣即乞徐元楀。元楀方
> 在幼年，於牋表素不諳習。後來因出外，問得劉鋹曾乞得廣南

---

18 見清·董誥等：《全唐文》卷一百二十八，〈南唐後主李煜〉第三冊，（台
北：台灣大通書局），P.1618。

舊人洪偘。今來，已蒙遣到徐元橋，其潘慎修更不敢陳乞。所有表章，臣且勉勵躬親。臣亡國殘骸，死亡無日。豈敢別生僥覬，干撓天聰。只慮章奏之間，有失恭慎。伏望睿慈，察臣素心。[19]

此篇充滿恭怯謹慎的表文，係李煜亡國後，二度向宋天子乞求舊臣專修表章時所寫。

二、詩：

據脫脫謂後主有「詩一卷」[20]；王堯臣亦謂「《江南李主詩》一卷」[21]；《全唐詩》亦載李煜「詩一卷失傳」[22]。

可見李煜詩確有一卷，可惜亦已流失不傳。今存者，僅《全唐詩》中的十八首，斷句十六件計三十二句而已。本文以參考《全唐詩》為主，有關詩的內容，詳見下節析賞，在此不贅陳。

三、詞：

19 見清・董誥等：《全唐文》卷一百二十八，〈南唐後主李煜〉第三冊，（台北：台灣大通書局），P.1618。
20 參見元・脫脫等：《宋史》卷二百八，〈藝文志七〉四部備要本，第九冊，（台北：台灣中華書局），P.7。
21 參見宋・王堯臣等：《崇文總目》卷十二，〈別集類〉，載於清・紀昀等：《文淵閣四庫全書》第六七四冊，（台北：台灣商務印書館出版），P.146。
22 參見清聖祖御定：《全唐詩》卷八，〈後主煜〉第一冊，（台北：文史哲出版社，民六十七年十二月版），P.71。

據《遂初堂書目》〈樂曲類〉載有《李後主詞》一書[23]，可見宋時即有李煜詞的專集，可惜未見著錄，亡佚已久，致後人無緣見其全貌。今人所能見者，除收入詞總集或選集外，極少單獨刊行，大多與中主李璟詞合刊，題為《南唐二主詞》。

　　關於《南唐二主詞》，最早提到者為宋人陳振孫，他說：

> 《南唐二主詞》一卷，中主李璟、後主李煜撰。卷首四闋：〈應天長〉、〈望遠行〉各一，〈浣溪沙〉二，中主所作。重光嘗書之，墨跡在盱江晁氏，題云：《先皇御製歌詞》。余嘗見之，於麥光紙上作撥鐙書，有晁景迂題字，今不知何在矣。餘詞皆重光作。[24]

又說：

> 自《南唐二主詞》而下，皆長沙書坊所刻，號《百家詞》。[25]

王國維亦認為：

> 猶是南宋初輯本，殆即《直齋書錄解題》所著錄，宋長沙書肆所刊行者也。[26]

---

[23] 參見宋‧尤袤：《遂初堂書目》，〈樂曲類〉，載於清‧紀昀等：《文淵閣四庫全書》第六七四冊，（台北：台灣商務印書館出版），P.488。

[24] 見宋‧陳振孫：《直齋書錄解題》卷二十一，〈歌詞類〉，載於清‧紀昀等：《文淵閣四庫全書》第六七四冊，（台北：台灣商務印書館出版，），P.886。

[25] 同前註，P.893。

[26] 見清‧王國維：《南唐二主詞》輯本，〈王國維記〉，載於清‧沈宗畸：《晨風閣叢書》，線裝書，第十六冊，P.後7。

可見《南唐二主詞》之傳本，係南宋人所輯，長沙書坊所刊行。然傳至今日，因歷經後世各家的輯錄，致文字、篇次及闋數等多有出入，甚非李煜詞亦被編入而出現爭議，故今人所見《南唐二主詞》一書恐非原始面貌。

　　又據元人白樸所作一首〝感南唐故宮㯶括後主詞〞之〈水調歌頭〉曰：

　　　南郊舊壇在，北渡昔人空。殘陽淡淡無語，零落故王宮。前日雕欄玉砌，今日遺臺老樹，尚想霸圖雄。誰為埋金地，都屬賣柴翁！慨悲歌，懷故國，又東風。不堪往事多少，回首夢魂同。借問春花秋月，幾換朱顏綠鬢，荏苒歲華終。莫上小樓望，愁滿月明中。[27]

　　詞中㯶括之語句，除〝雕欄〞、〝故國〞、〝東風〞、〝往事〞、〝夢魂〞、〝春花〞、〝朱顏〞、〝小樓〞、〝月明〞等有依可尋外，其餘皆不明出處，由此亦可證明他的原詞，確已散失不少。

　　基上述原因，本文將以無爭議之三十六首為主，有爭議者留待第六章辨偽，並參考《全唐五代詞》為主，有關詞的內容，亦詳見下節析賞。

27　見元・白樸：《天籟集》卷上，載於清・紀昀等：《文淵閣四庫全書》第一四八八冊，（台北：台灣商務印書館出版），P.634。

貳、藝術方面

一、書法：

據陸游謂李煜書法〝學柳公權〞[28]；《皇宋書錄》內載〝浮休稱其大字如截竹木，小字如聚鍼丁。山谷觀其手改表章，筆力不減柳誠懸。〞[29]；晁說之謂李煜書法〝出于裴休〞[30]；《皇朝類苑》載他的〝書法絕勁，深得二王撥鐙法〞[31]；《宣和書譜》亦載：

> 江南偽後主李煜字重光，早慧精敏，審音律，善書畫，其作大字不事筆，卷帛而書之，皆能如意，世謂〝撮襟書〞。復喜作顫掣勢人又目其狀為〝金錯刀〞。[32]

可見李煜書法師承柳公權、裴休、王羲之等多位名家，不僅深得其髓，且另有創新。他的行書墨帖，大致有：《淮南子》、《春草賦》、《義天秤尺紀》、《浩歌行》、《克己處分》、《批元奏狀》、《禮三寶眾聖賢儀》、《八師經》、《宮相詩》、《李璟草堂等詩》、《商秋等詩》、《牡丹

---

[28] 參見宋·陸游：《南唐書》卷十六，〈後主保儀黃氏傳〉，載於清·紀昀等：《文淵閣四庫全書》第四六四冊，（台北：台灣商務印書館出版），P.478。

[29] 參見宋·董史：《皇宋書錄》中篇，〈江南後主李煜〉，載於清·鮑廷博：《知不足齋叢書》，線裝書，第十六集，第一百二十冊，P.前1。

[30] 參見謝世涯：《南唐李後主詞研究》，（上海：學林出版社，1994年4月第一版），P.32。

[31] 參見蔣勵材：《李後主詞傳總集》，（台北：國立編譯館中華叢書編審委員會，民六十七年三月平裝再版），P.6。

[32] 見宋·無名氏：《宣和書譜》卷十二，〈行書〉，載於清·紀昀等：《文淵閣四庫全書》第八一三冊，（台北：台灣商務印書館出版），P.264。

等詩》、《古風詩二》、《論道帖》、《招賢詩帖》、《樂章羅帖》、《樂府三》、《臨江仙》、《雜文稿》、《金書心經》、《智藏道師真贊》等二十一種，到北宋末年時，還在宋徽宗詔令編撰的《宣和書譜》中，珍藏於內府。可惜，至今已喪失殆盡，吾人只可依前者之記述，略窺梗概而已。

二、繪畫：

據沈括謂李煜「尤工翎毛，江南府庫之書畫，多有其題跋。」33；周密列有他的「林泉渡水人物畫」34；陳繼儒說他「善墨竹」35；《黃山谷集》亦載「世傳江南後主作竹，自根至稍，一一鉤勒，謂之‵鐵鉤瑣′」36；郭若虛則云：

> 江南後主李煜才識清贍，書畫兼精（書名金錯刀），嘗觀所畫林石飛鳥，遠過常流，高出意外。金陵王相家有雜禽花木，李忠武家有竹枝圖，皆希世之玩。37

33　參見宋·沈括：《補筆談》卷上，〈補第十八卷後五事〉，載於清·紀昀等：《文淵閣四庫全書》第八六二冊，（台北：台灣商務印書館出版），P.877。

34　參見宋·周密：《武林舊事》卷九，〈高宗幸張府節次略〉，載於清·紀昀等：《文淵閣四庫全書》第五九○冊，（台北：台灣商務印書館出版），P.279。

35　參見明·陳繼儒：《太平清話》卷二，（上海：上海商務印書館，民二十五年六月初版），P.36。

36　參見夏瞿禪：《南唐二主年譜》，載於楊家駱：《南唐二主詞校注、南唐二主年譜》，（台北：世界書局，民五十九年一月再版），P.8。

37　見宋·郭若虛：《圖畫見聞誌》卷三，載於清·紀昀等：《文淵閣四庫全書》第八一二冊，（台北：台灣商務印書館出版），P.531。

可見李煜亦善於繪畫，且能自創，自古有書畫同源之說，善書者其畫亦佳，李煜即是書畫兼精者。他的繪畫作品，據《宣和畫譜》載，到北宋末年徽宗時，尚存《自在觀音圖》、《風雲龍虎圖》、《柘竹霜禽圖》、《柘枝寒禽圖》、《秋枝披霜圖》、《寫生鵪鶉圖》、《竹禽圖》、《棘崔圖》、《色竹圖》等九幅，珍藏於內府。可惜該作品未見流傳下來，吾人僅可從前者之品評或史料中，窺見一二而已。

李煜不但熱愛書畫，對文房四寶亦非常講究，所謂〝工欲善其事，必先利其器〞，他所擁有：龍尾石硯山、金銅蟾蜍硯滴、澄心紙、廷珪墨、玉筆管等，皆冠絕一時的寶物。據陸友謂：

> 袁伯長有李後主所用玉筆管，上有鐫字，文鏤甚精。[38]

高晦叟亦謂：

> 江南李後主善詞章，能書畫，皆臻妙絕。是時紙筆之類，亦極精緻。世傳尤好玉屑牋，於蜀主求牋匠造之。[39]

《硯譜》亦載：

> 李後主留意筆札，所用澄心堂紙，李廷珪墨，龍尾石硯，三者為天下之冠。[40]

---

38 見元・陸友：《研北雜志》卷上，載於清・紀昀等：《文淵閣四庫全書》第八六六冊，（台北：台灣商務印書館出版），P.579。

39 見宋・高晦叟：《珍席放談》卷下，載於清・紀昀等：《文淵閣四庫全書》第一〇三七冊，（台北：台灣商務印書館出版），P.544。

40 見宋・無名氏：《硯譜》，〈李後主硯〉，載於清・紀昀等：《文淵閣四庫澄心紙係南唐藝品，出自水質極好的歙州，李煜即位後大力扶植，選為御用，並置存紙庫房，名曰〝澄心堂〞，此紙便因得名〝澄心紙〞。同時設紙務官，專司製造之職。由此，澄心紙大放異彩，到後世仍被推崇，據程大昌云：

> 江南李後主造澄心堂紙，前輩甚貴重之。江南平後六十年，其紙猶有存者，歐公嘗得之，以二軸贈梅聖俞。……紙製大佳而幅度低狹，不能與麻紙相及，故曰，幅狹不堪作詔命也，然一紙已直百錢亦已珍矣。[41]

　　廷珪墨係南唐墨工奚廷珪所創製，亦出自山水秀美的歙州。該墨經奚氏研製後，如〝烏玉玦〞般，堅而有光，舐筆不膠，入紙不化，色黑如漆，久不褪色，是為墨中極品，聞名遐邇，遂稱〝廷珪墨〞。很受中主李璟賞識，卒封奚氏作墨務官，並賜姓為李。宋代詩人晁沖之曾吟詩讚美：

> 銀鈎洒落桃花牋，牙床磨試紅絲研。同時書畫三萬軸，大徐小篆徐熙竹，御題四絕海內傳，秘府毫芒惜如玉。[42]

　　龍尾石硯，又稱歙硯，亦出自歙州，硯石取材於黃山、天目山一帶。該硯質，紋理細密，精製純韌有如玉石，不吸水、不耗筆、耐發

　　全書》第八四三冊，（台北：台灣商務印書館出版），P.91。

41　見宋‧程大昌：《演繁露》卷九，〈澄心堂紙〉，載於清‧紀昀等：《文淵閣四庫全書》第八五二冊，（台北：台灣商務印書館出版），P.141。

42　見宋‧晁沖之：《具茨集鈔》，〈復以承晏墨贈之〉，載於宋‧吳孟舉等：《宋詩鈔初集》，線裝書，第十六冊，P.3。

墨，並獨具〝黃瓊白琥〞般的天然神彩，很適合研墨，故歷代文人墨客無不鍾愛之。南唐時，為便於開發，亦置硯務官，專司製造之職。

李煜之龍尾石硯山，係硯務官李少微就天然龍尾石的造型，精心雕琢而成。該座硯山經長逾咫尺，前部高高聳起，不足盈尺間，峰峰相向，然成就三十六峰，每峰大如手指，形如削鐵。遠遠望去，袤岩崎嶇，似千丈松煙，又彷彿瀟瀟風雨蕩出，淋漓山泉滴瀝，真可謂〝鬼斧神工〞令人稱奇。奇峰兩側是斜坡，丘陵般綿延而下，順山勢到谷底，谷中便是硯池，滴水磨墨時，一泓翰墨濃汁。南唐亡後，這座寶硯也散落民間，數易其主，據陸游說：

> 李後主嘗買一硯山，徑長纔踰尺。前聳三十六峰，皆大猶手指，左右則引兩阜坡陀，而中鑿為硯。及江南國破，硯山因流轉數十人家，為米老元章得。[43]

與硯山相配，便是金銅蟾蜍硯滴，此物重厚奇特，歷經歲月的磨滅，色澤依然明艷，硯滴腹下，就是李煜的銘文。

三、音樂：

據徐鉉謂李煜〝洞曉音律，精別雅鄭，窮先王制作之意，審風俗淳薄之原，為文論之，以續樂記。〞[44]；陳彭年亦謂：

---

[43] 見宋・陸游：《避暑漫鈔》，（長沙：長沙商務印書館，民二十八年十二月初版），P.5。

[44] 參見宋・徐鉉：《徐公文集》卷二十九，〈大宋左千牛衛上將軍追封吳王隴西公墓誌銘并序〉四部叢刊本，（上海：上海商務印書館），P.198。

後主妙於音律，樂曲有念家山，親演其聲，為念家山破，識者
知其不祥。[45]

可見李煜也精通音樂，不但能著音樂理論，還能度曲。可惜，他
所著〝樂記〞，至今亦流失不傳。

第二節　詩詞析賞

李煜詩，大多寫於同一階段，其詩風並無明顯差異，故後人研究
皆無分時期論之。

李煜詞，分別於不同階段完成，每一階段，其詞風皆有顯著差異，
故後人研究，皆喜以前後期論之，並由宋亡南唐為界，如吳熊和謂：

李煜詞大體可分前後兩期，以開寶八年（九七五）宋滅南唐為
界。[46]

吳梅亦謂：

讀後主詞當分為二類：〈喜遷鶯〉、〈阮郎歸〉、〈木蘭花〉、〈菩薩
蠻〉（花明月暗一首）等，正當江南隆盛之際，雖寄情聲色，而

---

45 見宋・陳彭年：《江南別錄》，載於清・紀昀等：《文淵閣四庫全書》第四
　　六四冊，（台北：台灣商務印書館出版），P.129。
46 見吳熊和：《唐宋詞通論》，（杭州：浙江古籍出版社，1985年出版），P.167。

筆意自成馨逸，此為一類；至入宋後諸作又別為一類，其悲歡

之情固不同，而自寫襟抱，不事寄托，則一也。[47]

　　後者如此，蓋因李煜歷經帝王與囚奴的巨大變遷，表現在詞上，

便有截然不同的風貌。由此論之，易於探其思想變遷之所在。

　　然，縱觀李煜一生，雖僅四十二載，其遭遇，卻有四個顯著的階

段性，每個階段，其詞風均明顯不同。故本節析賞，將依其階段性，

分四期論之。如遇無法斷定創作年代之詩詞，將依其風貌放在適當時

期內。

壹、第一時期

　　該期自出生起～十八歲結婚前（公元九三七～九五四）凡十八年

間，係長養深宮，嫻習書藝，生活單純，優游自在的階段。然苦於長

兄所忌，終日惟覃思經籍，加上閱世不深，文學修養不足。故此期作

品較少，筆意凡近，但卻充滿優游閒情，不落塵世，有如〝閒雲野鶴，

悠然自得〞，頗有棲隱之意，如：

一、詩方面：

1.　病起題山舍壁

> 山舍初成病乍輕，杖藜巾褐稱閒情。
>
> 爐開小火深回暖，溝引新流幾曲聲。

47　見吳梅：《詞學通論》，（香港：太平書局，1964年出版），P.58。

暫約彭涓安朽質，終期宗遠問無生。

　　　　　誰能役役塵中累，貪合魚龍搆強名。

　　此詩係李煜於隱居期間，塗寫在山舍小屋的詩。

　　意即山間小屋才剛建好，我的病情突然好轉了。拄著藜杖，披著褐巾，過著優閒寧謐之生活。爐中生著小火，使屋裏變得暖和起來。山溝裡清新的流水，迤邐地譜出動聽的曲調。姑且想想從前的彭祖是如何能夠長壽成仙，並希望高僧宗遠的到來，我想問問他人生的真諦。誰能不受塵世俗務之累，不貪求強名，不求聞達，遠離名利的羈絆呢？

二、詞方面：

1. 漁父（一）

　　　　　浪花有意千重雪，桃李無言一隊春。

　　　　　一壺酒，一竿身，世上如儂有幾人。

　　此詞乃內供奉衛賢，請李煜在他所作的一幅水墨畫上（春江釣叟圖）題字，李煜對畫面呈現的景象產生共鳴，有感而發之作，係描述漁夫消遙快活的生涯。

　　意即水浪互擊，好像想要推起千層白雪，幾簇桃李，默默的迎春盛開。一壺香醇的美酒，一根長長的竹篙，自己一人獨來獨往，世上能像我如此無牽無掛、消遙自在生活的又有多少人呢？

2. 漁父（二）

> 一櫂春風一葉舟，一綸繭縷一輕鉤。
>
> 花滿渚，酒滿甌，萬頃波中得自由。

此詞亦如前首，題於《春江釣叟圖》上。

意即大地正吹著春風，一枝長槳，一隻小船，在水面上划動，手拿一根輕巧的釣竿垂釣著。水中小洲開滿了春花，碗中盛滿了美酒，身處一望無際的碧波中，才能感受到如此的自由自在啊！

貳、第二時期

該期自結婚起～二十八歲大周后去世前（公元九五四～九六四）凡十年間，係新婚燕爾，榮襲皇位，連得二子的黃金階段。所謂〝洞房花燭夜〞、〝金榜題名時〞、〝繼承有後〞，集人生三大樂事於一身，雖有北宋虎視眈眈，然採妥協修貢政策，也暫苟安一時，加上文學素養、歷練具足。故此期作品，筆意深遠，刻劃生動，充滿聲色香艷，情調輕鬆浮華，如：

一、詩方面：

1. 題金樓子後

> 牙籤萬軸裏紅綃，王粲書同付火燒。
>
> 不於祖龍留面目，遺篇那得到今朝。

此詩係李煜求得梁元帝撰寫的《金樓子》一書後，百感交集時所作。

意即眼見紅綢華錦珍藏的萬卷詩書，使人感受到王仲宣因家國敗亡而將書付之一炬的創痛心情。秦始皇對文化的摧殘，若不是有心人的極力保存，那些文武之道的斷簡殘篇，又怎麼能夠傳承到今天呢！

2. 賜宮人慶奴

> 風情漸老見春羞，到處消魂感舊遊。
> 多謝長條似相識，強垂煙態拂人頭。

此詩乃李煜題於黃羅扇上賜予宮人慶奴之作，係藉詠柳以抒發那遲暮的愁苦心情。

意即談風說月的心情已漸漸地離我遠去，見到欣欣向榮的春天，心中感到無限的羞愧，如今到處充滿了春神的蹤跡，時時勾起了我對昔日遊冶情事的感嘆。多謝那似曾相識的長條楊柳枝，也不管我願不願意，儘自垂下那茂密如煙的柳穗，輕輕拂弄著我的頭。

二、詞方面：

1. 一斛珠

> 曉妝初過，沈檀輕注些兒箇。
> 向人微露丁香顆，一曲清歌，暫引櫻桃破。

> 羅袖裛殘殷色可，杯深旋被香醪涴。
>
> 繡床斜憑嬌無那，爛嚼紅茸，笑向檀郎唾。

此詞乃李煜與大周后新婚時所寫，係描述倆人閨房歌宴之樂。

意即大周后早上起來梳妝一番後，輕輕的在唇間塗了一點兒沈檀香。她對著我微微的露出了舌尖，而後張開櫻桃般的小口，唱出清雅美妙的歌曲。歌罷飲酒作樂，初酌時，她的輕羅衣袖上沾了點隱約可見的紅色殘酒，及至深杯大口時，衣裳卻被香醇的美酒污染了。此時她已有些許的醉意，於是顯現一副嬌羞無比地媚態斜靠在繡床上，口中細嚼著紅絨線，笑著對她心愛的夫婿吐去。

2. 浣溪沙

> 紅日已高三丈透，金爐次第添香獸，紅錦地衣隨步皺。
>
> 佳人舞點金釵溜，酒惡時拈花蕊嗅，別殿遙聞簫鼓奏。

此詞乃李煜在宮中歌舞宴樂時所作，係描繪宮中晝間恣情宴樂的情景，反映出他奢華的宮中生涯。

意即火紅的太陽已高高昇起，宮女們將金製的香爐一一添上芳香氤氳的獸炭，鋪在地上的紅色錦毯隨著美人搖曳生姿的舞步時起時伏地皺縮著。美人們因縱情於活躍的狂舞中，使得頭上的金釵不自覺的滑落了，舞宴歡飲，那時已有些醉意，就隨手拈點花蕊來聞一聞，忽然聽到遠處傳來一陣簫鼓演奏聲，原來是別殿亦在歡宴中。

3.　玉樓春

> 晚妝初了明肌雪，春殿嬪娥魚貫列。
>
> 笙簫吹斷水雲開，重按霓裳歌遍徹。
>
> 臨風誰更飄香屑，醉拍闌干情味切。
>
> 歸時休放燭花紅，待踏馬蹄清夜月。

此詞亦為李煜宮中宴樂時所寫，係描述宮中入夜歌舞的盛況及月夜清幽的氣氛。

意即晚妝剛畢的宮娥們，個個顯出了白嫩似雪的肌膚，真是明豔照人，她們很整齊的排列在春意融合的宮殿裏。清遠而悠長的笙簫聲響徹雲霄，重奏起霓裳羽衣曲美妙醉人的旋律。是誰使香料的粉屑散佈各處，臨風飄來氤氳的香氣，令人更是心蕩神怡，帶著醉意，應和著樂曲的節奏拍擊闌干，真是感到深切無比的情趣啊！待會兒席散欲歸時，不許點亮那紅蠟燭，因我要以馬蹄踏著滿路清輝的月色歸去。

4.　菩薩蠻（一）

> 花明月暗籠輕霧，今宵好向郎邊去。　襪步香階，手提金縷鞋。
>
> 畫堂南畔見，一向偎人顫。奴為出來難，教郎恣意憐。

此詞乃李煜和小周后婚前私會時所寫，係描述倆人在月夜幽會時的情景及心態。

意即大地被薄霧輕輕地籠照著，月色朦朦朧朧的，花兒卻是那麼的明艷，今天晚上正是跑到情郎那兒去幽會的美好時光。為了怕腳步聲驚動別人，只好將金縷鞋脫下提在手上，腳上只穿著襪子悄悄地踏過香階。來到了幽會的畫堂南邊，見到了心上人，立刻飛奔過去，偎倚在他的懷裏，好一會兒身子還微微地顫抖著。我出來一趟可真不容易啊，就請郎君盡情地愛憐吧！

5. 菩薩蠻（二）

> 蓬萊院閉天台女，畫堂晝寢人無語。拋枕翠雲光，繡衣聞異香。
> 潛來珠鎖動，驚覺銀屏夢。臉慢笑盈盈，相看無限情。

此詞乃李煜在白天潛入小周后寢室探看時所作，係描寫窺探小周后晝睡之情景。

意即在有如蓬萊仙境般的深宮中，住了一位美麗的仙女（小周后），她在繪著彩畫的廳堂裡垂帘睡午覺，四周靜悄悄地，沒有一點人的吵雜聲。她那烏黑亮麗的秀髮拋散在枕邊閃閃發光，身上穿的繡花衣裙飄散出一陣陣異香。我悄悄地溜進來，一不小心卻觸動了門帘上的珠鎖，把她從銀屏下的春夢中驚醒了，她睜開睡眼看著我，臉上綻開了盈盈微笑，我們倆互相對望著，似有無限的柔情。

6. 菩薩蠻（三）

> 銅簧韻脆鏘寒竹，新聲慢奏移纖玉。眼色暗相鉤，秋波橫欲流。
> 雨雲深繡戶，未便諧衷素。讌罷又成空，魂迷春夢中。

此詞乃李煜於酒宴中所作，係描寫一種精神戀愛的感情體驗。

意即笙簫的簧片響起清越的音韻，鏗然有如風吹寒竹般之聲，她細嫩的玉指輕盈地移動著，緩緩地奏起美妙的新曲。我們偷偷地用眼神互相挑逗，她美麗的目光明澈得就像秋水般躍躍欲流。多麼盼望能在深閨繡房中與她盡情歡樂，可惜，我找不到機會與她共訴情衷。酒宴散場之後，這一切都將結束，我只能在美夢中為她意亂魂迷了。

7.　子夜歌（一）（菩薩蠻）

　　　　尋春須是先春早，看花莫待花枝老。

　　　　縹色玉柔擎，醅浮盞面清。

　　　　何妨頻笑粲，禁苑春歸晚。同醉與閒評，詩隨羯鼓成。

　　此詞乃李煜與小周后多次約會後，對於臥病在床的大周后心中難免有一陣不安與愧咎，但想到小周后的種種風情，又不能克制自己，於是有感而發的寫下此詞。

　　意即找尋春天的樂趣須在春天來臨前，賞花不要等到花兒凋謝了才去。妳那細嫩的手端起青色的酒杯，未過濾的酒浮在酒杯上顯得很清澈。何不笑得開心些，禁苑裡的春色還沒有離去，大家一起喝酒聊天吧，當羯樂奏起時，詩也吟成了。

8.　柳枝

　　　　　風情漸老見春羞，到處芳魂感舊遊。

　　　　　多謝長條似相識，強垂煙穗拂人頭。

此詞乃李煜題於黃羅扇上賜予宮人慶奴之作，係藉詠柳之詞，以抒發那遲暮的愁苦心情（與〈賜宮人慶奴〉同）。

　　意即談風說月的心情已漸漸地離我遠去，見到欣欣向榮榮的春天，心中感到無限的羞愧，如今到處充滿了春神的蹤跡，時時勾起了我對昔日遊冶情事的感嘆。多謝那似曾相識的長條楊柳枝，也不管我願不願意，儘自垂下那茂密如煙的柳穗，輕輕拂弄著我的頭。

參、第三時期

　　該期自大周后去世起～三十九歲亡國前（公元九六四～九七五）凡十一年間，係面臨愛子、嬌妻、慈母相繼病逝的一連串打擊，加上內憂外患，國勢頹危，宋師渡江，金陵困圍等慘禍的階段。俗謂〝少年喪母〞、〝中年喪妻〞、〝老年喪子〞，集人生三大悲事於一身亦莫過如此，雖有小周后略能慰藉，然終補不了滄海巫山之遺恨，縱歸

　　佛門，亦難解脫現實的感慨。故此期作品，已由浮華轉向嚴肅，充滿淒怨悲愁，灰暗憂傷，如：

一、詩方面：

1.　輓辭（一）

> 珠碎眼前珍，花凋世外春。
>
> 未銷心裏恨，又失掌中身。

> 玉笥猶殘藥，香奩已染塵。
>
> 前哀將後感，無淚可霑巾！

此詩乃李煜於悼亡大周后母子二人時所作。

意即心愛的妳逝去，猶如眼前珍貴的明珠碎落了，亦像春天的花朵凋謝了。喪子之痛尚未消釋，又讓我失去了愛妻。綴有玉飾的器皿中，還殘留著那未喝完的藥渣，久已不用的香匣子也已染上一層灰塵。前哀未平，後痛又起，我的眼淚已流盡了，無限的悲切長留心底。

2.　輓辭（二）

> 豔質同芳樹，浮危道略同。
>
> 正悲春落實，又苦雨傷叢。
>
> 穠麗今何在？飄零事已空！
>
> 沈沈無問處，千載謝東風！

此詩乃李煜悼念大周后時所作。

意即妳艷麗的氣質，如花一般的美，我們在世間走著相同的坎坷道路。正住悲傷春天的化帶凋落，又苦惱無情的風雨斲傷了小草。妳美麗的身影如今在那裡？過去的繁華事物，已如雲煙般飄散一空。沈痛的心情向誰傾訴，只有勞駕春風為我們傳遞信息吧！

3.　悼詩

> 永念難消釋，孤懷痛自嗟。
>
> 雨深秋寂莫，愁引病增加。

> 咽絕風前思，昏濛眼上花。
>
> 空王應念我，窮子正迷家。

此詩乃李煜思念亡子，獨坐飲泣時所作。

意即思子之痛是永遠無法淡忘與排解的，我心中有無限的悲痛與嘆息。深秋時節，綿綿細雨，更增加心中的寂寞，若為臥病在床的愛妻知悉，將使她的病情愈形沈重。獨自站在微風中思念，肝腸似要斷裂，也只能飲泣吞聲，自悲自艾。此時此刻，淚水已不禁的奪眶而出，使我的眼睛迷濛濛的，什麼也看不見。大慈大悲的佛祖應該顧念我吧！我正如一隻迷途的羔羊，不知那裡才是我的歸宿。

4.　書靈筵手巾

> 浮生共憔悴，壯歲失嬋娟。
>
> 汗手遺香漬，痕眉染黛煙。

此詩乃李煜看到大周后靈筵曾用過的方素巾，睹物思人時所作。

意即我們一生都在愁苦中過生活，我在壯年時就失去了美麗的妳。在這汗濕的手巾上，還留著妳的香漬，似乎還能看到妳眉上青黑潤澤的痕跡。

5.　書琵琶背

> 自肩如削，難勝數縷絛。
>
> 天香留鳳尾，餘煖在檀槽。

此詩乃李煜見到大周后遺下元宗所賜的燒槽琵琶時，有所感觸在琵琶背題上此詩。

　　意即見到這把燒槽琵琶，使我想起妳那纖細嬌弱的身影，如何能夠承受的了它。琵琶鳳尾至今還留有妳的香澤，檀槽上依舊有妳那醉人的溫馨。

6.　梅花（一）

> 殷勤移植地，曲檻小闌邊。
> 共約重芳日，還憂不盛妍。
> 阻風開步障，乘月溉寒泉。
> 誰料花前後，蛾眉卻不全！

　　此詩乃李煜嘗與大周后移植梅花於瑤光殿之西，及花時而后已殂，觸景傷情之作。

　　意即我們辛勤地在曲折的小闌干旁種植梅花樹。相約賞梅的日子，還怕開得不夠妍麗。風阻不住我們的腳步，乘著月光來澆水灌溉，那裡料到，在花開的前後，妳已不在人間了。

7.　梅花（二）

> 失卻煙花主，東君自不知。
> 清香更何用？猶發去年枝！

　　此詩亦為李煜見盛開的梅花，想起與他一同種植的大周后，今已不在，睹物思人，不覺悲從中來時所作。

意即失去了愛花的主人，糊塗的我還不知道呢！清新的花香有何用？去年那幾枝還灼灼地綻放呢！

8.　感懷（一）

又見桐花發舊枝，一樓煙雨暮淒淒。

憑闌惆悵人誰會？不覺潸然淚眼低！

此詩乃李煜悼念大周后，有感而發時所作。

意即又看到那棵桐樹枝上開出美麗的花朵，在煙雨籠罩的樓前，望著日暮倍感淒涼。我靠著闌干獨自感傷，如今有誰來和我相會呢？不自覺得，一低頭就掉下了眼淚。

9.　感懷（二）

層城無復見嬌姿，佳節纏哀不自持。

空有當年舊煙月，芙蓉城上哭蛾眉！

此詩乃李煜於佳節時分，思念大周后而作。

意即層樓裡再也見不到妳美麗姿容了，每到佳節來臨，就有哀傷糾纏著我，使我無法擺脫。空有當年月籠煙波的日子，如今只有在夢裡面對美麗的人兒哭泣！

10.　病中感懷

憔悴年來甚，蕭條益自傷。

風威侵病骨，雨氣咽愁腸。

> 夜鼎唯煎藥，朝髭半染霜。
>
> 前緣竟何似，誰與問空王！

此詩乃李煜日夜為國憂蹙，於病中有感而作。

意即我為國事而辛勞，面容更顯憔悴了。在寂寞冷清的日子裡，更感覺哀傷。寒風刺進我的病體，苦雨霉氣充塞我的愁腸。前晚熬藥蒸出的氣味散發出來，今晨起來發覺嘴角的鬍鬚有一半白了。是前世註定這樣的辛苦？與誰去問佛祖？

11. 病中書事

> 病身堅固道情深，宴坐清香思自任。
>
> 月照靜居唯擣藥，門扃幽院只來禽。
>
> 庸醫懶聽詞何取，小婢將行力未禁。
>
> 賴問空門知氣味，不然煩惱萬塗侵。

此詩乃李煜於病中，對國事日非的情形，深感煩憂時所作。

意即病榻上更感覺情意深重，在清香繚繞的飲宴中，任思念的翅膀飛揚。月光籠罩在屋頂，擣藥聲不絕於耳，幽靜的院子裡，只有孤單的飛鳥在徘徊。醫生的叮嚀，我已無心去理會，幸有婢女來攙扶才能行走。唯有走向佛門，使心情平和，方能排遣從四面八方襲來的煩惱。

12. 九月十日偶書

晚雨秋陰酒乍醒，感時心緒杳難平。

黃花冷落不成豔，紅葉颼颼競鼓聲。

背世返能厭俗態，偶緣猶未忘多情。

自從雙鬢斑斑白，不學安仁卻自驚。

此詩乃李煜於九月十日晚，獨對夜雨敲窗，挑燈撫髮，鬢已染霜，不覺悲從中來時所作。

意即這天晚上天下起雨來，我從醉鄉蘇醒，時事、心事一起湧上心頭，很難平靜。黃花褪去了艷麗的色彩，紅葉也在颼颼的風聲中競相掉落。對往事的回憶，更使我厭倦了眼前的事物，偶然相逢就斬不斷塵世情緣。我的兩鬢如今皆已變白，我雖不會像潘安仁因鬢髮早白而寫《秋興賦》來抒發其驚歎之情，卻仍禁不住要驚心傷懷！

13. 送鄧王二十弟從鎰牧宣城

且維輕舸更遲遲，別酒重傾惜解攜。

浩浪侵愁光蕩漾，亂山凝恨色高低。

君馳檜楫情何極，我憑闌干日向西。

咫尺煙江幾多地，不須懷抱重淒淒。

此詩乃鄧王從鎰出鎮宣州，李煜率近臣賦詩餞行時所作。

意即輕舟已啟動了，你還遲遲不肯離去。再斟滿送別的酒，能不依戀嗎？江中的水波蕩漾，侵擾著愁緒，山色凝聚了離恨的高低。你划著檜木造伐的檠匆匆離去，我卻靠在闌干邊眺望，一直到太陽西落為止。眼前的景物不必留戀，這將更增加我的傷感！

14. 秋鶯

殘鶯何事不知秋？橫過幽林尚獨遊。

老舌百般傾耳聽，深黃一點入煙流。

棲遲背世同悲魯，瀏亮如笙碎在緱。

莫更留連好歸去，露華淒冷蓼花愁！

此詩完成之確切時間已不可考，現依其詩風，暫歸於此期所作。

意即聲啞的飛鶯為什麼不知道秋天已經到了，孤獨地從幽靜的樹林中橫過。往日的言笑多麼令人迷戀，望著那夕照餘暉下的煙波。人生的失誤而塵緣難斷，樂聲的清脆嘹喨，只是喉嚨哽咽無從隨和。切莫再流連往事，早些回去吧！深夜的露珠和蓼花，倍覺淒苦與離愁呢！

二、詞方面：

1. 長相思

雲一　，玉一梭，澹澹衫兒薄薄羅，輕顰雙黛螺。

秋風多，雨相和，簾外芭蕉三兩窠，夜長人奈何？

此詞乃李煜懷念故人時所作，係描寫女子秋雨長夜中的相思情意。

意即她將有如烏雲般的秀髮盤結成髻，插上梭形的玉簪，身穿輕羅縫製的素淡衣衫，微微地皺起雙眉。秋風不停地吹，秋雨也相應和著，簾子外面種了兩三株芭蕉樹，被風雨打得發出淒寂的聲響，長夜漫漫，教人要如何度過呢？

2. 喜遷鶯

> 曉月墮，宿雲微，無語枕憑欹。夢回芳草思依依，天遠雁聲稀。啼鶯散，餘花亂，寂寞畫堂深院。片紅休掃儘從伊，留待舞人歸。

此詞乃李煜懷念故人時所作，係描寫暮春時節思念故人的情懷。

意即拂曉時分月兒沉落，夜裏集聚的雲片也漸漸散去，我默默不語地斜靠著枕邊。夢中醒來見到遍地芳草，勾起了無限思念，遙遠的天際有稀微雁啼聲。枝頭上啼叫的鶯兒已飛散，春後尚餘的花朵也紛紛亂落，掛著畫飾的廳堂，幽深的庭院，都變得冷清孤寂起來。無需去清掃那遍地的落花，任由它去，留著等待跳舞的人們歸來吧！

3. 采桑子（一）

> 庭前春逐紅英盡，舞態徘徊。細雨霏微，不放雙眉時暫開。綠窗冷靜芳英斷，香印成灰。可奈情懷，欲睡朦朧入夢來。

此詞乃李煜滿懷愁緒，思念故人時所作，係描寫春末懷人的景象。

意即庭院前嬌艷的紅花紛紛凋落，春天也跟著走了，片片花瓣在風中飛舞回旋。濛濛細雨下個不停，緊皺的雙眉那得以暫時的舒解。寂靜地站在綠樹環繞的窗前，找不到芳英的蹤跡，香餅都已燒成了灰。怎奈情思不斷，朦朦朧朧的剛要睡著，那人就已進入我的夢中。

4. 采桑子（二）

> 轆轤金井梧桐晚，幾樹驚秋。晝雨新愁，百尺蝦鬚在玉鉤。
>
> 瓓窗春斷雙蛾皺，回首邊頭。欲寄鱗游，九曲寒波不泝流。

此詞乃李煜為家愁國難日益深重而感到煩憂時所寫，係描述秋愁無限，離情難寄，以抒發其對人生的感慨。

意即有轆轤的水井邊，立著幾株已經衰謝的梧桐樹，秋風吹起，掃落一地枯葉，驚動了多少樹木。整個白天都下著雨，使我又新添了一重愁緒，我把如蝦鬚般的長簾子掛在以玉琢成的簾鉤上。想到在華美窗下那段春光無限好的日子，如今都已結束，就讓人不禁雙眉緊皺了，我回頭遙望那偏遠的地方。想托魚兒幫忙捎封信給他，無奈那寒冷的流水只顧彎彎曲曲的順流而下，卻不能逆流而上啊！

5. 搗練子令（一）

> 深院靜，小庭空，斷續寒砧斷續風。無奈夜長人不寐，數聲和
> 月到簾櫳。

此詞乃李煜懷念大周后時所作，係藉描寫夜長難寐的情景，以表達離愁與孤寂之情懷。

意即幽深靜謐的院落，小庭中空寂無人，一陣陣的秋風傳來了斷斷續續的搗衣聲。長夜漫漫，我又難以入眠，真讓人感到無可奈何，一聲聲淒涼的聲響又隨著清冷的月光，透進窗簾來了。

6. 搗練子令（二）

　　雲鬢亂，晚粧殘，帶恨眉兒遠岫攢。斜托香腮春筍嫩，為誰和
　　淚倚闌干。

　　此詞乃李煜於國事日非，鬱懷難遣時所作，係藉描寫一位婦人為
愁思纏繞的景象，來抒發其憂愁和不寧的心緒。

　　意即像雲一樣的鬢髮亂蓬蓬的，殘污的晚妝也無心整理，含愁帶
恨的雙眉如遠山般蹙聚著。春筍般細嫩的手斜托著香香的面頰，含著
淚水靠在闌干旁，究竟是為了誰？

7. 烏夜啼（一）

　　昨夜風兼雨，簾幃颯颯秋聲。燭殘漏滴頻欹枕，起坐不能平。
　　世事漫隨流水，算來一夢浮生。醉鄉路穩宜頻到，此外不堪行。

　　此詞乃李煜見國勢日衰，倍感壓力時所作，係藉描寫秋夜輾轉難
眠的景象，及一醉解千愁的想法，來抒發其愁緒。

　　意即昨天夜裏吹著寒風並下著冷雨，在寂靜的秋夜中發出了撲打
簾子與幃幕的風雨聲。蠟燭已燒盡，報時的漏聲也響個不停，天將亮，
我頻頻的靠在枕頭上，輾轉反側，乾脆不睡坐起來，但還是無法使我
的愁緒平靜下來。世間一切情事都隨著流水逝去，人生的悲歡離合，
虛浮不定，說起來就像一場短暫的夢罷了！唯有醉鄉的路最平穩，應
該常去，除此之外的路皆崎嶇不好走啊！

8. 謝新恩（一）

　　秦樓不見吹簫女，空餘上苑風光。粉英含蕊自低昂。東風惱我，
才發一衿香。

　　瓊窗夢□留殘日，當年得恨何長。碧闌干外映垂楊。暫時相見，
如夢懶思量。

　　此詞乃李煜懷念大周后時所作，係描寫其相思之苦。

　　意即在冷冷清清的樓閣中，再也見不到那位吹簫的女子了，空留
下上苑裏滿園的春色。美麗的花朵含蕊乍放，我卻無心欣賞，只任它
自管高高低低地綴滿枝頭。花朵初放，剛剛發出襲人衣襟的芳香，東
風是否有意惱我，偏偏在我面前催花吐艷，增我惆悵。美夢醒來唯見
夕陽尚在天際逗留，當年遺恨為何如此綿長。這碧綠的闌干外又是垂
楊掩映。縱然可暫時見上一面，也不過是像一場夢，唉！還是不要再
去想它吧。

9. 謝新恩（二）

　　櫻花落盡階前月，象床愁倚薰籠。遠似去年今□恨還同。

　　雙鬟不整雲憔悴，淚沾紅抹胸。何處相苦，紗窗醉夢中。

　　此詞乃李煜懷人時所作，係藉描寫女子思念良人之苦，以抒發他
懷人之情。

　　意即櫻花凋落滿地，明月照臨階前，我坐在以象牙雕飾的床上，
滿懷愁緒的倚著薰籠。早在去年的這個時候，我就嚐過這種離愁別恨

的滋味了。頭上的雙鬟鬢也懶得整理，任由那已失去光澤的頭髮亂蓬蓬的，成串的淚珠沾濕了紅色的兜肚。哪裏才能訴說我的相思之苦呢？看來只有在紗窗之前，醉夢之中了！

10. 謝新恩（三）（臨江仙）

　　庭空客散人歸後，畫堂半掩珠簾。林風淅淅夜厭厭，小樓新月，回首自纖纖。（下缺）春光鎮在人空老，新愁往恨何窮。（下缺）一聲羌苗〔笛〕，驚起醉怡容。

　　此詞乃李煜為國事煩憂，藉酒消愁時所作。

　　意即客散人歸之後的庭院顯得格外空寂冷清，以彩畫為飾的華麗廳堂裏，珠簾半掩著。樹林裡淅淅的風聲，至深夜仍不停息。站在小樓上，望著天上的新月，思想著漫長的往事。春光去了會再來，人老了是不會再年輕了，新愁與舊恨則是永無窮盡地圍繞著。突然一聲羌笛聲響起，把我從沈醉中驚醒了。

11. 謝新恩（四）

　　櫻花落盡春將困，秋千架下歸時。漏暗斜月遲遲。花在枝。（缺十二字）徹曉紗窗下，待來君不知。

　　此詞亦為李煜懷人之作。

　　意即櫻花凋落完了，人在融融的陽光下，也顯得有些疲困。從秋千架下回來，已到深夜，月亮已偏向西邊。我站在紗窗下直到天亮，一直等著你歸來，你知道嗎？

12. 謝新恩（五）

> 冉冉秋光留不住，滿階紅葉暮。又是過重陽，臺榭登臨處。茱
> 萸香墜，紫菊氣，飄庭戶，晚煙籠細雨。噣噣新雁咽寒聲，愁
> 恨年年長相似。

此詞乃李煜思念遠人而作，係描寫重陽登高，離愁別恨之難耐。

意即秋光漸漸消逝，已留不住了，黃昏時分，庭階上飄滿了殘落
的紅葉。又到了重陽節，我登臨於高臺水榭處。只見芳香的茱萸正紛
紛墜落，紫菊花的香氣，隨風飄入庭院中，夜晚，煙霧中下著濛濛細
雨。新雁在寒天中發出淒切的鳴叫聲，滿懷的離愁別恨，年年皆相同。

13. 臨江仙

> 櫻桃落盡春歸去，蝶翻金粉雙飛。子規啼月小樓西，畫簾珠箔，
> 惆悵卷金泥。
> 門巷寂寥人去後，望殘煙草低迷。爐香閒裊鳳凰兒，空持羅帶，
> 回首恨依依。[48]

此詞乃李煜於宋師圍城時所作，係描寫傷春懷人之情。

意即櫻桃花凋落滿地，春天已經過去，只有雙雙對對的蝴蝶揮動
著金粉雙翅翩翩飛舞。小樓西邊，殘月照臨，傳來了杜鵑鳥淒切的啼

---

[48] 按此詞據朱彝尊《詞綜》注云：〝相傳後主在圍城中，賦未就而城破，闕後
三句，劉延仲補之云'何時重聽玉驄嘶，撲簾柳絮，依約夢回時。'而《耆舊續
聞》所載，故是全作，當從之。〞。見（台北：台灣中華書局四部備要本，
第一冊，卷二），P.3。

叫聲，那畫有金泥顏色圖案的帷幕和串著珠子的垂簾，隨風舒捲著，這情景真是令人感傷啊！春去人歸後，門巷頓時倍感沉寂冷清，放眼望去，只見那淡煙低籠著野草，一片迷濛。香爐正悠閑地吐出形如鳳凰般的裊裊煙縷，空手持弄著羅帶，回想起往事，滿懷愁恨依依不斷。

肆、第四時期

該期自亡國起～四十二歲生命結束止（公元九七五～九七八）凡三年間，係城破出降，北上歸朝，極盡受辱的囚奴階段。精神、物質之折磨與缺乏，讓他深受俘虜悲慘的滋味，不禁追憶往日的繁華，生活的自由，及江山之可愛。故此期作品，表現出沈痛鬱結，悔恨交加，充滿故國情懷，血淚淋漓。該期雖短，卻是李煜一生最大的變遷，由天堂而至地獄，由希望而至絕望，所謂〝置之死地而後生〞，李煜由此噴出最偉大的詞篇。如：

一、詩方面：

1. 渡中江望石城泣下

> 江南江北舊家鄉，三十年來夢一場。
> 吳苑宮闈今冷落，廣陵臺殿已荒涼。
> 雲籠遠岫愁千片，雨打歸舟淚萬行。
> 兄弟四人三百口，不堪閒坐細思量！

此詩乃李煜北上渡江時所作。

意即江南江北都是我的老家，過去的三十年，猶如夢一般。吳國的宮庭園囿如今已經冷落，見不到人影了，廣陵臺殿已是一片荒涼，不忍目睹。雲霧繚繞的山巒，隱藏無限的愁容，雨點兒滴在船頂，像是萬行眼淚灑落。我們兄弟四人共有三百口，不知如何發落，如今的我實在沒有時間和心緒來細細思量將來了。

二、詞方面：

2. 破陣子

　　四十年來家國，三千里地山河。鳳閣龍樓連霄漢，玉樹瓊枝作煙蘿，幾曾識干戈？

　　一旦歸為臣虜，沈腰潘鬢消磨。最是倉皇辭廟日，教坊猶奏別離歌，垂淚對宮娥。

此詞乃李煜亡國後，追述辭廟北上之作，係直抒國破家亡之痛。

意即南唐是個立國已四十年的國家，它縱橫了三千里的土地山河。那些鏤鳳雕龍為飾的樓閣，高聳雲霄，御園內遍佈了名貴的花卉和珍奇的樹木，就像煙霧擁聚藤蘿交纏一般，我在這兒快樂的生活著，怎麼曉得有戰爭這回事呢？一旦成了俯首稱臣的俘虜，在愁苦中消磨日子，我的腰將會如當年沈約一樣消瘦下去，鬢髮也將會像潘岳那樣一片斑白。最難堪的是在匆忙辭別太廟的時候，宮中的樂工還演奏著離別的歌曲，我只有淚流滿面的對著宮女們道別了。

3. 清平樂

　　別來春半，觸目柔腸斷。砌下落梅如雪亂，拂了一身還滿。

　　雁來音信無憑，路遙歸夢難成。離恨恰如春草，更行更遠還生。

　　此詞乃李煜亡國後，北上歸宋途中，觸景傷情，感懷故舊時所作，係藉描寫眼前所見的景物，以表達出一種極深遠的懷舊情思。

　　意即自從分別以來，不覺又是春深時節，眼前的景象，皆令人柔腸欲斷。梅花就像雪片亂飛般紛紛飄落於石階下，才剛把飄灑在身上的落梅拂去，轉眼又飄滿一身。雁兒歸來，卻未帶來一點音訊，路途遙遠，只怕是想在夢裏返回家鄉都難以達成。離愁別恨就像那春天的芳草蔓延滋長，無論再往前走，走得再遠，它都會緊隨著，綿綿無盡，生生不已。

4. 烏夜啼（二）（相見歡）

　　林花謝了春紅，太匆匆。無奈朝來寒雨，晚來風。

　　燕脂淚，留人醉，幾時重。自是人生長恨，水長東。

　　此詞乃李煜入宋後，感歎自己命運的乖舛時所作，係藉描寫春天的逝去，以喻人生命運之無常。

　　意即叢林裏的花朵失去了春天時的紅艷，已紛紛凋謝，實在是太匆促了。這也是無可奈何的啊，早上下了一場寒雨，晚上又颳起一陣狂風，嬌嫩的花朵怎麼承受的住如此摧殘？那落花被寒雨淋濕，彷彿當年美人流著勻和了胭脂的眼淚，苦苦留我喝個醉，誰知道何時才能再重逢呢？人生的愁恨就像江水永遠東流一樣，是綿延不斷的。

5.　烏夜啼（三）（相見歡）

　　無言獨上西樓，月如鉤。寂寞梧桐深院，鎖深秋。

　　剪不斷，理還亂，是離愁。別是一般滋味，在心頭。

　　此詞乃李煜歸宋後，被幽禁在汴京的深院小樓中，感到孤寂愁苦時所作，係描寫幽囚生活的寂寞與愁苦滋味。

　　意即我默默不語的獨自一人登上西樓，望著高掛在天上的新月。梧桐樹孤寂的獨立在幽深的庭院中，充滿了一股蕭瑟的秋意。千絲萬縷的愁緒，想剪也剪不斷，想整理卻更亂，在我的心裏有一種說不出的離愁滋味。

6.　望江梅（一）

　　閒夢遠，南國正芳春。船上管絃江面綠，滿城飛絮輥輕塵，忙
　　　殺看花人。

　　此詞乃李煜入宋後，回憶舊日南唐美好生活時所作，係藉描寫南國秀麗的春色，以反映出舊日美好生活。

　　意即在這清閒無奈的日子裏，總是夢想著遠處的家鄉，江南正值群芳鬥艷的春天。碧綠的江面上，遊船來往不絕，管弦齊奏，滿城柳絮迎風飛揚，到處是飛轉車輪揚起的輕塵，真是忙壞了那些賞花的人。

7. 望江梅（二）

閒夢遠，南國正清秋。千里江山寒色遠，蘆花深處泊孤舟，笛在月明樓。[49]

此詞亦為李煜入宋後，回憶舊日南唐美好生活時所作，係藉描寫南國幽美的秋景，以反映出舊日美好生活。

意即在這清閒無奈的日子裏，總是夢想著遠處的家鄉，江南正值晴朗清爽的秋天。千里江山籠罩在一片寂寥的秋色中，江邊蘆花深處停泊著一隻孤獨的小船，明月照臨，樓閣上傳來了悠揚的笛聲。

8. 望江南（一）

多少恨，昨夜夢魂中。還似舊時遊上苑，車如流水馬如龍，花月正春風。

此詞乃李煜歸宋後，回憶江南舊遊時所作，係藉夢到昔日江南之盛，襯托出夢醒後心情的沉痛，以表達對故國繁華的追戀。

意即昨夜的那一場夢，勾起了無限的恨。夢中我就像從前一樣，到飼養著珍禽異獸的上苑遊獵，車如流水不斷，馬似遊龍般馳騁，嬌艷的花，明亮的月，正在春風中輝映著。

---

[49] 按〈望江梅〉二首王國維輯本《南唐二主詞》併為一首，分為上下兩闋。經查韻腳不同，茲依管效先《南唐二主全集》分為兩首。

9.　望江南（二）

> 多少淚，斷臉復橫頤。心事莫將和淚說，鳳笙休向淚時吹，腸斷更無疑。[50]

此詞乃李煜歸宋後，思憶故國時所寫，係描述自己思念故國的悲哀之情。

意即不知有多少眼淚縱橫流過面頰，心事不要在流淚的時候說，鳳笙也不要在傷心落淚的時候吹，那會引起我的悲傷之情而肝腸寸斷。

10.　子夜歌（二）（菩薩蠻）

> 人生愁恨何能免，銷魂獨我情何限。故國夢重歸，覺來雙淚垂。
>
> 高樓誰與上，長記秋晴望。往事已成空，還如一夢中。

此詞乃李煜入宋後，過著囚徒般的幽禁生活，自知歸國無期，在絕望之餘所作，係描寫夢歸故國和夢醒後的悲哀之情。

意即人生於世，憂愁與怨恨本來就是難免的，但唯獨我的憂愁與怨恨是無止境的，令我魂銷意散，痛苦到了極點。夢裏重回到那可愛的故國，醒來卻依然是異國囚徒，忍不住雙行淚珠流滿面。昔日在晴朗的秋天登高眺望的情景，使人永難忘懷，如今我能與誰一起登上高樓，縱目遠眺呢？過去的一切已成空幻，就像作了一場夢。

---

50 按〈望江南〉二首王國維輯本《南唐二主詞》併為一首，分為上下兩闋。經查韻腳不同，茲依管效先《南唐二主全集》分為兩首。

11. 浪淘沙（一）

往事只堪哀，對景難排。秋風庭院蘚侵階。一任珠簾閒不捲，
終日誰來？
金瑣已沈埋，壯氣蒿萊。晚涼天淨月華開。想得玉樓瑤殿影，
空照秦淮。

此詞乃李煜在汴京感懷金陵時所作，係描寫他被幽禁深宮，過著
鬱悶陰暗的生活，而意志消沉，以及對故國強烈的眷戀。

意即想起過去的事，只會令我感到無限哀痛，面對眼前的景物，
使人更難以排遣心中的悲愁。蕭瑟的秋風吹過長滿苔蘚的庭階，任憑
珠簾垂掛著而懶得將它捲起，反正從早到晚又有誰會來這兒呢？如今
金鎖甲已塵封土掩了，昔日壯志也已衰萎於野草之中。夜涼如水，碧
淨長空，皎潔的月光籠罩著大地，故國那些殿宇樓臺想必是顯得很巍
峨壯麗吧！但時至今日，也只能在秦淮河上照映出它們冷清的景象了。

12. 浪淘沙（二）

簾外雨潺潺，春意闌珊。羅衾不耐五更寒。夢裏不知身是客，
一餉貪歡。
獨自莫憑闌，無限江山，別時容易見時難。流水落花春去也，
天上人間。

此詞乃李煜歸宋後，懷思故國，且念嬪妾散落，憂鬱寡歡時所作，係以低沉悲創的調子，傾訴身為亡國君對故土的懷念，及那無從壓抑的感慨。

　　意即簾子外面傳來淅淅瀝瀝的雨聲，春天的氣息已經衰殘凋散了。蓋在身上的絲棉被，擋不住拂曉時分的寒氣。剛才在睡夢中，忘了自己是個漂迫異鄉的俘虜，竟還在故國華美的宮殿裏，貪戀片刻的歡娛。獨自一人時，不要靠著闌干遠眺故國遼闊的江山，那是會引起無限傷感的，當初離開它時是那麼的容易，如今想再見到它卻是多麼的困難啊！江水長流，花兒凋落，美好的春天已經永遠消逝了，就像我從天上墜落人間一般毫無指望。

13.　虞美人（一）

> 風回小院庭蕪綠，柳眼春相續。憑闌半日獨無言，依舊竹聲新月似當年。
>
> 笙歌未散尊前在，池面冰初解。燭明香暗畫樓深，滿鬢清霜殘雪思難任。

　　此詞乃李煜亡國後，感懷昔時所作，係藉描寫春天的愁思，以刻劃出傷逝的情懷。

　　意即庭院中正吹著柔和的風，草根綠了，柳枝也發出了新芽，連綿不斷的春光又呈現了。獨自一人倚著闌干，好半天都默默不言。風吹翠竹的聲音，緩緩升起的月亮，眼前的一切，都和過去完全一樣。彷彿笙歌還未散去，酒筵尚在進行，池面上結的冰也才剛剛開始溶解。

回到那幽深的畫樓裏，燭光是那麼的明亮，香氣是那麼的濃郁，如今滿頭鬢髮都已發白了，這一切美好的回憶，真是令人難以承受啊！

14. 虞美人（二）

> 春花秋葉何時了，往事知多少。小樓昨夜又東風，故國不堪回首月明中。
>
> 雕闌玉砌依然在，只是朱顏改。問君能有許多愁，恰似一江春水向東流。

此詞乃李煜入宋後，苦懷故國時所作（於亡國後第三年的七夕，即他生日晚上，在賜宅令故妓起舞作樂時奏唱，遂成絕命詞）。係描述自已懷念故國江山的哀痛，曲盡一位亡國君特有的心境。

意即春天開花，秋天落葉，年復一年，究竟要到什麼時候才能完結呢？有多少過去的事，值得我去追憶？小樓昨夜又吹起了一陣東風，可是在象徵團圓的明月下，我怎麼忍心再去回想那已失去的故國。宮殿中精雕細繪的闌干，及白玉似的階砌，應該都美好如舊吧！只是我昔日的青春容顏，已隨著山河變色而衰老憔悴了。若問我心中有多少的愁恨？它就像那滾滾向東流的一江春水，長流不斷，無窮無盡啊！

有關李煜在《全唐詩》中的十六件斷句，在此僅引錄，不作析賞論之：

> 迢迢牽牛星，杳在河之陽。粲粲黃姑女，耿耿遙相望。
>
> 鶯狂應有恨，蝶舞已無多。

揖讓月在手，動搖風滿懷。

病態如衰弱，厭厭向五年。

衰顏一病難牽復，曉殿君臨頗自羞。

冷笑秦皇經遠略，靜憐姬滿苦時巡。

鬢從今日添新白，菊是去年依舊黃。

萬古到頭歸一死，醉鄉葬地有高原。

人生不滿百，剛作千年畫。

日映仙雲薄，秋高天碧深。

烏照始潛輝，龍燭便爭秉。

凝珠滿露枝。

游颺日已西，蕭穆寒初至。

九重開扇鵠，四牖炳燈魚。

羽觴無算酌。

傾碗更為壽，深卮遞酬賓。

第三節　表現手法

張炎謂：

> 句法中有字面，蓋詞中有生硬字用不得，須是深加鍛鍊，字字推敲響亮，歌誦妥溜，方為本色語。[51]

又謂：

> 詞中句法，須要平妥精粹。一曲之中，安能句句高妙？只要相搭襯副得去，於好發揮筆力處，極要用工，不可輕放過，讀之使人擊節可也。[52]

劉熙載亦謂：

> 詞眼二字，見陸輔之〝詞旨〞，其實輔之所謂眼者，仍不過某字工，某句警耳。余謂眼乃神光所聚，故有通體之眼，有數句之眼。前前後後，無不待眼光照映。若舍章法而專求字句，縱爭奇競巧，豈能開闔變化，一動萬隨耶？[53]

51 見宋・張炎：《山中白雲詞》，〈樂府指迷〉，載於清・紀昀等：《文淵閣四庫全書》第一四八八冊，（台北：台灣商務印書館出版），P.537。
52 同前註。
53 見清・劉熙載：《藝概》卷四，〈詞曲概〉，（台北：廣文書局，民五十八年四月再版），PP.6～7。

劉氏所謂〝通體之眼〞，即章法。可見前者對詩詞的表現手法有章法、句法及字法之說。然句法與字法，今人已歸修辭學範疇。故本節之表現手法，將分章法與修辭兩部份論之：

壹、章法

俞平伯謂：

> 就章法言之，三與一，四與二，隔句相承也；一二與三四，情境互發也。但一氣讀下，竟不見有章法。後主又烏知所謂章法哉，而自然有了章法，情生文也。[54]

葉嘉瑩亦謂：

> 李後主……像滔滔滾滾的江水，一任其奔騰傾瀉而下，沒有平湖的邊岸的節制，也沒有平湖渟蓄不變的風度，這一條傾瀉的江水，其姿態乃是隨物賦形的，因四周環境之不同而時時有著變異，經過蜿蜒的澗曲，它自會發為撩人情意的潺湲，經過陡峭的山壁，它也自會發為震人心魄的長號，以最任縱最純真的反應來映現一切的遭遇。[55]

又謂：

54　見俞平伯：《讀詞偶得》，〈釋南唐後主詞〉，（香港：萬里書店，1959年9月版），P.26。

55　見葉嘉瑩：《王國維及其文學批評》，（香港：中華書局，1980年6月初版），PP.427～428。

他的章法之周密，與他的氣象之博大，都並非出於有心，他只是全憑純真與任縱為其感受與表現的基本態度，而卻使得各方面的成就，都能本然地達到了極致，這正是後主詞之最不可及的一點過人之處。[56]

可見李煜作詩詞，並未專及章法，只是筆端隨情感奔騰傾瀉，隨物賦形，自然有了章法。茲就李煜詩詞之章法，歸納為直抒法、概括法、塑像法論之：

一、直抒法：

所謂〝直抒法〞，係指直接將感情，藉語言文字毫無矯飾抒發出來的手法，亦即直抒胸臆，自寫襟抱不事寄托的手法。張耒謂：

> 文章之於人，有滿心而發，肆口而成，不待思慮而工，不待雕琢而麗者，皆天理之自然，而情性之道也。世之言雄暴虓武者莫如劉季、項藉。此兩人者，豈有兒女之情哉？至於過故鄉而感慨，別美人而涕泣，情發於言，流為歌詞，含思淒惋，聞者動心焉，此兩人者，豈其費心而得之哉？直寄其意耳。[57]

---

56 見葉嘉瑩：《迦陵談詞》，（台北：純文學出版社，民五十九年十一月再版），PP.133～134。

57 見宋·張耒等：《蘇門六君子文粹》卷二十一，〈賀方回樂府序〉，載於清·紀昀等：《文淵閣四庫全書》第一三六一冊，（台北：台灣商務印書館出版），P.146。

文中〝滿心而發，肆口而成〞、〝不待思慮而工，不待雕琢而麗〞，皆指直抒胸臆而言。中國韻文，雖以含蓄蘊藉居多，但以直抒方式表達情感者，亦時有所見，然五代時期仍在草創階段，大多以雕琢矯飾為主。至李煜後，始大量運用此法而奠定基礎，後人遂可在此基礎上，盡情發揮。茲列舉幾首析之：

渡中江望石城泣下

　　江南江北舊家鄉，三十年來夢一場。

　　吳苑宮闈今冷落，廣陵臺殿已荒涼。

　　雲籠遠岫愁千片，雨打歸舟淚萬行。

　　兄弟四人三百口，不堪閒坐細思量！

　　此首係直抒亡國被俘，遠離故國家園的心情，用江南來代表家鄉，用夢一場形容三十年來的生活，往事真不堪回首思量，令人淚下萬行。

輓辭

　　珠碎眼前珍，花凋世外春。

　　未鎖心裏恨，又失掌中身。

　　玉笥猶殘藥，香奩已染塵。

　　前哀將後感，無淚可霑巾！

　　此首係直抒喪子後又喪妻的痛心，母子並悼，情以何堪，尤是〝無淚可霑巾〞一語，已把內心的哀苦痛心，發揮到極至。

一斛珠

曉妝初過，沈檀輕注些兒箇。

向人微露丁香顆，一曲清歌，暫引櫻桃破。

羅袖裛殘殷色可，杯深旋被香醪涴。

繡床斜憑嬌無那，爛嚼紅茸，笑向檀郎唾。

此首係描述倆人閨房歌宴之樂，尤是〝繡床斜憑嬌無那，爛嚼紅茸，笑向檀郎唾〞等句，更大膽直抒大周后的嬌態浪蕩，致李漁罵其〝娼婦倚門腔，梨園獻醜態也〞[58]。沈際飛評說：〝描畫精細，似一篇小題絕好文子〞、〝後主煬帝輩除卻天子不為，使之作文士蕩子，前無古，後無今〞[59]。不管是褒或貶，均因李煜率真的直抒。

菩薩蠻

銅簧韻脆鏘寒竹，新聲慢奏移纖玉。

眼色暗相鉤，秋波橫欲流。

雨雲深繡戶，未便諧衷素。

讌罷又成空，魂迷春夢中。

此首係描寫與小周后相互調情挑逗的經過及夢想落空的情景，尤是〝雨雲深繡戶，未便諧衷素〞二語，更是大膽直抒其盼望與她在閨

---

58 參見清‧李漁：《窺詞管見》，載於唐圭璋：《詞話叢編》，線裝書，第四冊，民二十三年版，P.後2。

59 參見蔣勵材：《李後主詞傳總集》，（台北：國立編譯館中華叢書編審委員會，民六十七年三月平裝再版），P.144。

房諧合歡樂，可惜沒機會共訴情衷。身為帝王，如此不怕人閒，毫無掩飾直抒內心所想，足見其率性之一般。

破陣子

四十年來家國，三千里地山河。

鳳閣龍樓連霄漢，玉樹瓊枝作煙蘿，幾曾識干戈？

一旦歸為臣虜，沈腰潘鬢消磨。

最是倉皇辭廟日，教坊猶奏別離歌，垂淚對宮娥。

此首係對國破家亡的痛心，美麗山河的依戀，干戈之無奈，並引沈約與潘岳的典故來表達囚奴的愁苦，以及對宮娥的離情，皆直書其事，直抒胸臆。其中之〝幾曾識干戈〞的一個〝識〞字，即道盡一個長於深宮，不識人間尚有戰火的無奈。

子夜歌

人生愁恨何能免，銷魂獨我情何限。

故國夢重歸，覺來雙淚垂。

高樓誰與上，長記秋晴望。

往事已成空，還如一夢中。

此首係以夢中、夢醒的比對，直抒亡國奴內心的悲情。人生愁恨雖難免，何獨我的是無限，令人魂銷意散，痛苦極點。夢裏重回那可愛的故國，醒來卻依舊是囚犯，忍不住雙行熱淚。昔日秋登高望的情

景，令人難以忘懷，如今誰與上高樓呢？過去已成空幻，就像是一場
夢。

虞美人

春花秋葉何時了，往事知多少。

小樓昨夜又東風，故國不堪回首月明中。

雕闌玉砌依然在，只是朱顏改。

問君能有許多愁，恰似一江春水向東流。

此首係描寫懷念故國江山的哀痛，曲盡一位亡國君的心境。其中
以〝問君能有許多愁，恰似一江春水向東流〞二語，來直抒內心那浩
渺無邊的愁懷，其筆力雄渾，真是千古絕唱。譚獻讚曰：〝二詞終當以
神品目之〞[60]，又曰：〝後主之詞，足當太白詩篇，高奇無匹〞[61]；唐
圭璋亦曰：〝末以問答語，吐露心中萬斛愁恨，令人不堪卒讀〞[62]。

由以上所舉諸作，皆可見出李煜不管寫戀愛詞，悼亡詩，亡國詞
等，均毫無掩飾，不事寄拖，率性直抒內心感受。吳梅云：

二主詞，中主能哀而不傷；後主則近於傷矣。然其用賦體，不
用比興，後人亦無能學者。[63]

---

[60] 參見清·譚獻：《復堂詞話》，載於唐圭璋：《詞話叢編》第二十二冊，線
裝書，民二十三年版，P.前4。

[61] 同前註。

[62] 參見蔣勵材：《李後主詞傳總集》，（台北：國立編譯館中華叢書編審委員
會，民六十七年三月平裝再版），P.154。

[63] 見吳梅：《詞學通論》，（香港：太平書局，1964年出版），P.57。

又云：

> 前謂後主詞用賦體，觀此可信。顧不獨此也，〈憶江南〉、〈相見
> 歡〉、〈長相思〉（一重山一首）等，皆直抒胸臆，而復宛轉纏綿
> 者也。至浪淘沙之無限江山，破陣子之淚對宮娥，此景此情，
> 安得不以眼淚洗面。

> 余謂讀後主詞，當分為二類：〈喜遷鶯〉、〈阮郎歸〉、〈木蘭花〉、
> 〈菩薩蠻〉（花明月暗一首）等，正當江南隆盛之際，雖寄情聲
> 色，而筆意自成馨逸，此為一類；至入宋後，諸作又別為一類。
> （即前述〈憶江南〉、〈相見歡〉等）其悲歡之情固不同，而自
> 寫襟抱，不事寄托，則一也。今人學之，無不拙劣矣。[64]

俞平伯亦云：

> 詞中抒情，每以景寓之，獨後主每直抒心胸，一空倚傍，當非
> 有所謝短，亦非有所不屑（抒情何必比寫景高），乃緣衷情切
> 至，忍俊不禁耳。[65]

　　吳氏文中〝賦體〞即俞氏之〝直抒心胸〞，足見直抒法是李煜詩詞
的最大特色，其情緣所造，非此不足以盡底也。

64　見吳梅：《詞學通論》，（香港：太平書局，一九六四年出版），P.58。
65　見俞平伯：《讀詞偶得》，〈釋南唐後主詞〉，（香港：萬里書店，1959年
　　9月版），P.32。

二、概括法：

　　所謂〝概括法〞，係指以特殊性來體現普遍性的手法，即是將人類共有的情感，含概在個別現象中，並由個別現象來表達全體情感的一般性或共同性，使吾人從個別現象中，直接感受到一般的意義。或由特徵部份，見出全體面貌。

　　概括法因深具感染力，能使讀者感同身受，引起共鳴，故是文學作家貫用手法，李煜自不例外，然其運用之高超，又恐他人所望塵莫及。他雖寫個人哀愁，卻含括吾人所共有的悲情概嘆！如：〈賜宮人慶奴〉〝風情漸老見春羞〞；〈子夜歌〉〝尋春須是先春早，看花莫待花枝老〞，雖描寫宮人慶奴及對小周后的戀情，卻讓人有年華易失，青春有限的共同感歎！而覺得行樂應即時，莫待無花空折枝。〈九月十日偶書〉〝自從雙鬢斑斑白，不學安仁卻自驚〞，讓同齡者讀之不禁摸摸雙鬢，照照鏡子是否已斑白。〈漁父〉〝一壺酒，一竿身，世上如儂有幾人〞，讓人嚮往這種脫離俗世牽絆，悠遊瀟灑的生活。〈清平樂〉〝別來春半，觸目柔腸斷〞、〝離恨恰如春草〞，三語道盡別恨離愁，更以〝野火燒不盡，春風吹又生〞的春草來比喻愁恨之不絕。〈子夜歌〉〝人生愁恨何能免〞、〈虞美人〉〝問君能有許多愁，恰是一江春水向東流〞等句，皆令人讀之感同身受，不由愁緒滿懷，悲由心生。蓋人生不如意十之有八九，誰無離愁別恨，由此自易受其感染而引起共鳴。

葉嘉瑩對〈烏夜啼〉〝林花謝了春紅，太匆匆。無奈朝來寒雨，晚來風。　　燕脂淚，留人醉，幾時重。自是人生長恨，水長東。〞，曾評說：

> 這是篇幅極短，而包容卻極深廣的一首小詞，通篇只從〝林花〞
> 著筆，卻寫盡了天下有生之物所共有的一種生命的悲哀。……
> 主題益小，篇幅愈短，而所包容的悲慨卻極為博大，而且表現
> 得如此真純自然，全不見用心著力之跡。這是惟有像後主這樣
> 純情的詩人，纔能以心靈的直感，寫出這樣神來之筆的小詞。
> 66

又說：

> 後主詞中所表現者雖為其個人一己之悲哀，然而卻足以包容了
> 所有人類的悲哀。67

　　可見李煜雖寫個人感觸哀愁，卻體現一般人共有情感悲嘆！令人與之哀嚎。

　　至於由特徵部份，見出全體面貌的如：〈烏夜啼〉〝無言獨上西樓，月如鉤〞，一語道盡孤寂與冷清，其在夜深人靜的閣樓上，一個人依靠著闌干，遠望高掛天上的冷月，那一幅孤寂冷清的畫面，躍然紙上。〈望江梅〉〝滿城飛絮輥輕塵，忙殺看花人〞二句，即把滿城柳絮迎風

66　見葉嘉瑩：《迦陵談詞》，（台北：純文學出版社，民五十九年十一月再版），
　　P.134。
67　同前註，P.118。

飛揚，到處是飛轉車輪揚起的輕塵，忙壞那些賞花人之江南春景的熱鬧畫面，表露無遺。〈望江梅〉〝車如流水馬如龍〞一句，即把江南街道上，那車如流水不斷，馬似遊龍般馳騁的景象，全部襯托出來。

　　由此，李煜雖以簡單句子，卻能襯出博大內容，足見其概括手法之高超。

三、塑象法：

　　歐陽修云：

> 聖俞常語予曰：〝詩家雖率意，而造語亦難。若意新語工，得前人所未道者，斯為善也。必能狀難寫之景，如在目前，含不盡之意，見於言外，然後為至矣！〞……，余曰：〝語之工者固如是。狀難寫之景，含不盡之意，何詩為然？〞聖俞曰：〝作者得於心，覽者會以意，殆難指陳以言也。〞[68]

　　文中之〝狀難寫之景，如在目前，含不盡之意，見於言外，然後為至矣！〞所指即是形象的塑造。文學是反映生活、情感的一種藝術形式，然一切反映，皆有賴形象來表達。由此，塑造形象遂成文學藝術不可或缺的手法。李煜亦是個中好手，如：

---

68 見宋·歐陽修：《六一詩話》，載於清·紀昀等：《文淵閣四庫全書》第一四七八冊，（台北：台灣商務印書館出版），P.250。

菩薩蠻

花明月暗籠輕霧，今宵好向郎邊去。

襪步香階，手提金縷鞋。

畫堂南畔見，一向偎人顫。

奴為出來難，教郎恣意憐。

此首雖僅短短幾句，卻把景物與人物的形象描寫得非常生動逼真，尤是把女主角夜下偷情怕人瞧見的心態，完全刻劃出來。單〝今宵好向郎邊去〞的一個〝好〞字，即道盡少女情懷及內心的曲折。一句〝畫堂南畔見〞就把男女主角碰面，相互擁抱的鏡頭，寫得栩栩如生，歷歷在目。一語〝一向偎人顫〞即把少女嬌態，刻劃得入木三分，教人憐愛。〞奴為出來難，教郎恣意憐〞更是絕句。六朝以來寫豔情者大有人在，然能如此生動精細者，實不多見。

玉樓春

晚妝初了明肌雪，春殿嬪娥魚貫列。

笙簫吹斷水雲開，重按霓裳歌遍徹。

臨風誰更飄香屑，醉拍闌干情味切。

歸時休放燭花紅，待踏馬蹄清夜月。

此首由宮中壯觀的歌舞場面起，至踏著月色歸去止，描寫其過程的動態形象。從晚妝剛畢的宮娥，個個顯出白嫩肌膚，依次而出整齊排在宮殿裏，待那悠長的笙簫聲，重奏起霓裳羽衣曲的旋律而翩翩起舞。臨風飄來的氤氳香氣，更令人心蕩神怡。男主角帶著醉意，應和樂曲的節奏拍擊闌干，而感到無比的情趣。待席散欲歸時，不許點亮紅蠟燭，男主角要騎著馬率眾嬪妃歌女，踏著滿路清輝的月色歸去。

在這一連串的描述，把整個歌舞場面的動作、笑容及歌女的舞姿模樣，寫得靈活靈現。尤是男主角騎著馬率眾嬪妃歌女，踏著滿路清輝的月色歸去，那一副風流瀟灑的神態，更是維妙維俏，韻味十足。其中之〝春殿嬪娥魚貫列〞一句，就把一群晚妝剛畢的宮娥，由幕後像魚群般，依次而出整齊排在宮殿裏的那一幕畫面，描述得那麼生動，實令人贊歎！李煜確是高手。

一斛珠

曉妝初過，沈檀輕注些兒箇。

向人微露丁香顆，一旋被香醪涴。

繡床斜憑嬌無那，爛嚼紅茸，笑向檀郎唾。

此首由頭至尾皆在描寫女主角個人的動態形象，從女主角早上起來梳妝，在唇間塗點沈檀香，並對男主角微微露出舌尖，而後張開小口，高歌一曲。歌罷就與男主角飲酒作樂，初酌時，她的衣袖上沾點紅色殘酒，及至深杯大口時，衣裳卻被美酒污染了。此時她已有醉意，於是顯現一副嬌羞模樣斜靠在床上，口中嚼著紅絨線，笑著對男主角吐去。

在這一連串的描述，把女主角的動作、笑容及其清歌醉舞的神態，刻劃得何等生動。尤是斜靠在床上的那副放蕩模樣，真是栩栩如生，歷歷在目，實令人心動，但又無淫慾的感覺，真該拍案叫絕。

　　再者，如：〈感懷〉〝憑闌惆悵人誰會〞，〈烏夜啼〉〝無言獨上西樓〞，〈虞美人〉〝憑闌半日獨無言〞等句，每句皆將環境的冷清及主人翁那副憂愁的形象，凸顯出來。〈破陣子〉〝幾曾識干戈〞一語，更把一個長於深宮，不識人間尚有戰火的無奈形象，表露無遺。誠如俞平伯謂：

> 自來盛傳其〝剪不斷，理還亂〞以下四句，其實首句〝無言獨上西樓〞六字之中，已攝盡悽惋之神矣。[69]

　　由此，足見李煜亦是善於塑造形象的老手，尤可堪稱寫情聖手。

貳、修辭

　　〝修辭〞乃為提高語言表達之效果，而使用的一種藝術技巧。黃慶萱謂：

> 修辭學是研究如何調整語文表意的方法，設計語文優美的形式，使精確而生動地表出說者或作者的意象，期能引起讀者之共鳴的一種藝術。[70]

---

[69] 見俞平伯：《讀詞偶得》，〈釋南唐後主詞〉，（香港：萬里書店，1959年9月版），P.31。

[70] 見黃慶萱：《修辭學》，（台北：三民書局，民六十七年七月再版），P.9。

《禮記》亦謂：

　　情欲信，辭欲巧。[71]

　　可見修辭對文章表達效果的影響之大，亦是古、今作家所重視的手法。茲就李煜詩、詞中主要的修辭，列舉如下：

一、比喻：

　　〝對事物的特徵進行描繪或渲染，使事物更具體，更生動，給人鮮明深刻的印象，即是〝比喻〞。在比喻中，被比方的事物叫〝本體〞，用來打比方的事物叫〝喻體〞，連繫二者的詞語叫〝喻詞〞〞[72]。常見的喻詞有：如、若、似、猶、彷彿……等。比喻又可分為明喻、隱喻、借喻，茲析述如下：

甲、明喻：

　　所謂明喻：係指本體、喻體、喻詞三者同時出現者謂之。李煜所用之明喻有：

1.　〝問君能有許多愁，恰似一江春水向東流〞〈虞美人〉。

　　此句以春水比喻愁之無窮盡。〝愁〞是本體，〝春水〞是喻體，〝似〞是喻詞。

---

[71] 見《十三經注疏》，〈禮記〉第五冊五版，（北縣：藝文印書館，民六十二年五月），P.920。

[72] 參見黃伯榮、廖序東：《現代漢語》，（北京：高等教育出版社，1991年出版），P.246。

2.　〝月如鉤〞〈烏夜啼〉。

　　此句以鉤比喻月之不圓。〝月〞是本體，〝鉤〞是喻體，〝如〞是喻詞。

3.　〝往事已成空，還如一夢中〞〈子夜歌〉。

　　此句以夢比喻往事之空幻無蹤。〝往事〞是本體，〝夢〞是喻體，〝如〞是喻詞。

4.　〝車如流水馬如龍〞〈望江南〉。

　　此句以流水比喻車之川流不息，以龍比喻馬之雄壯馳騁。〝車〞、〝馬〞是本體，〝流水〞、〝龍〞是喻體，〝如〞是喻詞。

5.　〝砌下落梅如雪亂〞〈清平樂〉。

　　此句以雪比喻落梅之繽紛。〝落梅〞是本體，〝雪〞是喻體，〝如〞是喻詞。

6.　〝離恨恰如春草〞〈清平樂〉。

　　此句以春草比喻離恨之連綿不斷。〝離恨〞是本體，〝春草〞是喻體，〝如〞是喻詞。

7.　〝暫時相見，如夢懶思量〞〈謝新恩〉。

　　此句以夢比喻相見之短暫易失。〝相見〞是本體，〝夢〞是喻體，〝如〞是喻詞。

乙、隱喻：

　　所謂隱喻：係指本體和喻體同時出現，卻省略喻詞的比喻謂之。李煜所用之隱喻有：

1.　〝滿鬢清霜殘雪思難任〞〈虞美人〉。

　　此句以霜、雪比喻鬢之白。〝鬢〞是本體，〝霜〞、〝雪〞是喻體。

2.　〝算來一夢浮生〞〈烏夜啼〉。

　　此句以夢比喻人生之短暫。〝浮生〞是本體，〝夢〞是喻體。

3.　〝自是人生長恨，水長東〞〈烏夜啼〉。

　　此句以水長東比喻人生長恨之綿延不斷。〝人生長恨〞是本體，〝水長東〞是喻體。

4.　〝帶恨眉兒遠岫攢〞〈搗練子令〉。

　　此句以岫比喻眉兒如山峰。〝眉兒〞是本體，〝岫〞是喻體。

5.　〝晚粧初了明肌雪〞〈玉樓春〉。

　　此句以雪比喻肌膚之潔白細嫩。〝肌〞是本體，〝雪〞是喻體。

6.　〝春殿嬪娥魚貫列〞〈玉樓春〉。

　　此句以魚貫比喻嬪娥之眾多且整齊。〝嬪娥〞是本體，〝魚貫〞是喻體。

丙、借喻：

　　所謂借喻：係指本體與喻詞均被省略，僅出現喻體，而以喻體代替本體的比喻謂之。李煜所用之借喻有：

1.　〝沈腰潘鬢消磨〞〈破陣子〉。

　　此詞為李煜闡述國破家亡之痛。此句以沈約的腰瘦與潘岳的鬢白來形容國破家亡後生活的愁苦。〝沈腰潘鬢〞是喻體。

二、借代：

　　為使作品富於變化，而以有關聯的彼物來代指此物，即為〝借代〞。李煜所用之借代有：

1.　〝向人微露丁香顆〞〈一斛珠〉。

　　〝丁香〞是植物名，又叫〝雞舌香〞，故用以代指女人舌頭。

2.　〝暫引櫻桃破〞〈一斛珠〉。

　　〝櫻桃〞小而紅，故用以代指美人口。

3.　〝百尺蝦鬚在玉鉤〞〈采桑子〉。

　　簾的形狀像〝蝦鬚〞，故用以代指簾。

4.　〝璃窗春斷雙蛾皺〞〈采桑子〉。

　　〝蛾〞鬚細長而彎，故用以代指美人的眉。

5.　〝雲一　〞〈長相思〉；

〝雲鬢亂〞〈搗練子令〉；

〝拋枕翠雲光〞〈菩薩蠻〉；

〝雙鬢不整雲憔悴〞〈謝新恩〉。

〝雲〞柔宛秀麗，故用以代指女人的頭髮。

6.　〝輕顰雙黛螺〞〈長相思〉。

〝黛螺〞為青黑色的顏料，古時婦女用以畫眉，故後人代指女人的眉。

7.　〝斜托香腮春筍嫩〞〈搗練子令〉。

〝春筍〞尖而細，故用以代指女人的手。

8.　〝新聲慢奏移纖玉〞〈菩薩蠻〉。

〝纖玉〞小而巧，故用以代指女人手指。

9.　〝縹色玉柔擎〞〈子夜歌〉。

〝玉柔〞乃柔美滑潤之玉，故用以代指女人的手。

10.　〝蝶翻金粉雙飛〞〈臨江仙〉。

〝金粉〞為古時婦女用以化妝的鉛粉，顏色近似蝴蝶翅膀的色彩，故用以代指蝴蝶的翅膀。

11.　〝蛾眉卻不全〞〈梅花〉；

〝芙蓉城上哭蛾眉〞〈感懷〉。

〝蛾眉〞乃細長且彎的眉，故用以代指美女。

三、用典：

劉勰謂：

> 事類者，蓋文章之外，据事以類義，援古以證今者也。[73]

可見作品中，若引昔日事類，藉以影喻，即為〝用典〞。李煜之用典有：

1. 〝笑向檀郎唾〞〈一斛珠〉。

〝檀郎〞指所愛的男子。據傳晉代潘安，小字檀奴，故古時女子稱所歡愛的男子為檀郎，後亦用於夫婿之美稱。

2. 〝蓬萊院閉天台女〞〈菩薩蠻〉。

蓬萊院指所居之深宮有如仙境一般。〝蓬萊〞乃仙山名，古傳說蓬萊、方丈、瀛洲是渤海中的三座仙山，上有仙人及不死之藥。天台女乃仙女之代稱。〝天台〞乃山名，在浙江天台縣北，相傳漢代劉晨、阮肇入天台山採藥，遇到二女子，留居半年，回家時已過七世，方知那二女子是仙女。

3. 〝雨雲深繡戶〞〈菩薩蠻〉。

〝雨雲〞指男女歡會。此乃宋玉《高唐賦序》述楚王遊高唐，夢神女薦枕，臨去致辭謂：〝旦為行雲，暮為行雨。〞轉化而來。

---

73 見南朝・劉勰：《文心雕龍》卷八，〈事類篇〉四部叢刊本，（台北：台灣商務印書館），P.42。

4. 〝秦樓不見吹簫女〞〈謝新恩〉。

此句乃人去樓空之意。相傳秦穆公把女兒弄玉許配給善吹簫的蕭史，弄玉從蕭史學吹簫，簫聲清越，引來鳳，夫婦便乘鳳而去。

5. 〝沈腰潘鬢消磨〞〈破陣子〉。

沈腰潘鬢指因愁苦而腰瘦髮白。〝沈腰〞據《南史》〈沈約傳〉：〝（約）與徐勉素善，遂以書陳情於勉，言己老病，百日數旬，革帶常應移孔，以手握臂，率計月小半分。欲謝事求歸老之秩。〞，後人遂把沈腰作腰瘦的代詞。〝潘鬢〞據潘岳《秋興賦》：〝斑鬢髮以承弁兮〞，後人遂把潘鬢作髮白的代詞。

6. 〝欲寄鱗游〞〈采桑子〉。

〝鱗游〞指書信。據《古樂府》詩：〝客從遠方來，遺我雙鯉魚。呼童烹鯉魚，中有尺素書。〞，因此後人把書信稱雙鯉或魚信，此則以鱗游代鯉魚傳信。

7. 〝暫約彭涓安朽質〞〈病起題山舍壁〉。

〝彭涓〞指長壽成仙。相傳唐堯的臣籛鏗，封於彭城，共活了七、八百歲，後人遂把彭祖作長壽的代詞。

8. 〝又失掌中身〞〈輓辭〉。

〝掌中身〞指心愛的妻子。相傳漢成帝的皇后趙飛燕，由於體瘦身輕，有一次她旋轉踏拍起舞，忽被一陣旋風捲起，揚起寬裙，好像要飛上天似，旁人用手握住她的一雙玉足，她卻站在掌中繼續揮袖起舞，此乃〝掌中舞〞故事。〝掌中身〞即以此典演化而來。

9.　〝不學安仁卻自驚〞〈九月十日偶書〉。

　　〝安仁〞指鬢髮早白。晉代潘岳，字安仁，曾作《秋興賦》：〝斑鬢髮以承弁兮〞，故後人以其為髮白的代詞。

10.　〝不於祖龍留面目〞〈題金樓子後〉。

　　〝祖龍〞指秦始皇。《史記》〈秦史皇本紀〉：〝三十六年秋，使者從關東夜過華陰平舒道，有人持璧遮使者曰：`為吾遺滈池君。´因言曰：`今年祖龍死。´〞，裴駰集解引蘇林曰：〝祖，始也；龍，人君像；謂始皇也。〞。

四、方言：

黃慶萱謂：

　　〝俗語〞〔方言〕就是流行於社會大眾間口頭語言的固定詞組。 74

　　簡單說：〝方言〞即各地土語。李煜所用之方言有：

1.　〝世上如儂有幾人〞〈漁父〉。

　　〝儂〞乃蘇州方言，意即我。

---

74 見黃慶萱：《修辭學》，（台北：三民書局，民六十七年七月再版），P.122。

2. 〝酒惡時拈花蕊嗅〞〈浣溪沙〉。

〝酒惡〞乃金陵方言，即常說的〝中酒〞，為酒醉之意。

3. 〝教郎恣意憐〞〈菩薩蠻〉。

〝憐〞乃江東方言，意即相愛。

4. 〝沈檀輕注些兒箇〞〈一斛珠〉。

〝些兒箇〞乃當時方言，意即一些。

5. 〝簾外芭蕉三兩窠〞〈長相思〉。

〝窠〞乃六朝人口語，意即株。

五、設問：

黃慶萱謂：

> 講話行文，忽然變平敘的語氣為詢問的語氣，叫做設問。[75]

可見作品中，著者為引起讀者注意，而以詢問的口氣故作疑問，即為〝設問〞。設問又分自問自答及問而不答兩大類。茲析述之：

甲、自問自答：

所謂自問自答，係指著者為加深讀者對其作品之印象，故設疑問，而後加以解答謂之。李煜所用之自問自答有：

1. 〝問君能有許多愁，恰似一江春水向東流〞〈虞美人〉。

---

[75] 見黃慶萱：《修辭學》，（台北，三民書局，民六十七年七月再版），P.35。

2.　〝何處相思苦，紗窗醉夢中〞〈謝新恩〉。

乙、問而不答：

　　所謂問而不答，係指著者為加深讀者對其作品之印象，故設疑問，卻未解答，讓讀者自去揣摩體會謂之。李煜所用之問而不答有：

1.　〝春花秋月何時了〞〈虞美人〉。

2.　〝往事知多少〞〈虞美人〉。

3.　〝幾時重〞〈烏夜啼〉。

4.　〝人生愁恨何能免〞〈子夜歌〉。

5.　〝高樓誰與上〞〈子夜歌〉。

6.　〝夜長人奈何〞〈長相思〉。

7.　〝為誰和淚倚闌干〞〈搗練子令〉。

8.　〝終日誰來〞〈浪淘沙〉。

9.　〝臨風誰更飄香屑〞〈玉樓春〉。

10.　〝幾曾識干戈〞〈破陣子〉。

11.　〝世上如濃有幾人〞〈漁父〉。

12.　〝多少恨，昨夜夢魂中〞〈望江南〉。

13.　〝多少淚，斷臉復橫頤〞〈望江南〉。

14.　〝幾樹驚秋〞〈采桑子〉。

15. 〝誰能役役塵中累〞〈病起題山舍壁〉。

16. 〝穠麗今何在〞〈輓辭〉。

17. 〝清香更何用〞〈梅花〉。

18. 〝憑闌惆悵人誰會〞〈感懷〉。

19. 〝前緣竟何似，誰與問空王〞〈病中感懷〉。

20. 〝殘鶯何事不知秋〞〈秋鶯〉。

六、疊字：

疊字又稱重言。係作者為使文辭之聲音和美，以重疊相同的字，為一語，且字之形、音、義完全相同者，即為〝疊字〞。李煜所用之疊字有：

1. 〝臉慢笑盈盈〞〈菩薩蠻〉。

2. 〝澹澹衫兒薄薄羅〞〈長相思〉。

3. 〝夢回芳草思依依〞〈喜遷鶯〉。

4. 〝簾幃颯颯秋聲〞〈烏夜啼〉。

5. 〝林風淅淅夜厭厭〞〈謝新恩〉。

6. 〝回首自纖纖〞〈謝新恩〉。

7. 〝漏暗斜月遲遲〞〈謝新恩〉。

8. 〝冉冉秋光留不住〞〈謝新恩〉。

9. 〝噰噰新雁咽寒聲〞〈謝新恩〉。

10. 〝愁恨年年長相似〞〈謝新恩〉。

11. 〝回首恨依依〞〈臨江仙〉。

12. 〝林花謝了春紅，太匆匆〞〈烏夜啼〉。

13. 〝簾外雨潺潺〞〈浪淘沙〉。

14. 〝誰能役役塵中累〞〈病起題山舍壁〉。

15. 〝沈沈無問處〞〈輓辭〉。

16. 〝一樓煙雨暮淒淒〞〈感懷〉。

17. 〝自從雙鬢斑斑白〞〈九月十日偶書〉。

18. 〝且維輕舸更遲遲〞〈送鄧王二十弟從鎰牧宣城〉。

19. 〝不須懷抱重淒淒〞〈送鄧王二十弟從鎰牧宣城〉。

七、雙聲：

林尹謂：

　　今以音所從發謂之〝聲〞。發音相同之字，謂之〝雙聲〞。[76]

　　可見凡兩個聲母相同的字連成一個詞，即為〝雙聲〞。李煜所用之雙聲有：

---

[76] 見林尹：《中國聲韻學通論》，（台北：世界書局，民六十七年八月平裝版），
　　P.17。

1.　〝今宵好向郎邊去〞〈菩薩蠻〉。

2.　〝蓬萊院閉天台女〞〈菩薩蠻〉。

3.　〝驚覺銀屏夢〞〈菩薩蠻〉。

4.　〝雨雲深繡戶〞〈菩薩蠻〉。

5.　〝轆轤金井梧桐晚〞〈采桑子〉。

6.　〝數聲和月到簾櫳〞〈搗練子令〉。

7.　〝雙鬟不整雲憔悴〞〈謝新恩〉。

8.　〝何處相思苦〞〈謝新恩〉。

9.　〝驚起醉怡容〞〈謝新恩〉。

10.　〝秋千架下歸時〞〈謝新恩〉。

11.　〝惆悵卷金泥〞〈臨江仙〉。

12.　〝四十年來家國〞〈破陣子〉。

13.　〝鳳閣龍樓連霄漢〞〈破陣子〉。

14.　〝幾曾識干戈〞〈破陣子〉。

15.　〝南國正清秋〞〈望江梅〉。

16.　〝鳳笙休向淚時吹〞〈望江南〉。

17.　〝銷魂獨我情何限〞〈子夜歌〉。

18.　〝故國夢重歸〞〈子夜歌〉。

19. 〝別時容易見時難〞〈浪淘沙〉。

20. 〝故國不堪回首月明中〞〈虞美人〉。

21. 〝不於祖龍留面目〞〈題金樓子後〉。

22. 〝浮生共憔悴〞〈書靈筵手巾〉。

23. 〝憑闌惆悵人誰會〞〈感懷〉。

24. 〝芙蓉城上哭蛾眉〞〈感懷〉。

25. 〝憔悴年來甚〞〈病中感懷〉。

26. 〝病身堅固道情深〞〈病中書事〉。

27. 〝黃花冷落不成豔〞〈九月十日偶書〉。

28. 〝老舌百般傾耳聽〞〈秋鶯〉。

29. 〝瀏亮如笙碎在喉〞〈秋鶯〉。

30. 〝莫更留連好歸去〞〈秋鶯〉。

31. 〝吳苑宮闈今冷落〞〈渡中江望石城泣下〉。

32. 〝廣陵臺殿已荒涼〞〈渡中江望石城泣下〉。

八、疊韻：

林尹謂：

> 音歸本于喉謂之〝韻〞。古稱收音相同者，謂之〝疊韻〞。[77]

可見凡兩個韻母相同的字連成一個詞，即為〝疊韻〞。李煜所用之疊韻有：

1. 〝醉拍闌干情味切〞〈玉樓春〉。

2. 〝舞態徘徊〞〈采桑子〉。

3. 〝細雨霏微〞〈采桑子〉。

4. 〝欲睡朦朧入夢來〞〈采桑子〉。

5. 〝為誰和淚倚闌干〞〈搗練子令〉。

6. 〝東風惱我〞〈謝新恩〉。

7. 〝碧闌干外映垂楊〞〈謝新恩〉。

8. 〝秋千架下歸時〞〈謝新恩〉。

9. 〝茱萸香墜〞〈謝新恩〉。

10. 〝望殘煙草低迷〞〈臨江仙〉。

11. 〝最是倉皇辭廟日〞〈破陣子〉。

---

[77] 見林尹：《中國聲韻學通論》，（台北：世界書局，民六十七年八月平裝版），P.49。

12.　〝春意闌珊〞〈浪淘沙〉。

13.　〝小樓昨夜又東風〞〈虞美人〉。

14.　〝只是朱顏改〞〈虞美人〉。

15.　〝千載謝東風〞〈輓辭〉。

16.　〝壯歲失嬋娟〞〈書靈筵手巾〉。

17.　〝難勝數縷條〞〈書琵琶背〉。

18.　〝殷勤移植地〞〈梅花〉。

19.　〝蕭條益自傷〞〈病中感懷〉。

20.　〝賴問空門知氣味〞〈病中書事〉。

21.　〝紅葉颼颸競鼓聲〞〈九月十日偶書〉。

22.　〝我憑闌干日向西〞〈送鄧王二十弟從鎰牧宣城〉。

九、慣用字：

李煜詩詞，慣用〝春、花、秋、月、風、雨、無、情、紅、闌、香、淚、愁、深、夢、空、恨、誰〞等字作為寫作題材，茲列舉如下：

1.　春

〝春花秋葉何時了〞〈虞美人〉。

〝恰似一江春水向東流〞〈虞美人〉。

〝柳眼春相續〞〈虞美人〉。

〝林花謝了春紅〞〈烏夜啼〉。

〝尋春須是先春早〞〈子夜歌〉。

〝禁苑春歸晚〞〈子夜歌〉。

〝櫻桃落盡春歸去〞〈臨江仙〉。

〝花月正春風〞〈望江南〉。

〝南國正芳春〞〈望江梅〉。

〝別來春半〞〈清平樂〉。

〝離恨恰如春草〞〈清平樂〉。

〝庭前春逐紅英盡〞〈采桑子〉。

〝璚窗春斷雙蛾皺〞〈采桑子〉。

〝斜托香腮春筍嫩〞〈搗練子令〉。

〝魂迷春夢中〞〈菩薩蠻〉。

〝春意闌珊〞〈浪淘沙〉。

〝流水落花春去也〞〈浪淘沙〉。

〝春殿嬪娥魚貫列〞〈玉樓春〉。

〝春光鎮在人空老〞〈謝新恩〉。

〝櫻花落盡春將困〞〈謝新恩〉。

〝風情漸老見春羞〞〈柳枝〉。

〝桃李無言一隊春〞〈漁父〉。

〝一櫂春風一葉舟〞〈漁父〉。

〝花凋世外春〞〈輓辭〉。

〝正悲春落實〞〈輓辭〉。

2.　花

〝浪花有意千重雪〞〈漁父〉。

〝花滿渚，酒滿甌〞〈漁父〉。

〝酒惡時拈花蕊嗅〞〈浣溪沙〉。

〝歸時休放燭花紅〞〈玉樓春〉。

〝花明月暗籠輕霧〞〈菩薩蠻〉。

〝看花莫待花枝老〞〈子夜歌〉。

〝啼鶯散，餘花亂〞〈喜遷鶯〉。

〝櫻花落盡階前月〞〈謝新恩〉。

〝櫻花落盡春將困〞〈謝新恩〉。

〝花在枝〞〈謝新恩〉。

〝林花謝了春紅〞〈烏夜啼〉。

〝忙殺看花人〞〈望江梅〉。

〝蘆花深處泊孤舟〞〈望江梅〉。

〝花月正春風〞〈望江南〉。

〝流水落花春去也〞〈浪淘沙〉。

〝春花秋葉何時了〞〈虞美人〉。

〝花凋世外春〞〈輓辭〉。

〝昏濛眼上花〞〈悼詩〉。

〝誰料花前後〞〈梅花〉。

〝失卻煙花主〞〈梅花〉。

〝又見桐花發舊枝〞〈感懷〉。

〝黃花冷落不成豔〞〈九月十日偶書〉。

〝露華淒冷蓼花愁〞〈秋鶯〉。

3. 秋

〝春花秋葉何時了〞〈虞美人〉。

〝簾幃颯颯秋聲〞〈烏夜啼〉。

〝寂寞梧桐深院，鎖深秋〞〈烏夜啼〉。

〝長記秋晴望〞〈子夜歌〉。

〝南國正清秋〞〈望江梅〉。

〝轆轆金井梧桐晚，幾樹驚秋〞〈采桑子〉。

〝秋風多，雨相和〞〈長相思〉。

〝秋波橫欲流〞〈菩薩蠻〉。

〝秋風庭院蘚侵階〞〈浪淘沙〉。

〝秋千架下歸時〞〈謝新恩〉。

〝冉冉秋光留不住〞〈謝新恩〉。

〝晚雨秋陰酒乍醒〞〈九月十日偶書〉。

〝殘鶯何事不知秋〞〈秋鶯〉。

〝雨深秋寂莫〞〈悼詩〉。

4.　月

〝待踏馬蹄清夜月〞〈玉樓春〉。

〝花明月暗籠輕霧〞〈菩薩蠻〉。

〝曉月墮，宿雲微〞〈喜遷鶯〉。

〝數聲和月到簾櫳〞〈搗練子令〉。

〝櫻花落盡階前月〞〈謝新恩〉。

〝小樓新月〞〈謝新恩〉。

〝漏暗斜月遲遲〞〈謝新恩〉。

〝子規啼月小樓西〞〈臨江仙〉。

〝月如鉤〞〈烏夜啼〉。

〝笛在月明樓〞〈望江梅〉。

〝晚涼天淨月華開〞〈浪淘沙〉。

〝依舊竹聲新月似當年〞〈虞美人〉。

〝故國不堪回首月明中〞〈虞美人〉。

〝乘月溉寒泉〞〈梅花〉。

〝空有當年舊煙月〞〈感懷〉。

〝月照靜居唯擣藥〞〈病中書事〉。

5.　風

〝一櫂春風一葉舟〞〈漁父〉。

〝臨風誰更飄香屑〞〈玉樓春〉。

〝風情漸老見春羞〞〈柳枝〉。

〝秋風多，雨相和〞〈長相思〉。

〝斷續寒砧斷續風〞〈搗練子令〉。

〝昨夜風兼雨〞〈烏夜啼〉。

〝空餘上苑風光〞〈謝新恩〉。

〝東風惱我〞〈謝新恩〉。

〝林風淅淅夜厭厭〞〈謝新恩〉。

〝無奈朝來寒雨，晚來風〞〈烏夜啼〉。

〝花月正春風〞〈望江南〉。

〝秋風庭院蘚侵階〞〈浪淘沙〉。

〝風回小院庭蕪綠〞〈虞美人〉。

〝小樓昨夜又東風〞〈虞美人〉。

〝千載謝東風〞〈輓辭〉。

〝咽絕風前思〞〈悼詩〉。

〝阻風開步障〞〈梅花〉。

〝風威侵病骨〞〈病中感懷〉。

6. 雨

〝雨雲深繡戶〞〈菩薩蠻〉。

〝秋風多，雨相和〞〈長相思〉。

〝細雨霏微〞〈采桑子〉。

〝晝雨新愁〞〈采桑子〉。

〝昨夜風兼雨〞〈烏夜啼〉。

〝晚煙籠細雨〞〈謝新恩〉。

〝無奈朝來寒雨，晚來風〞〈烏夜啼〉。

〝簾外雨潺潺〞〈浪淘沙〉。

〝又苦雨傷叢〞〈輓辭〉。

〝雨深秋寂莫〞〈悼詩〉。

〝一樓煙雨暮淒淒〞〈感懷〉。

〝雨氣咽愁腸〞〈病中感懷〉。

〝晚雨秋陰酒乍醒〞〈九月十日偶書〉。

〝雨打歸舟淚萬行〞〈渡中江望石城泣下〉。

7. 無

〝桃李無言一隊春〞〈漁父〉。

〝繡床斜憑嬌無那〞〈一斛珠〉。

〝畫堂晝寢人無語〞〈菩薩蠻〉。

〝相看無限情〞〈菩薩蠻〉。

〝無語枕憑欹〞〈喜遷鶯〉。

〝無奈夜長人不寐〞〈搗練子令〉。

〝雁來音信無憑〞〈清平樂〉。

〝無奈朝來寒雨，晚來風〞〈烏夜啼〉。

〝無言獨上西樓〞〈烏夜啼〉。

〝腸斷更無疑〞〈望江南〉。

〝無限江山〞〈浪淘沙〉。

〝憑闌半日獨無言〞〈虞美人〉。

〝終期宗遠問無生〞〈病起題山舍壁〉。

〝無淚可霑巾〞〈輓辭〉。

〝沈沈無問處〞〈輓辭〉。

〝層城無復見嬌姿〞〈感懷〉。

8.　情

〝醉拍闌干情味切〞〈玉樓春〉。

〝相看無限情〞〈菩薩蠻〉。

〝風情漸老見春羞〞〈柳枝〉。

〝可奈情懷〞〈采桑子〉。

〝銷魂獨我情何限〞〈子夜歌〉。

〝杖藜巾褐稱閒情〞〈病起題山舍壁〉。

〝病身堅固道情深〞〈病中書事〉。

〝偶緣猶未忘多情〞〈九月十日偶書〉。

〝君馳檜楫情何極〞〈送鄧王二十弟從鎰牧宣城〉。

9.　紅

〝爛嚼紅茸，笑向檀郎唾〞〈一斛珠〉。

〝紅日已高三丈透〞〈浣溪沙〉。

〝紅錦地衣隨步皺〞〈浣溪沙〉。

〝歸時休放燭花紅〞〈玉樓春〉。

〝片紅休掃儘從伊〞〈喜遷鶯〉。

〝庭前春逐紅英盡〞〈采桑子〉。

〝淚沾紅抹胸〞〈謝新恩〉。

〝滿階紅葉暮〞〈謝新恩〉。

〝林花謝了春紅〞〈烏夜啼〉。

〝牙籤萬軸裏紅綃〞〈題金樓子後〉。

〝紅葉颼颼競鼓聲〞〈九月十日偶書〉。

10. 闌

〝醉拍闌干情味切〞〈玉樓春〉。

〝為誰和淚倚闌干〞〈搗練子令〉。

〝碧闌干外映垂楊〞〈謝新恩〉。

〝春意闌珊〞〈浪淘沙〉。

〝獨自莫憑闌〞〈浪淘沙〉。

〝憑闌半日獨無言〞〈虞美人〉。

〝雕闌玉砌依然在〞〈虞美人〉。

〝曲檻小闌邊〞〈梅花〉。

〝憑闌惆悵人誰會〞〈感懷〉。

〝我憑闌干日向西〞〈送鄧王二十弟從鎰牧宣城〉。

11.　香

〝向人微露丁香顆〞〈一斛珠〉。

〝杯深旋被香醪涴〞〈一斛珠〉。

〝金爐次第添香獸〞〈浣溪沙〉。

〝臨風誰更飄香屑〞〈玉樓春〉。

〝　襪步香階〞〈菩薩蠻〉。

〝繡衣聞異香〞〈菩薩蠻〉。

〝香印成灰〞〈采桑子〉。

〝斜托香腮春筍嫩〞〈搗練子令〉。

〝才發一衿香〞〈謝新恩〉。

〝茱萸香墜〞〈謝新恩〉。

〝爐香閑裊鳳凰兒〞〈臨江仙〉。

〝燭明香暗畫樓深〞〈虞美人〉。

〝香奩已染塵〞〈輓辭〉。

〝汗手遺香漬〞〈書靈筵手巾〉。

〝天香留鳳尾〞〈書琵琶背〉。

〝清香更何用〞〈梅花〉。

〝宴坐清香思自任〞〈病中書事〉。

12. 淚

〝為誰和淚倚闌干〞〈搗練子令〉。

〝淚沾紅抹胸〞〈謝新恩〉。

〝垂淚對宮娥〞〈破陣子〉。

〝燕脂淚，留人醉〞〈烏夜啼〉。

〝多少淚，斷臉復橫頤〞〈望江南〉。

〝心事莫將和淚說〞〈望江南〉。

〝鳳笙休向淚時吹〞〈望江南〉。

〝覺來雙淚垂〞〈子夜歌〉。

〝無淚可霑巾〞〈輓辭〉。

〝不覺潸然淚眼低〞〈感懷〉。

〝雨打歸舟淚萬行〞〈渡中江望石城泣下〉。

13. 愁

〝晝雨新愁〞〈采桑子〉。

〝象床愁倚薰籠〞〈謝新恩〉。

〝新愁往恨何窮〞〈謝新恩〉。

〝愁恨年年長相似〞〈謝新恩〉。

〝剪不斷，理還亂，是離愁〞〈烏夜啼〉。

〝人生愁恨何能免〞〈子夜歌〉。

〝問君能有許多愁〞〈虞美人〉。

〝愁引病增加〞〈悼詩〉。

〝雨氣咽愁腸〞〈病中感懷〉。

〝浩浪侵愁光蕩漾〞〈送鄧王二十弟從鎰牧宣城〉。

〝露華淒冷蓼花愁〞〈秋鶯〉。

〝雲籠遠岫愁千片〞〈渡中江望石城泣下〉。

14. 深

〝杯深旋被香醪涴〞〈一斛珠〉。

〝雨雲深繡戶〞〈菩薩蠻〉。

〝寂寞畫堂深院〞〈喜遷鶯〉。

〝深院靜，小庭空〞〈搗練子令〉。

〝寂寞梧桐深院，鎖深秋〞〈烏夜啼〉。

〝蘆花深處泊孤舟〞〈望江梅〉。

〝燭明香暗畫樓深〞〈虞美人〉。

〝爐開小火深回暖〞〈病起題山舍壁〉。

〝雨深秋寂莫〞〈悼詩〉。

〝病身堅固道情深〞〈病中書事〉。

〝深黃一點入煙流〞〈秋鶯〉。

15. 夢

〝驚覺銀屏夢〞〈菩薩蠻〉。

〝魂迷春夢中〞〈菩薩蠻〉。

〝夢回芳草思依依〞〈喜遷鶯〉。

〝欲睡朦朧入夢來〞〈采桑子〉。

〝算來一夢浮生〞〈烏夜啼〉。

〝瓊窗夢□留殘日〞〈謝新恩〉。

〝如夢懶思量〞〈謝新恩〉。

〝紗窗醉夢中〞〈謝新恩〉。

〝路遙歸夢難成〞〈清平樂〉。

〝閒夢遠，南國正芳春〞〈望江梅〉。

〝閒夢遠，南國正清秋〞〈望江梅〉。

〝多少恨，昨夜夢魂中〞〈望江南〉。

〝故國夢重歸〞〈子夜歌〉。

〝還如一夢中〞〈子夜歌〉。

〝夢裏不知身是客〞〈浪淘沙〉。

〝三十年來夢一場〞〈渡中江望石城泣下〉。

16. 空

〝讌罷又成空〞〈菩薩蠻〉。

〝深院靜，小庭空〞〈搗練子令〉。

〝空餘上苑風光〞〈謝新恩〉。

〝庭空客散人歸後〞〈謝新恩〉。

〝春光鎮在人空老〞〈謝新恩〉。

〝空持羅帶〞〈臨江仙〉。

〝往事已成空〞〈子夜歌〉。

〝空照秦淮〞〈浪淘沙〉。

〝飄零事已空〞〈輓辭〉。

〝空王應念我〞〈悼詩〉。

〝空有當年舊煙月〞〈感懷〉。

〝誰與問空王〞〈病中感懷〉。

〝賴問空門知氣味〞〈病中書事〉。

17. 恨

〝帶恨眉兒遠岫攢〞〈搗練子令〉。

〝當年得恨何長〞〈謝新恩〉。

〝遠似去年今日恨還同〞〈謝新恩〉。

〝新愁往恨何窮〞〈謝新恩〉。

〝愁恨年年長相似〞〈謝新恩〉。

〝回首恨依依〞〈臨江仙〉。

〝離恨恰如春草〞〈清平樂〉。

〝自是人生長恨，水長東〞〈烏夜啼〉。

〝多少恨，昨夜夢魂中〞〈望江南〉。

〝人生愁恨何能免〞〈子夜歌〉。

〝未銷心裏恨〞〈輓辭〉。

〝亂山凝恨色高低〞〈送鄧王二十弟從鎰牧宣城〉。

18. 誰

〝臨風誰更飄香屑〞〈玉樓春〉。

〝為誰和淚倚闌干〞〈搗練子令〉。

〝高樓誰與上〞〈子夜歌〉。

〝終日誰來〞〈浪淘沙〉。

〝誰能役役塵中累〞〈病起題山舍壁〉。

〝誰料花前後〞〈梅花〉。

〝憑闌惆悵人誰會〞〈感懷〉。

〝誰與問空王〞〈病中感懷〉。

從上之舉例，可知李煜在修辭上的運用係經史雜運，詩文、方言等合流，無特定居於一格。並能不著痕跡，渾然而成，別具生姿，生動傳神。

由之，以上舉凡種種，實不勝枚舉，然皆可看出李煜在章法上善用〝直抒法〞、〝概括法〞及〝塑像法〞。在修辭上係〝經史雜運，詩文、方言等合流〞，其手法之高超，恐無幾人可望其項背，尤以直抒感傷之情見長。

第四節　格律探討

所謂格律，係指〝創作韻文所依照的格式和韻律，各種韻文都有特定的格律。其中包括聲韻、對仗、結構（句式）以至字數等。〞[78]。因此，本節將以表格方式，對李煜詩詞之格律作一分析，並作出統計。其中詞的體制分類，依毛先舒《填詞名解》之〝五十八字以內為小令，自五十九字始至九十字止為中調，九十一字以外者俱為長調。〞。

壹、詩部份

一、分析：

詩號	詩　名	體　制	韻部	對　仗
01	病起題山舍壁	七言律詩	11 平	爐開小火深回暖，溝引新流幾曲聲。

---

[78] 參見夏征農：《辭海》，〈格律條〉，（上海：上海辭書出版社，1990年12月第一版），P.1463。

				暫約彭涓安朽質，終期宗遠問無生。
02	題金樓子後	七言絕句	8 平	—
03	賜宮人慶奴	七言絕句	12 平	—
04	輓辭	五言律詩	6 平	珠碎眼前珍，花凋世外春。未銷心裏恨，又失掌中身。玉笥猶殘藥，香奩已染塵。
05	輓辭	五言律詩	1 平	正悲春落實，又苦雨傷叢。穠麗今何在？飄零事已空！
06	悼詩	五言律詩	10 平	永念難消釋，孤懷痛自嗟。兩深秋寂莫，愁引病增加。咽絕風前思，昏濛眼上花。空王應念我，窮子正迷家。
07	書靈筵手巾	五言絕句	7 平	浮生共憔悴，壯歲失嬋娟。汗手遺香漬，痕眉染黛煙。
08	書琵琶背	五言絕句	8 平	天香留鳳尾，餘煖在檀槽。
09	梅花	五言律詩	7 平	共約重芳日，還憂不盛妍。阻風開步障，乘月溉寒泉。
10	梅花	五言絕句	3 平	—
11	感懷	七言絕句	3 平	—
12	感懷	七言絕句	3 平	—
13	病中感懷	五言律詩	2 平	憔悴年來甚，蕭條益自傷。風威侵病骨，雨氣咽愁腸。夜鼎唯煎藥，朝髭半染霜。
14	病中書事	七言律詩	13 平	月照靜居唯擣藥，門扃幽院只來禽。庸醫嬾聽詞何取，小婢將行力未禁。
15	九月十日偶書	七言律詩	11 平	黃花冷落不成豔，紅葉颼颼競鼓聲。背世返能厭俗態，偶緣猶未忘多情。
16	送鄧王二十弟從鎰牧宣城	七言律詩	3 平	浩浪侵愁光蕩漾，亂山凝恨色高低。君馳檜楫情何極，我憑闌干日向西。
17	秋鶯	七言律詩	12 平	老舌百般傾耳聽，深黃一點入煙流。棲遲背世同悲魯，瀏亮如笙碎在喉。
18	渡中江望石城泣下	七言律詩	2 平	吳苑宮闈今冷落，廣陵臺殿已荒涼。雲籠遠岫愁千片，雨打歸舟淚萬行。

二、統計：

1. 體制：

五言絕句　凡三首，佔 17%。

五言律詩　凡五首，佔 28%。

七言絕句　凡四首，佔 22%。

七言律詩　凡六首，佔 33%。

2. 用韻（計十九個韻部）：

第一部　凡一首，佔 6%。

　　　　平聲　〈輓辭〉一首，計一首。

第二部　凡二首，佔 11%。

　　　　平聲　〈病中感懷〉一首，〈渡中江望石城泣下〉一首，
　　　　計二首。

第三部　凡四首，佔 22%。

　　　　平聲　〈梅花〉一首，〈感懷〉二首，〈送鄧王二十弟從
　　　　鎰牧宣城〉一首，計四首。

第六部　凡一首，佔 6%。

　　　　平聲　〈輓辭〉一首，計一首。

第七部　凡二首，佔 11%。

平聲　〈書靈筵手巾〉一首，〈梅花〉一首，計二首。

　第八部　凡二首，佔 11%。

　　　　　平聲　〈題金樓子後〉一首，〈書琵琶背〉一首，計二首。

　第十部　凡一首，佔 6%。

　　　　　平聲　〈悼詩〉一首，計一首。

　第十一部　凡二首，佔 11%。

　　　　　平聲　〈病起題山舍壁〉一首，〈九月十日偶書〉一首，
　　　　　　　　計二首。

　第十二部　凡二首，佔 11%。

　　　　　平聲　〈賜宮人慶奴〉一首，〈秋鶯〉一首，計二首。

　第十三部　凡一首，佔 6%。

　　　　　平聲　〈病中書事〉一首，計一首。

　平　　聲　十八首，佔 100%。

3.　對仗：

　絕　句　凡七首，佔 39%。

　　　　　無對仗　〈題金樓子後〉一首，〈賜宮人慶奴〉一首，〈梅
　　　　　　　　　花〉一首，〈感懷〉二首，計五首，佔 72%。

　　　　　一對仗　〈書琵琶背〉一首，計一首，佔 14%。

　　　　　二對仗　〈書靈筵手巾〉一首，計一首，佔 14%。

律　詩　凡十一首，佔 61%。

　　　　二對仗　〈病起題山舍壁〉一首，〈輓辭〉一首，〈梅花〉
　　　　　　　　一首，〈病中書事〉一首，〈九月十日偶書〉一
　　　　　　　　首，〈送鄧王二十弟從益牧宣城〉一首，〈秋鶯〉
　　　　　　　　一首，〈渡中江望石城泣下〉一首，計八首，佔
　　　　　　　　73%。

　　　　三對仗　〈輓辭〉一首，〈病中感懷〉一首，計二首，佔
　　　　　　　　18%。

　　　　四對仗　〈悼詩〉一首，計一首，佔 9%。

　　據上所列，知李煜詩於體制：善絕句（七首佔 39%）與律詩（十
一首佔 61%），別無他體。於用韻：四聲中最喜平聲（十八首佔 100%），
別無他韻；韻部則好第三部（四首佔 22%），第二、第七、第八、第十
一、第十二（各二首各佔 11%）等部次之，第一、第六、第十、第十
三（各一首各佔 6%）等部又次之。於對仗：絕句由於不受對仗限制，
故最愛不受拘束的無對仗（五首佔 72%），一對仗與二對仗（各一首
各佔 14%）則次之；律詩由於需受二對仗限制（第三句與第四句、第
五句與第六句需對仗），故二對仗最多（八首佔 73%），三對仗（二首
佔 18%）次之，四對仗（一首 9%）最少。可見李煜作詩，喜好無拘
無束，任由發揮。

貳、詞部份

一、分析：

詞號	詞調	體制	句　式			韻　法				對　仗
			上片	下片	合計	上片	下片	合計	韻部	
01	漁父	小令	7.7.3.3.7		5句27字	春、身、人		三平韻	6平	浪花有意千重雪，桃李無言一隊春（隔句對）一壺酒，一竿身（排比對）
02	漁父	小令	7.7.3.3.7		5句27字	舟、鉤、甌、由		四平韻	12平	一櫂春風一葉舟，一綸繭縷一輕鉤（排比對）花滿渚，酒滿甌（排比型）
03	一斛珠	小令	4.7.7.4.5	7.7.7.4.5	10句57字	過、箇、顆、破	可、涴、那、唾	上片四仄韻下片四仄韻	9仄	—
04	浣溪沙	小令	7.7.7	7.7.7	6句42字	透、獸、皺	嗅、奏	上片三仄韻下片二仄韻	12仄	—
05	玉樓春	小令	7.7.7.7	7.7.7.7	8句56字	雪、列、徹	屑、切、月	上片三仄韻下片三仄韻	18入	—
06	菩薩蠻	小令	7.7.5.5	5.5.5.5	8句44字	霧、去、階、鞋	見、顫、難、憐	上片二仄韻二平韻下片二仄韻二平韻	4仄5平7仄7平	—

07	菩薩蠻	小令	7.7.5.5	5.5.5.5	8句44字	女、語、光、香	動、夢、盈、情	上片二仄韻二平韻下片二仄韻二平韻	4仄 2平 1仄 11平	—
08	菩薩蠻	小令	7.7.5.5	5.5.5.5	8句44字	竹、玉、鉤、流	戶、素、空、中	上片二仄韻二平韻下片二仄韻二平韻	15入 12平 4仄 1平	眼色暗相鉤，秋波橫欲流（偶句對）
09	子夜歌（菩薩蠻）	小令	7.7.5.5	5.5.5.5	8句44字	早、老、擎、清	粲、晚、評、成	上片二仄韻二平韻下片二仄韻二平韻	8仄 11平 7仄 11平	尋春須是先春早，看花莫待花枝老（偶句對）
10	柳枝	小令	7.7.7.7		4句28字	羞、遊、頭		三平韻	12平	—
11	長相思	小令	3.3.7.5	3.3.7.5	8句36字	縞、梭、羅、螺	多、和、窠、何	上片四平韻下片四平韻	9平	雲一縞，玉一梭（排比對）澹澹衫兒薄薄羅（句中對）
12	喜遷鶯	小令	3.3.5.7.5	3.3.6.7.5	10句47字	微、欹、依、稀	散、亂、院、伊、歸	上片四仄韻下片三仄韻二平韻	3平 7仄 3	曉月墮，宿雲微（偶句對）啼鶯散，餘花亂（偶句對）
13	采桑子	小令	7.4.4.7	7.4.4.7	8句44字	徊、微、開	灰、懷、來	上片三平韻下片三平韻	3平 5平	—
14	采桑子	小令	7.4.4.7	7.4.4.7	8句44字	秋、愁、鉤	頭、游、流	上片三平韻下片三平韻	12平	畫雨新愁（句中對）

15	搗練子令	小令	3.3.7.7.7		5句 27字	空、風、櫳		三平韻	1平	深院靜，小庭空 （偶句對） 斷續寒砧斷續 風（句中對）
16	搗練子令	小令	3.3.7.7.7		5句 27字	殘、攢、干		三平韻	7平	雲鬢亂，晚粧殘 （偶句對）
17	烏夜啼	小令	5.6. 7. 5	6.6. 7. 5	8句 47字	聲、 平	生、 行	上片二 平韻 下片二 平韻	11平	—
18	謝新恩（臨江仙）	小令	7.6. 7. 4.5	7.6. 7. 4.5	10句 58字	光 昂 香	長、楊量	上片三 平韻 下片三 平韻	2平	—
19	謝新恩	小令	7.6. 9	7.5. 5. 5	7句 44字	籠、 同	胸、 中	上片二 平韻 下片二 平韻	1平	—
20	謝新恩（臨江仙）	小令	7.6. 7. 4.5	缺字 不可 考	?句 ?字	簾、 饜纖	窮、容	上片三 平韻 下片二 平韻	14平 1平	—
21	謝新恩	小令	7.6. 6. 3	（缺 12 字） 5.5	?句 44字	時、 遲枝	知	上片三 平韻 下片一 平韻	3平	—
22	謝新恩	小令	7.5.5.5.4. 3.3.5.7.7		10句 51字	住、暮、處、 墜氣、 似	戶、雨、	八仄韻	3仄 4仄	—

23	臨江仙	小令	7.6.7.4.5	7.6.7.4.5	10句58字	飛、西泥	迷、兒依	上片三平韻 下片三平韻	3平	─
24	破陣子	中調	6.6.7.7.5	6.6.7.7.5	10句62字	河、蘿戈	磨、歌娥	上片三平韻 下片三平韻	9平	四十年來家國，三千里地山河（偶句對）鳳閣龍樓連宵漢，玉樹瓊枝作煙蘿（偶句對）
25	清平樂	小令	4.5.7.6	6.6.6.6	8句46字	半、斷亂滿	憑成生	上片四仄韻 下片三平韻	7仄11平	雁來音信無憑，路遙歸夢難成（偶句對）
26	烏夜啼（相見歡）	小令	6.3.6.3	3.3.3.6.3	9句36字	紅匆風	淚、醉重東	上片三平韻 下片二仄韻 二平韻	1平 3仄 1平	─
27	烏夜啼（相見歡）	小令	6.3.6.3	3.3.3.6.3	9句36字	樓鉤秋	斷、亂愁頭	上片三平韻 下片二仄韻 二平韻	12平 7仄 12平	剪不斷，理還亂（偶句對）
28	望江梅	小令	3.5.7.7.5		5句27字	春、塵、人		三平韻	6平	─
29	望江梅	小令	3.5.7.7.5		5句27字	秋、舟、樓		三平韻	12平	─
30	望江南	小令	3.5.7.7.5		5句27字	中、龍、風		三平韻	1平	車如流水馬如龍（句中對）

31	望江南	小令	3.5.7.7.5		5句27字	頤、吹、疑		三平韻	3平	－
32	子夜歌	小令	7.7.5.5	5.5.5.5	8句44字	免限歸垂	上望空中	上片二仄韻二平韻下片二仄韻二平韻	7仄3平2仄1平	－
33	浪淘沙	小令	5.4.7.7.4	5.4.7.7.4	10句54字	哀排階來	埋萊開淮	上片四平韻下片四平韻	3平5平	－
34	浪淘沙	小令	5.4.7.7.4	5.4.7.7.4	10句54字	潺珊寒歡	闌山難間	上片四平韻下片四平韻	7平	別時容易見時難（句中對）天上人間（句中對）
35	虞美人	小令	7.5.7.9	7.5.7.9	8句56字	綠續言年	在解深任	上片二仄韻二平韻下片二仄韻二平韻	15入7平5仄13平	笙歌未散尊前在（句中對）
36	虞美人	小令	7.5.7.9	7.5.7.9	8句56字	了少風中	在改愁流	上片二仄韻二平韻下片二仄韻二平韻	8仄1平5仄12平	－

二、統計：

1. 體制：

小 令　凡十九調三十五首，佔 97%。

〈一斛珠〉、〈浣溪沙〉、〈玉樓春〉、〈柳枝〉、〈長相思〉、

　　　　〈喜遷鶯〉、〈臨江仙〉、〈清平樂〉各一首；〈漁父〉、〈子

　　　　夜歌〉、〈采桑子〉、〈搗練子令〉、〈望江梅〉、〈望江南〉、

　　　　〈浪淘沙〉、〈虞美人〉各二首；〈菩薩蠻〉、〈烏夜啼〉各

　　　　三首；〈謝新恩〉五首。

　中　調　凡一調一首，佔 3%。

　　　　　〈破陣子〉一首。

　長　調　凡 0 調 0 首，佔 0%。

2.　擇調：

　〈漁　父〉　二體，二首。單調，二十七字。
　　　　　　　一體三平韻；一體四平韻。

　〈一斛珠〉　一體，一首。雙疊，五十七字，前後段各四仄韻。

　〈浣溪沙〉　一體，一首。雙疊，四十二字，前段三仄韻，後段二
　　　　　　　仄韻。

　〈玉樓春〉　一體，一首。雙疊，五十六字，前後段各三仄韻。

　〈菩薩蠻〉　一體，三首。雙疊，四十四字，前後段各二仄韻、二
　　　　　　　平韻。

　〈子夜歌〉　一體，二首。雙疊，四十四字，前後段各二仄韻、二
　　　　　　　平韻。

　〈柳　枝〉　一體，一首。單調，二十八字，三平韻。

〈長相思〉　　一體，一首。雙疊，三十六字，前後段各四平韻。

〈喜遷鶯〉　　一體，一首。雙疊，四十七字，前段四平韻，後段三
　　　　　　　仄韻、二平韻。

〈采桑子〉　　一體，二首。雙疊，四十四字，前後段各三平韻。

〈烏夜啼〉　　二體，三首。雙疊，一體三十六字，前段三平韻，後
　　　　　　　段二仄韻、二平韻，凡二首；一體四十七字，前後段
　　　　　　　各二平韻，獨一首。

〈謝新恩〉　　五體〔其中二首因缺字無從確定〕，五首。雙疊，一
　　　　　　　體四十四字，前後段各二平韻，獨一首；一體四十四
　　　　　　　字，前段三平韻，後段一平韻〔缺十二字，不可考〕，
　　　　　　　獨一首；一體五十八字，前後段各三平韻，獨一首；
　　　　　　　一體？字，前段三平韻，後段二平韻〔缺字，不可考〕，
　　　　　　　獨一首；單調，一體五十一字，八仄韻，獨一首。

〈臨江仙〉　　一體，一首。雙疊，五十八字，前後段各三平韻。

〈清平樂〉　　一體，一首。雙疊，四十六字，前段四仄韻，後段三
　　　　　　　平韻。

〈望江梅〉　　一體，二首。單調，二十七字，三平韻。

〈望江南〉　　一體，二首。單調，二十七字，三平韻。

〈浪淘沙〉　　一體，二首。雙疊，五十四字，前後段各四平韻。

〈虞美人〉　一體，二首。雙疊，五十六字，前後段各二仄韻、二平韻。

〈破陣子〉　一體，一首。雙疊，六十二字，前後段各三平韻。

〈搗練子令〉　一體，二首。單調，二十七字，三平韻。

　　　　　　一調一體　凡二十六首，佔 72%。

　　　　　　一調二體　凡　　五首，佔 14%。

　　　　　　一調五體　凡　　五首，佔 14%。

　　　　　　單　　調　凡　　十首，佔 28%。

　　　　　　雙　　疊　凡二十六首，佔 72%。

3.　用韻：

　　第一部　凡三首，佔 8%。

　　　　　　平聲　〈搗練子令〉一首，〈謝新恩〉一首，〈望江南〉一首，計三首。

　　第二部　凡一首，佔 3%。

　　　　　　平聲　〈謝新恩〉一首，計一首。

　　第三部　凡三首，佔 8%。

　　　　　　平聲　〈謝新恩〉一首〔缺字，無從確定，依現有資料編在此部〕，〈臨江仙〉一首，〈望江南〉一首，計三首。

第四部　未見專用此部韻字之篇什。

第五部　未見專用此部韻字之篇什。

第六部　凡二首，佔 5%。

　　　　平聲　〈漁父〉一首，〈望江梅〉一首，計二首。

第七部　凡二首，佔 5%。

　　　　平聲　〈搗練子令〉一首，〈浪淘沙〉一首，計二首。

第八部　未見專用此部韻字之篇什。

第九部　凡三首，佔 8%。

　　　　平聲　〈長相思〉一首，〈破陣子〉一首，計二首。

　　　　仄聲　〈一斛珠〉一首，計一首。

第十部　未見專用此部韻字之篇什。

第十一部　凡一首，佔 3%。

　　　　　平聲　〈烏夜啼〉一首，計一首。

第十二部　凡五首，佔 13%。

　　　　　平聲　〈漁父〉一首，〈柳枝〉一首，〈采桑子〉一首，
　　　　　　　　〈望江梅〉一首，計四首。

　　　　　仄聲　〈浣溪沙〉一首，計一首。

第十三部　未見專用此部韻字之篇什。

第十四部　未見專用此部韻字之篇什。

第十五部　未見專用此部韻字之篇什。

第十六部　未見專用此部韻字之篇什。

第十七部　未見專用此部韻字之篇什。

第十八部　凡一首，佔 3%。

　　　　　入聲　〈玉樓春〉一首，計一首。

第十九部　未見專用此部韻字之篇什。

第一部平聲與第三部仄聲通押者：凡一首，佔 3%。〈烏夜啼〉一首，計一首。

第一部平聲與第十四部平聲通押者：凡一首，佔 3%。〈謝新恩〉一首〔缺字，無從確定，依現有資料編在此部〕，計一首。

第三部仄聲與第四部仄聲通押者：凡一首，佔 3%。〈謝新恩〉一首，計一首。

第三部平聲與第五部平聲通押者：凡二首，佔 5%。〈采桑子〉一首，〈浪淘沙〉一首，計二首。

第三部平聲與第七部仄聲通押者：凡一首，佔 3%。〈喜遷鶯〉一首，計一首。

第七部仄聲與第十一部平聲通押者：凡一首，佔 3%。〈清平樂〉一首，計一首。

第七部仄聲與第十二部平聲通押者：凡一首，佔 3%。〈烏夜啼〉一首，計一首。

　　第四部仄聲、第五部平聲與第七部平、仄聲通押者：凡一首，佔 3%。〈菩薩蠻〉一首，計一首。

　　第七部仄聲、第八部仄聲與第十一部平聲通押者：凡一首，佔 3%。〈子夜歌〉一首，計一首。

　　第一部平聲、第二部仄聲、第三部平聲與第七部仄聲通押者：凡一首，佔 3%。〈子夜歌〉一首，計一首。

　　第一部仄聲、第二部平聲、第四部仄聲與第十一部平聲通押者：凡一首，佔 3%。〈菩薩蠻〉一首，計一首。

　　第一部平聲、第四部仄聲、第十二部平聲與第十五部入聲通押者：凡一首，佔 3%。〈菩薩蠻〉一首，計一首。

　　第一部平聲、第五部仄聲、第八部仄聲與第十二部平聲通押者：凡一首，佔 3%。〈虞美人〉一首，計一首。

　　第五部仄聲、第七部平聲、第十三部平聲與第十五部入聲通押者：凡一首，佔 3%。〈虞美人〉一首，計一首。

　　平　　聲　　凡 21 首，佔 58%。

　　仄　　聲　　凡 3 首，佔 8%。

　　入　　聲　　凡 1 首，佔 3%。

　　平仄　聲　　凡 9 首，佔 25%。

平仄入聲　凡 2 首，佔 6%。

4. 對仗：

句中對　凡 7 次佔 32%。

偶句對　凡 11 次佔 50%。

排比對　凡 4 次佔 18%。

據上所列，知李煜詞於體制：善小令（十九調三十五首佔 97%，當時亦流行小令），中調（一調一首佔 3%）僅一首，長調則無。於擇調：一調一體（二十六首佔 72%）居多，一調二體與一調五體（各五首各佔 14%）次之；且善用雙疊（二十六首佔 72%），單調（十首佔 28%）較少。於用韻：四聲中最喜平聲（二十一首佔 58%），平仄聲（九首佔 25%）次之，仄聲（三首佔 8%）又次之，平仄入聲（二首佔 6%）再次之，入聲（一首佔 3%）最少；韻部則好第十二部（五首佔 13%），第一、第三、第九（各三首各佔 8%）等部次之，第六、第七（各二首各佔 5%）等部又次之，第二、第十一、第十八（各一首各佔 3%）等部則最少；通押部份則以第三部與第五部（二首佔 5%）較多，其餘如第一與第三、第一與第十四、第三與第四、第三與第七、第七與第十一、第七與第十二、第四與第五與第七、第七與第八與第十一、第一與第二與第三與第七、第一與第二與第四與第十一、第一與第四與第十二與第十五、第一與第五與第八與第十二、第五與第七與第十三與第十五（各一首各佔 3%）等部僅一首而已。於對仗：偶句對（出現 11 次佔 50%）為最；句中對（出現 7 次佔 32%）次之；排比對（出現 4 次佔 18%）最少；鼎足對與隔句對沒出現過。

由之，李煜所製之詩詞，在體制方面：詩善絕句與律詩；詞善小令。在擇調方面：詞一調一體雙疊最多。在用韻方面：兩者平仄按律，緩促依情，詩以第三部較多；詞喜平聲，且第一、三、十二部平聲及第七部仄聲最常出現。在對仗方面：雖不愛拘泥，然尚能嚴守格律，詩以符合規範之無對仗、二對仗居多；詞則以偶句對、句中對為最。足見其詩詞形式較單純，技巧運用則較廣至矣。

第五節　風格特色

李煜文學，雖大多反映自身狹隘的生活圈，然他不局限某一文體。他戀愛時寫詞，悼亡時寫詩或寫文，亡國時亦寫詩詞，全以能將感情做最佳詮釋之文體為主，使作品充滿濃厚情感，令人讀之共鳴。劉子庚云：

> 後主詞於富貴時能作富貴語，愁苦時能作愁苦語，無一字不真，無一字不俊，溫氏以後，為五季一大宗。[79]

而此濃厚情感所賴以抒發者，則是他在文章上的表現手法，加上其善用白描，語文洗鍊貼切，使作品更顯得樸素自然、輕快靈巧。周

---

[79] 見劉子庚：《詞史》，（台北：盤庚出版社出版，出版日期不詳），P.36。

濟謂其〝如生馬駒，不受控捉〞、〝粗服亂頭，不掩國色〞[80]，余懷謂其〝一字一珠，非他家所能及也〞[81]，從而構成獨有之風格特色。

　　文學風格，雖有豪放、婉約之分，豪放當以蘇軾、辛稼軒等為主，婉約則以花間派、柳永、周邦彥等為代表。然李煜上承花間之婉約，下啟蘇、辛之豪放，故能身兼二者剛柔之美。胡應麟贊其〝清便宛轉，詞家王孟。〞[82]；譚獻贊其〝雄奇幽怨，乃兼二難。〞、〝足當太白詩篇，高奇無匹。〞[83]。納蘭性德亦贊曰：

　　　　花間之詞，如古玉器，貴重而不適用；宋詞適用而少貴重；李後主兼有其美，兼饒煙水迷離之致。[84]

　　足見〝清便宛轉〞的陰柔之美與〝雄奇幽怨〞的陽剛之美，是李煜的風格特色。茲就這兩部份分述之：

一、清便宛轉：

80　參見清・周濟：《介存齋論詞雜著》，載於唐圭璋：《詞話叢編》，線裝書，第九冊，民二十三年版，P.前2。

81　參見蔣勵材：《李後主詞傳總集》，（台北：國立編譯館中華叢書編審委員會，民六十七年三月平裝再版），P.140。

82　參見明・胡應麟：《詩藪雜編》，（上海：上海古籍出版社，1979年版），P.291。

83　參見清・譚獻：《復堂詞話》，載於唐圭璋：《詞話叢編》，線裝書，第二十二冊，民二十三年版，P.前4。

84　同註81，P.139。

李煜的作品風格，若以四期論之，可見其風格演變的過程痕跡。若以亡國前後二期論之，則可見其兩種截然不同的風格特色。蓋因亡國前，生活安逸富貴，詩詞自多婉約秀逸，誠如吳梅云：

> 當江南隆盛之際，雖寄情聲色，而筆意自成馨逸。[85]

但李煜之婉約又與溫、韋花間那種雕琢濃艷的婉約不同，李煜力主清便，不雕琢，遂為後代婉約派開創〝清便宛轉，神秀俊逸〞風格的大道。誠如胡應麟謂：

> 後主……樂府為宋人一代開山，蓋溫韋雖藻麗，而氣頗傷促，意不勝辭。至此君方為當行作家，清便宛轉。[86]

王世貞亦云：

> 花間猶傷促碎，至南唐李王父子而妙矣！[87]

茲例舉花間鼻祖溫庭筠、韋莊與李煜比較，即知兩者差異：

〈菩薩蠻〉 溫庭筠

小山重疊金明滅，鬢雲欲度香腮雪，懶起畫蛾眉，弄妝梳洗遲。

照花前後鏡，花面交相映，新貼繡羅襦，雙雙金鷓鴣。

85 見吳梅：《詞學通論》，香港，太平書局，1964年出版，P.58。
86 見明·胡應麟：《詩藪雜編》，上海，上海古籍出版社，1979年版，P.291。
87 見明·王世貞：《藝苑：言》，〈弇州山人詞評〉，載於唐圭璋：《詞話叢編》，線裝書，第二冊，民二十三年版，P.前2。

〈菩薩蠻〉　　韋　莊

紅樓別夜堪惆悵，香燈半捲流蘇帳。殘月出門時，美人和淚辭。

琵琶金翠羽，絃上黃鶯語。勸我早歸家，綠窗人似花。

〈菩薩蠻〉　　李昇煜

銅簧韻脆鏘寒竹，新聲慢奏移纖玉。眼色暗相鉤，秋波橫欲流。

雨雲深繡戶，未便諧衷素。讌罷又成空，魂迷春夢中。

　　溫氏此首係描寫婦人晏起之作，頗有怨婦情味，與孤獨感覺。更由〝懶起〞二字襯出主角的倦態，然缺乏強烈之情。

　　韋氏此首係描寫遊子回憶當年別夜離情的情形。上片以〝紅樓別夜堪惆悵〞，即道盡當時離家的惆悵心情；後接〝殘月出門時，美人和淚辭〞，即寫出一片依依不捨之意。下片以〝勸我早歸家，綠窗人似花〞作結，更道出美人以青春有限，花容易失來深切叮嚀遊子早回家。整首不用濃豔詞句，卻令人感其依依離情油然而生。

　　李氏此首係描寫與女人相互調情的經過及夢想落空的情景。透過女子之纖手與橫波，令其美態畢露，藉雙方眉目波動，道出兩者的暗通款曲，接著引發男主角一陣遐思。整首用語簡潔清便，卻能將男歡女愛的喜悅充份表露。令人讀之衷情切至，不感淫鄙。

〈菩薩蠻〉　　溫庭筠

牡丹花謝鶯聲歇，綠楊滿院中庭月。相憶夢難成，背窗燈半明。

翠鈿金壓臉，寂寞香閨掩。人遠淚闌干，燕飛春又殘。

〈女冠子〉　　韋　莊

四月十七日，正是去年今日，別君時，忍淚佯低面，含羞半歛眉。

不知魂已斷，空有夢相隨，除卻天邊月，沒人知。

〈長相思〉　　李昇煜

雲一　　，玉一梭，澹澹衫兒薄薄羅，輕顰雙黛螺。

秋風多，雨相和，簾外芭蕉三兩窠，夜長人奈何？

　　溫氏此首係描寫女主角於孤寂冷清中，追憶往事愁眉苦臉的情形。由〝背窗燈半明〞見出她長夜未寢，用〝翠鈿金壓臉，寂寞香閨掩〞兩句華麗詞，襯出女主角的淒苦。接著又以〝人遠淚闌干，燕飛春又殘〞，來重覆表示相同心境。讀來雖心有淒淒，其感受卻不深。

　　韋氏此首係吟詠閨中少女的癡情，上片描述女主角回憶與郎君相別的情形，把少女忍淚掩面的傷情，欲說還顰的模樣，刻劃得維妙維肖。下片抒發女主角對郎君別後的眷戀，道盡少女的一片癡情。讀來淒楚低徊，深有同感。

　　李氏此首亦寫女子長夜失眠，愁緒滿懷的情形。上片由其不加塗飾的淡筆素描，即見出女主角是位輕盈而富神韻的女子。下片藉她聽秋風和雨打芭蕉的情景，透出女主角的徹夜失眠。用簡單之〝夜長人奈何〞五字，即將她徬徨無依的心境表露無遺。全首著墨不多，卻顯得宛轉清新，逼真動人。

　　三者相較，溫詞令人感到精美華麗，雕琢濃豔，卻無生動情感，其內容亦較空洞，讓人無強烈感受，足以共鳴；蓋因溫氏係以代言方式寫成，實際怨婦孤寂心態，無從體會，自不能有生動表現，僅靠文字雕琢，又亦流於低俗。韋莊雖同為花間派，然詞較之溫氏平淡，已漸脫離雕琢濃豔的窠臼，其用語簡潔宛轉，但不及李煜的清便；其情表達較之溫氏感人生動，然仍不及李煜的激情；蓋因韋氏雖以自喻方式寫成，然以主觀中參雜客觀的寫法，便有一層隔膜不能盡意，自不如李煜純主觀寫法那麼淋漓盡致，然已為花間樹立另一種風格。李詞則令人感到秀麗脫俗，清新宛轉，其內容緊湊如一幅逼真畫面，讓人感同身受，與之共鳴；蓋因李氏係以自身感受寫成，並著重內心描述，自能強烈表達出生動情感，此乃李詞較之溫、韋感人的主因。

二、雄奇幽怨：

　　李煜亡國後，身困囹圄，生活艱苦，加上家愁國恨，江山離情，其中之辛酸，自不為外人所知。然其人生感慨逐益加深，題材亦隨之加廣。心中一股悽惋悲愴之情，發而為詞，自是哀悼萬狀，遂從婉約派的花間閨閣擴大至人生的無限面，卒形成〝雄奇沉鬱、幽怨蒼涼〞之風。誠如佘雪曼謂：

〔李煜〕歸宋二三年間，名雖封侯，實為俘虜，題材加廣，感慨益深，喜用賦體，工於白描，而文外曲致，翫之彌遠。譚復堂稱其〝雄奇幽怨，妙兼二難〞，遂為百世不祧之祖。[88]

李煜〝雄奇幽怨〞的風格自非花間所能比擬，然若與蘇、辛相較，又無其顯著，但仍有豪放的一面。王國維謂：〝詞至李後主而眼界始大，感慨遂深〞，又謂：〝〝流水落花春去也，天上人間。〞金荃〔溫庭筠〕、浣花〔韋莊〕，能有此氣象耶？〞[89]。可見五代十國時的詞風並無此豪放氣象，自李煜後始創此風，為後代豪放派奠下基礎。誠如俞平伯云：

雄奇不難，幽怨亦不難兼之，難矣。凡此所錄，如〈虞美人〉〔〝春花秋月何時了〞〕第一，〈相見歡〉〔〝林花謝了春紅〞之〈烏夜啼〉〕，及本闋，皆可謂美盡剛柔者矣。陽剛陰柔之論，雖恍惚難徵，而假以形況，何必非佳。夫雄奇，美之毗於陽剛者，幽怨，美之偏於陰柔者，歷觀唐宋詞家第一流，雖各致其美，猶不免有所偏勝（仲修以稼軒近儉，可謂知言，非貶稼軒也，直欲擁後主至峰極耳）。後主能兼之何耶？夫亦情深一往使之然，惟其深而不拔，乃鬱為幽怨；惟其往而不返也，又突發為雄奇。〞[90]

---

[88] 見佘雪曼：《李後主詞欣賞》，（香港：雪曼藝文院，1955年9月再版），P.44。

[89] 見清·王國維：《人間詞話》，（香港：中華書局，1961年8月版），P.7。

[90] 見俞平伯：《讀詞偶得》，〈釋南唐後主詞〉，（香港：萬里書店，1955年9月版），P.36。

譚獻亦云：

> 雄奇幽怨，乃兼二難，後起稼軒，稍儉父矣！[91]

茲例舉幾首，以見其風格：

〈破陣子〉

> 四十年來家國，三千里地山河。
>
> 鳳閣龍樓連霄漢，玉樹瓊枝作煙蘿，幾曾識干戈？
>
> 一旦歸為臣虜，沈腰潘鬢消磨。
>
> 最是倉皇辭廟日，教坊猶奏別離歌，垂淚對宮娥。

此首上片描寫南唐的豪華盛況，其魄力沉雄，氣象萬千，並藉由〝幾曾識干戈〞，道出詞人的單純與無奈。下片則轉為囚奴生活的蒼涼，其情調悽厲，纏綿哀怨，並以〝垂淚對宮娥〞，說出揮別的無奈。此詞雖在氣勢磅礡中，卻含有無盡悲悽與無奈，頗有〝雄奇沉鬱、幽怨蒼涼〞之風。蕭參謂：

> 其詞悽愴，與項羽拔山之歌同出一揆。然羽為差勝，其悲歌慷慨，猶有暗嗚叱吒之氣。後主直是養成兒女之態耳。[92]

---

91 見清・譚獻：《復堂詞話》，載於唐圭璋：《詞話叢編》，線裝書，第二十二冊，民二十三年版，P.前4。

92 見蔣勵材：《李後主詞傳總集》，（台北：國立編譯館中華叢書編審委員會，民六十七年三月平裝再版），P.150。

〈虞美人〉

春花秋葉何時了，往事知多少。

小樓昨夜又東風，故國不堪回首月明中。

雕闌玉砌依然在，只是朱顏改。

問君能有許多愁，恰似一江春水向東流。

此首係李煜感慨深幽的故國之思，詞中所表達不僅是清冷淒苦落寞的氣象，更有一股浩瀚無邊的憂愁，就像江水一樣滔滔不絕。讓人有黯然消魂，恍惚迷離，不甚蒼茫之感，令人不忍卒讀。王士禛謂：

鍾隱入汴後，〝春花〔秋〕月〞諸詞，與〝此中日夕只以眼淚洗面〞一帖，同是千古情種，較長城公煞是可憐！[93]

譚獻亦謂：

二詞終當以神品目之。[94]

又謂：

後主之詞，足當太白詩篇，高奇無匹。[95]

---

[93] 見清・王士禛：《花草蒙拾》，載於唐圭璋：《詞話叢編》，線裝書，第四冊，民二十三年版，P.前3。

[94] 見清・譚獻：《復堂詞話》，載於唐圭璋：《詞話叢編》，線裝書，第二十二冊，民二十三年版，P.前4。

[95] 同前註。

又如：〈浪淘沙〉的〝流水落花春去也，天上人間〞，唐圭璋謂其：〝肝腸斷絕，遺恨千古〞[96]。〈烏夜啼〉的〝自是人生長恨，水長東〞，譚獻謂其：〝濡染大筆〞[97]。另一首〈烏夜啼〉的〝無言獨上西樓〞，俞平伯謂其：〝已攝盡悽惋之神〞[98]。

以上所舉諸詞，其感喟蒼涼悲悽，氣象則雄奇沉鬱，但較之蘇軾〈念奴嬌〉的〝大江東去，浪淘盡，千古風流人物〞、〈水調歌頭〉的〝明月幾時有？把酒問青天。不知天上宮闕，今夕是何年〞；辛棄疾〈水龍吟〉的〝舉頭西北浮雲，倚天萬里須長劍〞、〈永遇樂〉的〝千古江山，英雄無覓〞、〝想當年金戈鐵馬，氣吞萬里如虎〞等詞的豪邁超曠，雄奇清絕的氣象，就顯得不足。蓋因李煜詞中的氣象，係在開闊雄奇中，含有綿綿無盡的悲哀，故無蘇、辛那麼豪邁高遠，但李煜〝雄奇兼幽怨〞之詞風，亦是蘇、辛所不及。

由之，李煜文學，有兩種截然不同的風格。蓋因亡國前，生活安逸富貴，詩詞自多婉約秀逸，清便宛轉。亡國後，身困囹圄，生活艱苦，加上家愁國恨，遂發為悽愴絕痛之詞，卒成〝雄奇沉鬱、幽怨蒼涼〞之風。

---

[96] 參見蔣勵材：《李後主詞傳總集》，（台北：國立編譯館中華叢書編審委員會，民六十七年三月平裝再版），P.152。

[97] 見清‧譚獻：《復堂詞話》，載於唐圭璋：《詞話叢編》，線裝書，第二十二冊，民二十三年版，P.前4。

[98] 參見俞平伯：《讀詞偶得》，〈釋南唐後主詞〉，（香港：萬里書店，1959年9月版），P.31。

第六章　李煜之後世影響

本單元係對李煜之後世影響做一探討，並分為：帝業方面，以及文藝方面等二個單元論之，茲說明如下：

第一節　帝業方面

中主李璟留給後主李煜的半壁江山，雖搖搖欲墜，然李煜若能力圖振作，憑藉天險，富國強兵，縱不能問鼎中原，了先主李　厚望，亦能保全社稷偏安一隅。畢竟南唐在當時的十國中，仍是泱泱大國，其地方富饒、商業發達……。一切皆便於整軍備武，而北宋正處於建國之初，一切兵力、財力等尚稱不足。可惜！李煜君臣仍不思興利除弊，改革時政，猶自歌舞昇平，陶醉於縱情聲色中。對內一味想實行所謂〝愛之則歸懷、化之可彼此〞之德治主張，卒至〝法不勝姦，威不克愛〞的後果。處在那群雄爭霸的動亂時代，想以周孔之道的文治對抗太祖的霸權，無異與虎謀皮。對外只知奉承，極盡卑恭屈膝之能事，仰人鼻息。然委屈求全，就能求得了全嗎？殊不知，如宋太祖之奸雄，未能逐鹿中原，統一天下，不足以滿其野心，所謂：〝臥榻之側，豈容他人鼾睡？〞，他豈會放過江南這塊富庶的地方？世人皆曉，唯獨天真的李煜不知，悲哉！其亡國固是必然了。

李煜若能發奮圖強，效蜀漢諸葛孔明：

先帝慮漢賊不兩立，王業不偏安，故託臣以討賊也。以先帝之明，量臣之才，故知臣伐賊，才弱敵彊也。然不伐賊，王業亦亡；惟坐而待亡，孰與伐之？是故託臣而弗疑也。[1]

敵勢雖大，然不戰則亡，與其坐以待斃，不如挺而作戰，尚有一線生機。更何況，南唐有長江天塹，易守難攻之優勢！縱敗北亦能流芳於世，萬古佳話，絕對比卑躬屈節的亡國要強得多。若自覺〝臣本於諸子，實愧非才〞的懦弱心性，無力承擔那霸業重任，自可選擇退位，讓賢於有才幹的子弟力挽狂瀾，勝負猶未可知。

李煜雖曾力圖振作，卻歎〝天下無周公仲尼〞，林仁肇、潘佑、李平等非賢人乎？然終因其怯懦無能，尚奢侈，好聲色，做事一曝十寒的把最後機會也喪失了。在城破之際，卻又未能殉國，連晚節都不保，雖謂左右泣諫所阻，然未嘗不是其膽怯使然，若真要成仁，豈是二三小臣所能擋。嗚呼！南唐滅亡實其來有自啊！

後人評論李氏，譽眾貶寡，多持主觀上的同情，如王國維謂：

後主則儼有釋迦、基督擔荷人類罪惡之意。[2]

余懷謂：

李重光風流才子，誤作人主，至有入宋牽機之恨。[3]

---

[1] 見三國・諸葛亮：〈後出師表〉，載於邱燮友等：《新譯古文觀止》卷六，（台北：三民書局，民七十九年九月四版），P.352。

[2] 見清・王國維：《人間詞話》，（香港：中華書局，1961年8月版），P.8。

[3] 見蔣勵材：《李後主詞傳總集》，（台北：國立編譯館中華叢書編審委員會，

沈謙謂：

　　李後主拙于治國，在詞中猶不失為南面王。[4]

陳眉公亦謂：

　　天何不使後主現文士身，而必予天子？位不配才，殊為恨恨！
[5]

而當沈際飛對他批評說：

　　侈縱已極，那得不失江山。[6]

蔣勵材立即為他辯護：

　　以貴為天子的後主，收藏得一些寶珠，原不算什麼希罕的事。
　　乃必加以亡國之罪，真是宋太祖所謂：〝窮措大眼小〞了。[7]

　　可見李煜亡國之罪，世人多持同情，不忍責備。是的，我們實不
能苛求一個〝生於深宮之中，長於婦人之手〞的風流才子，逐鹿中原，
經世濟民。然其荒淫奢侈，屈辱苟安，既不思圖強，又不察時勢，終
致祖先心血付之一炬的罪過，豈是一句〝疏於治國〞、〝誤作人主〞或

　　民六十七年三月平裝再版），P.140。

[4] 見清·沈謙：《填詞雜說》，載於唐圭璋：《詞話叢編》，線裝書，第四冊，
　　民二十三年版，P.前2。

[5] 見蔣勵材：《李後主詞傳總集》，（台北：國立編譯館中華叢書編審委員會，
　　民六十七年三月平裝再版），P.143。

[6] 同前註，P.145。

[7] 同註5，PP.25～26。

〝位不配才〞所能帶過。江南百姓何辜？既負社稷安危，自應有所擔當，雖不能以勝敗論英雄，然其功過後世應有公斷，古來如此。故我們若不能公正客觀作出評論，而一味同情李氏，其對後世影響，恐難收正面之效，實值吾人深思矣！

　　由之，所謂〝前車之鑑，後車之師〞，李煜帝業上的失敗，將留給後世於齊家、治國時，引為借鏡。誠如毛先舒曰：

　　　　予觀李後主雅好儒學，善文章，繼統江南，屢有美政。惜其智
　　　　略不優，而喜游宴，又湎于酒，遂以亡國。……喪失家國者，
　　　　不必盡極亂之主。而不能自強于為政，雖才華明敏，為守文令
　　　　辟，亦終不免辱於衝壁云。[8]

　　這實可引為舉世秉政者的當頭棒喝。

第二節　文藝方面

　　李煜博學多才，文學、藝術皆有造詣，對後世影響各有不同，其中當以詞作為最，故以下分析將以文學、藝術兩部份論之：

壹、文學

8　見明・毛先舒：《南唐拾遺記》，載於清・曹秋岳：《學海類編》，線裝書，
　　第十八冊，P.1。

李煜的詩篇與文章，並無詞之成就，亦無詞對後世影響的深遠，但尚存十八篇詩作與少量單篇文章，均可謂之〝佳作〞。尤是〈渡中江望石城泣下〉、〈昭惠周后誄〉等篇，皆是血淚之作，令人讀之心酸，熱淚欲下。

　　其《雜說》與《文集》，雖多已散佚不傳，不易尋出對後人影響的痕跡，然從陳彭年謂：

　　　　後主⋯⋯，幼而好古，為文有漢魏風。⁹

及馬令評他：

　　　　《雜說》百篇，時人以為可繼《典論》。¹⁰

　　亦可見其成就及對後世之影響。

　　至於詞作，其影響可謂之〝既深且遠〞。李煜上承五代溫、韋等十八家花間，尤是業師馮及父親景，然經其融會，集於大成，遂能自樹一格，創出不朽詞篇，成有宋一代開山。下啟晏、柳、歐、蘇、辛⋯⋯，甚至清代納蘭性德、王國維等亦受其影響。

　　李煜在詞史上之貢獻及後世影響，大致可分五點論述如下：

一、創新格，闢後路：

---

⁹　見宋・陳彭年：《江南別錄》，載於清・紀昀等：《文淵閣四庫全書》第四六四冊，（台北：台灣商務印書館出版），P.126。

¹⁰　見宋・馬令：《南唐書》卷五，〈後主書〉，載於清・紀昀等：《文淵閣四庫全書》第四六四冊，（台北：台灣商務印書館出版），P.273。

詞起於初唐，發展至晚唐，始由溫庭筠確立其文學地位，與詩抗衡，世人多推崇溫氏為詞之正宗。然由溫氏所代表的花間詞人，皆好於雕飾文藻，其詞富華濃艷，綺麗膩滑，意境狹隘。自李煜後，始創新格，善用白描，直抒胸臆，樸實自然，精練清新，遂為宋代詞人另闢一條新路。胡應麟評曰：

> 後主目重瞳子，樂府為宋人一代開山。蓋溫韋雖藻麗，而氣頗傷促，意不勝辭。至此君方為當行作家，清便宛轉，詞家王孟。[11]

劉子庚亦評曰：

> 後主詞於富貴時能作富貴語，愁苦時能作愁苦語，無一字不真，無一字不俊，溫氏以後，為五季一大宗。[12]

足見其在詞史上的地位及影響。

二、開豪放之風，奠豪放之基：

　　詞分婉約與豪放二派，婉約派詞藻，富華濃艷，堆金砌玉；題材狹隘，不外兒女私情，怨婦愁懷；情調婉靡含蓄，纖艷哀膩，音律講究格律。豪放派詞藻，樸實自然，精練清秀；題材遼闊，大凡人生一

---

11 見明‧胡應麟：《詩藪雜編》，（上海：上海古籍出版社，1979 年版），P.291。
12 見清‧劉子庚：《詞史》，（台北：盤庚出版社，出版日期不詳），P.36。

切，無意不入，無事不言；情調豪邁飄逸，悲壯淒涼；音律則以格律就我。如此強烈對比的二派詞風，《吹劍錄》曾記載一則貼切比喻：

> 東坡在玉堂日，有幕士善歌。因問：〝我詞何如柳七？〞對曰：
> 〝柳郎中詞，只合十七八女郎，執紅牙板，歌〝楊柳岸曉風殘月〞。學士詞，須關西大漢，銅琵琶、鐵綽板，唱〝大江東去。〞〞。
> 13

豪放與婉約是二派之特色，亦恰是李煜詞〝雄奇中有幽怨，豪放中有婉約〞的特色。譚獻謂其：

> 雄奇幽怨，乃兼二難，後起稼軒，稍儕父矣！14

由此不難看出，詞由婉約派發展至豪放派的過渡情形。婉約派始於溫氏，成於花間諸人；豪放派始於李煜，成於蘇、辛。李煜率先開豪放之風，對由晚唐溫、韋的婉約詞，過渡至宋代蘇、辛的豪放詞，起了推動作用，為豪放派奠下根基，足見其對後世影響之大。

三、擴大詞境，提高地位：

繆鉞謂：

13　見陳芊梅：《李後主研究》，（台北：國立台灣大學碩士論文，民六十一年五月），P.115。

14　見清‧譚獻：《復堂詞話》，載於唐圭璋《詞話叢編》，線裝書，第二十二冊，民二十三年版，P.前4。

詩詞貴用比興，以具體之法表現情思，故不得不鑄景於天地山川，借資於鳥獸草木，而詞中所用，尤必取其輕靈細巧者。是以言天象，則〝微雨〞〝斷雲〞〝疏星〞〝淡月〞……言草木，則〝殘紅〞〝飛絮〞〝芳草〞〝垂陽〞；言居室，則〝藻井〞〝畫堂〞〝綺疏〞〝雕檻〞……言衣飾，則〝彩袖〞〝羅衣〞〝瑤簪〞〝翠鈿〞；言情緒，則〝閒愁〞〝芳思〞〝俊賞〞〝幽懷〞。[15]

此種鑄辭鍊句，在李煜前是詞家貫用手法，尤是花間詞本色，他們一直局限於狹隘的閨閣內，無從超越。自李煜後，由於本身天賦，加上自身遭遇，詞遂從描述怨婦愁懷的窠臼，擴大至生活寫照，人生感慨。尤是亡國後，更由個人傷感，擴至家國亡痛，以一己之悲，包容全人類之哀的境界。卒創出感慨深遠，雄奇幽怨的作品，詞始跳出花間閨閣之藩籬。

再者，李煜以帝王之尊，帶動詞作興盛，士大夫等文人大臣，群起仿效，將原是宴會伶工詠唱的詞章，一躍而為士大夫階級對生活感慨之作，詞的地位，由此提升，故王國維評說：

詞至李後主而眼界始大，感慨遂深，遂變伶工之詞而為士大夫之詞。[16]

足見其對詞史的貢獻。

---

15 見繆鉞：《詩詞散論》，〈論詞〉，（香港：太平書局，1962年8月版），P.5。
16 見清‧王國維：《人間詞話》，（香港：中華書局，1961年8月版），P.7。

四、樹立純情風範的表率：

以概括性分類，文人大致可分：理性型、感性型、兼有型三類。理性型，主於理智，凡事客觀，由理智主導行為；感性型，富於感情，凡事主觀，由感情主導行為；兼有型，理智、感情兼備，凡事中庸。對於理性型與感性型的情感表現，葉嘉瑩曾說：

> 理性之詩人其感情乃如一面平湖，雖然受風時亦復縠縐千疊，投石下亦復盤渦百轉，然而卻無論如何總也不能使之失去其含斂靜止盈盈脈脈的一份風度，此一類型之詩人自以晏殊為代表。……李後主則恰好是另一類型純情之詩人的一位最好的代表。這一類詩人之感情，不像盈盈脈脈的平湖而卻像滔滔滾滾的江水，一任其奔騰傾瀉而下，沒有平湖的邊岸的節制，也沒有平湖渟蓄不變的風度，這一條傾瀉的江水，其姿態乃是隨物賦形的，因四周環境之不同而時時有著變異，經過蜿蜒的澗曲，它自會發為撩人情意的潺湲，經過陡峭的山壁，它也自會發為震人心魄的長號，以最任縱最純真的反應來映現一切的遭遇，這原是純情詩人所具有的特色。後主亡國前與亡國後的作品，其內容與風格儘管有明顯的差異，而卻同樣是這一種任縱與純真的映現，這是欣賞後主詞所當具的最重要的一點認識。[17]

---

17 見葉嘉瑩：《王國維及其文學批評》，（香港：中華書局，1980年6月初版），PP.427～428。

可見李煜是感性型的代表，其詞作就如奔騰傾瀉的江水，隨物賦形，不受限制，不假修飾，自然成章。李煜天生多愁善感，情感豐富，自幼長養深宮，又受儒家及佛教思想的影響，故始終能保持〝純真〞天性。純真恰是文學作品之首要條件，蓋有〝真〞方有〝善〞與〝美〞，無真的內涵，徒具形式，文學便失去價值。王國維謂：

> 客觀之詩人，不可不多閱世。閱世愈深，則材料愈豐富，愈變化，水滸傳、紅樓夢之作者是也。主觀之詩人，不必多閱世。閱世愈淺則性情愈真，李後主是也。[18]

　　筆者雖不同意王氏謂其〝純真〞係來自閱世淺，然不可否認李煜是位主觀的純情文人。

　　綜觀李煜之作品，亡國前是香豔，亡國後是悲哀，其風格雖截然不同，然依舊是由其〝純真感情〞貫串而成。他寫宮闈行樂之詞，毫不掩飾其寄情聲色，浪漫放縱。如〝向人微露丁香顆〞、〝笑向檀郎唾〞〈一斛珠〉，〝　襪步香階，手提金縷鞋〞、〝奴為出來難，教郎恣意憐〞〈菩薩蠻〉，〝眼色暗相鉤，秋波橫欲流〞、〝雨雲深繡戶，未便諧衷素〞〈菩薩蠻〉。此固為他純真感情之表現，然寫亡國後之悲愁悔恨，仍不避諱其坦率純真，故有牽機之恨。如〝故國夢重歸，覺來雙淚垂〞〈子夜歌〉，〝夢裏不知身是客，一餉貪歡〞〈浪淘沙〉，〝自是人生長恨，水長東〞〈烏夜啼〉，〝小樓昨夜又東風，故國不堪回首月明中〞、〝問君能

18　見清·王國維：《人間詞話》，（香港：中華書局，1961年8月版），P.8。

有許多愁，恰似一江春水向東流"〈虞美人〉，此亦是其純真感情之表現。余懷云：

> 李重光風流才子……，其所作之詞，一字一珠，非他家所能及也。[19]

王國維亦云：

> 詞人者，不失其赤子之心者也。故生於深宮之中，長於婦人之手，是後主為人君所短處，亦即為詞人所長處。[20]

可見李煜乃樹立純情風範的表率者。

五、對後代詞人之影響：

李煜成有宋一代開山後，下啟晏、柳、歐、蘇、辛……等，至元、明兩代，由於曲體、戲曲之盛行，詞體逐漸衰落，故這兩代詞家，無以足道。清代後，又臻於興盛，詞人輩出，受其影響者，大致有：陳子龍、納蘭性德、王士禎、王國維等，甚至現代文人亦受影響。影響所及，既深且遠，然基於篇幅所限，不能一一陳述，僅以概括式分類論之：

1. 詞風之影響：

---

[19] 見蔣勵材：《李後主詞傳總集》，（台北：國立編譯館中華叢書編審委員會，民六十七年三月平裝再版），P.140。

[20] 見清·王國維：《人間詞話》，（香港：中華書局，1961年8月版），PP.7～8。

〈浣溪沙〉　　晏　殊

一曲新詞酒一杯，去年天氣舊亭臺，夕陽西下幾時迴？

無可奈何花落去，似曾相識燕歸來，小園香徑獨徘徊。

〈烏夜啼〉　　李昇煜

林花謝了春紅，太匆匆。無奈朝來寒雨，晚來風。

燕脂淚，留人醉，幾時重。自是人生長恨，水長東。

　　兩詞用語，皆淺顯易明，晏詞以〝無可奈何花落去〞一句，藉落花隨流水而去，大有傷春之意，並滿懷惆悵說出〝無奈〞二字。李煜則用〝無奈朝來寒雨，晚來風〞，亦是道出春天結束，有〝無奈〞的感受，更有無法改變的事實。蔡茂雄曾謂：

> 宋初距離五代不遠，詞作自然深受五代的影響。在當時作家中，往往朝宗南唐二主、馮延巳。晏殊是接受這種流風的第一人，所以他的珠玉詞，時有二主、陽春的影子。[21]

足見晏殊受李煜之影響。

〈點絳脣〉　　晏幾道

花信來時，恨無人似花依舊。又成春瘦，折斷門前柳。

天與多情，不與長相守。分飛後，淚痕和酒，占了雙羅袖。

21　見蔡茂雄：《珠玉詞研究》，（台北：文津出版社，1975年7月版），P.1。

〈虞美人〉　李昇煜

風回小院庭蕪綠，柳眼春相續。

憑闌半日獨無言，依舊竹聲新月似當年。

笙歌未散尊前在，池面冰初解。

燭明香暗畫樓深，滿鬢清霜殘雪思難任。

　　李煜此首係寫春愁，藉描述春天景色，表達在小樓獨望的痛苦。再說新月如昔，但景物依舊人事已非，只餘兩鬢斑白的自己，回想前事，無限淒清。

　　晏幾道此首上闋，與李煜同樣描述人面桃花，述說景物依舊人事已非的恨意。〝春瘦〞更指出為春消瘦。下闋用〝天與多情〞，更有自古多情空餘恨的感嘆。再以〝淚痕和酒、占了雙羅袖〞，道盡淚濕青衫袖的苦痛。可見晏氏的詞亦如李煜般有一層深愁的意境。劉大杰曾評曰：

　　他那種天真耿介的性格和生活盛衰的面貌，與李後主確有幾分相像。他們的詞，同樣具有濃厚的感傷主義情調。[22]

又曰：

　　他的詞在描寫方面有歐陽修的深細，而沒有他的明朗，在措詞上有晏殊的婉妙，而沒有他的溫和愉快的色采。然而他那種哀

22　見劉大杰：《中國文學發展史》中卷，（香港：古文書局，1964年12月版），　　P.231。

怨淒楚的情調，又非晏、歐所有。他的抒情詞的藝術特色，是
比較接近李煜的。[23]

足見晏幾道亦受李煜之影響。

〈如夢令〉　　納蘭性德

正如轆轤金井，滿砌落花紅冷。

驀地一相逢，心事眼波難定。

誰省？誰省？從此簟紋燈影。

〈菩薩蠻〉　　李昇煜

銅簧韻脆鏘寒竹，新聲慢奏移纖玉。眼色暗相鉤，秋波橫欲流。

雨雲深繡戶，未便諧衷素。讌罷又成空，魂迷春夢中。

　　李煜此首上闋，係描述女子纖纖玉手奏動樂器的姿態和聲音，再
以〝眼色暗相鉤，秋波橫欲流〞，道出眉目傳情互相挑逗的神態，先樂
聲，而後傳情，可謂聲色俱全。下闋描述諧合的不便，無以共訴衷情，
令人夢縈魂牽，無限惆悵，使結局帶著含蓄的傷感。

　　納蘭性德此首係描述晨早井邊打水的情形，再以滿階落花，略帶
寒意來襯托，有如一幅霧景圖。隨寫與女子不期而遇，匆匆對視，眉
目已傳情，然無從結識，徒留其影子在心中，無限思念，難於安眠。
全首有如一幅美麗的圖畫，無需造作，自見情意綿綿，惆悵難忘。李

23 見劉大杰：《中國文學發展史》中卷，（香港：古文書局，1964年12月版），
　　P.232。

煜此首亦如一幅美麗的行樂圖，寫美女眉目傳情而不放蕩，結局亦是惆悵而難忘。蓋充滿情韻而不流於庸俗風格，是李煜詞的特色，納蘭性德能有如此神韻，足見其深得李煜詞的神髓，故有〝清代李後主〞的美稱。

〈采桑子〉　納蘭性德

而今纔道當時錯，心緒淒迷。紅淚偷垂，滿眼春風百事非。

情知此後來無計，強說歡期。一別如斯，落盡梨花月又西。

〈烏夜啼〉　李昇煜

昨夜風兼雨，簾幃颯颯秋聲。燭殘漏滴頻欹枕，起坐不能平。

世事漫隨流水，算來一夢浮生。醉鄉路穩宜頻到，此外不堪行。

李煜此首係藉簾外風雨聲，比喻不斷受惡劣環境的困擾，再以〝頻欹枕〞表現出其惆悵不能安眠。真希望這是一場夢，然內心知道不可能，唯有用酒來麻醉自己，以期一醉解千愁。李煜此首詞，純以外在景物，觸動內心的感情，充份表達愁緒的高漲。

納蘭性德此首上闋，一開頭便是現在才說那時錯，落得滿心迷茫，再說暗自淚流，縱是春風拂面，亦覺萬事不如意，內心更充滿愁緒。下闋寫〝一別如斯〞道出別後無見期，見月亮西沈，更令人傷心不已。此首亦如李煜，只透過對外景物產生的感觸，來表現其愁懷，句意全賴李煜詞作之特色〝白描法〞。劉大杰評曰：

詞最有名，以小令見長，有人稱他為清朝的李後主。在詞的藝術風格上，他兩人有相似之處。他們都是貴族，缺乏實際生活的體驗，但在他們的作品裏，同樣充滿著哀愁和感傷，同樣充滿著生死無常，人生如夢、花月之感、悼亡之情的虛幻因素，這一個因素，正是這兩位貴族詞人的心境與靈魂。他們都是入世不深的主觀的殉情的作家，缺少社會生活的感受，甚至不瞭解實際的社會，他們只盡情地把心中所蘊藏著的情感歌唱出來。[24]

足見納蘭性德亦深受李煜之影響。

2. 表現手法之影響：

〈一斛珠〉　李昇煜

曉妝初過，沈檀輕注些兒箇。

向人微露丁香顆，一曲清歌，暫引櫻桃破。

羅袖裛殘殷色可，杯深旋被香醪涴。

繡床斜憑嬌無那，爛嚼紅茸，笑向檀郎唾。

〈菩薩蠻〉　李　煜

花明月暗籠輕霧，今宵好向郎邊去。

襪步香階，手提金縷鞋。

24 見劉大杰：《中國文學發展史》下卷，（香港：古文書局，1964年12月版），PP.292～293。

畫堂南畔見，一向偎人顫。

奴為出來難，教郎恣意憐。

〈南歌子〉　歐陽修

好個人人，深點脣兒淡抹腮。

花下相逢，忙走怕人猜，遺下弓弓小繡鞋。

襪重來，半軃烏雲金鳳釵。

行笑行行，連抱得相偎，一向嬌癡不下懷。

〈減字木蘭花〉　李清照

賣花擔上，買得一枝春欲放。淚染輕勻，猶帶彤霞曉露痕。

怕郎猜道，奴面不如花面好。雲鬢斜簪，徒要教郎比並看。

〈河傳〉　秦　觀

恨眉醉眼，甚輕輕覷著，神魂迷亂。

常見那回，小曲闌干西畔。鬢雲鬆，羅襪　。

丁香笑吐嬌無限，語軟聲低，道我何曾慣，

雲雨未諧，早被東風吹散。瘦煞人，天不管。

　　以上諸作之對照比較，皆可見其章法受李煜影響的痕跡，尤是不假雕飾之白描手法。

　　歐陽修〈踏莎行〉詞中〝離愁漸遠無窮，迢迢不斷如春水〞，董士錫〈菩薩蠻〉詞中〝離情隨綠草，綠遍江南道〞，秦觀〈八六子〉詞中

〝倚危亭、恨如芳草，萋萋　盡還生〞等詞，皆由李煜〈清平樂〉詞中〝離恨恰如春草，更行更遠還生〞脫胎而出。楊濟翁〈蝶戀花〉詞中〝離恨做成春夜雨，添得春江，　地東流去〞，辛棄疾〈念奴嬌〉詞中〝舊恨春江流不盡，新恨雲山千疊〞，亦化自李煜〈虞美人〉詞中〝問君能有許多愁，恰似一江春水向東流〞，然卻又有異曲同工之妙。賀裳謂：

> 詞家多翻詩意入詞，雖名流不免。吾常愛李後主〈一斛珠〉末句云：〝繡床斜憑嬌無那，爛嚼紅絨，笑向檀郎唾。〞楊孟載〈春繡〉絕句云：〝閑情正在停針處，笑嚼紅絨唾碧窗。〞此卻翻詞入詩。[25]

查禮謂：

> 陳存熙有〈相見歡〉詠淚云：〝月痕未到朱扉，送郎時，暗裏一汪兒淚，沒人知。搵不住，收不聚，　被風吹，吹作一天愁雨損花枝。〞其風情之綿密，字句之自然，可稱絕唱。然亦從李後主賦愁之〝剪不斷，理還亂，是離愁，別是一般滋味在心頭〞脫化出來者。[26]

張德瀛謂：

---

25 見清・賀裳：《皺水軒詞筌》，載於唐圭璋：《詞話叢編》，線裝書，第四冊，民二十三年版，P.後1。

26 見清・查禮：《銅鼓書堂詞話》，載於唐圭璋：《詞話叢編》，線裝書，第九冊，民二十三年版，P.後3。

李後主詞：「夢裏不知身是客，一晌貪歡。」張蛻巖詞：「客裏不知身是夢，只在吳山。」行役之情，見於言外；足以知畦徑之所自。[27]

　　以上諸作之對照比較及評論，皆可見其修辭受李煜影響的痕跡，尤是詞語上之銷鎔點化手法。

3.　詞境之影響：

　　蘇東坡〈永遇樂〉詞中「古今如夢，何曾夢覺，但有舊歡新怨」，〈行香子〉詞中「君臣一夢，今古空名」，〈念奴嬌〉詞中「人間如夢，一尊還酹江月」，〈南鄉子〉詞中「萬事到頭都是夢，休休，明日黃花蝶也愁」。

　　李煜〈子夜歌〉詞中「人生愁恨何能免，銷魂獨我情何限」、「往事已成空，還如一夢中」，〈浪淘沙〉詞中「往事只堪哀，對景難排」，〈烏夜啼〉詞中「世事漫隨流水，算來一夢浮生」。

　　辛稼軒〈水龍吟〉詞中「楚天千里清秋，水隨天去秋無際。遙岑遠目，獻愁供恨，玉簪螺髻。落日樓頭，斷鴻聲裏，江南游子，把吳鉤看了，闌干拍偏，無人會、登臨意」。

　　李煜〈虞美人〉「春花秋葉何時了，往事知多少。小樓昨夜又東風，故國不堪回首月明中。

27　見清·張德瀛：《詞徵》，載於唐圭璋：《詞話叢編》，線裝書，第二十三冊，民二十三年版，P.前4。

雕闌玉砌依然在，只是朱顏改。問君能有許多愁，恰似一江春水向東流。〞。

辛稼軒〈永遇樂〉詞中〝元嘉草草，封狼居胥，贏得倉皇北顧。四十三年，望中猶記、燈火揚州路。可堪回首、佛狸祠下，一片神鴉社鼓。憑誰問，廉頗老矣，尚能飯否〞。

李煜〈破陣子〉〝四十年來家國，三千里地山河。鳳閣龍樓連霄漢，玉樹瓊枝作煙蘿，幾曾識干戈？

一旦歸為臣虜，沈腰潘鬢消磨。最是倉皇辭廟日，教坊猶奏別離歌，垂淚對宮娥。〞。

以上諸作之對照比較，不難見出李煜感慨遂深，意境遼擴之作，深深影響蘇、辛二氏，其思想內容或有不同，然哀怨感慨之情，卻無二致。故譚獻謂：

雄奇幽怨，妙兼二難，後起稼軒。[28]

陳洵亦謂：

天水將興，江南國蹙，心危音苦，變調斯作。南渡而後，稼軒崛起，斜陽煙柳，與故國月明，相望於二百年中，詞之流變，至此止矣。[29]

---

28 見清・譚獻：《復堂詞話》，載於唐圭璋：《詞話叢編》，線裝書，第二十二冊，民二十三年版，P.前4。
29 見陳洵：《海綃說詞》，載於唐圭璋：《詞話叢編》，線裝書，第二十四冊，民二十三年版，P.1。

馮煦更謂〝宋初諸家，靡不祖述二主。〞[30]，胡應麟亦謂〝後主為宋人一代開山。〞[31]，足見李煜對後代詞人影響之大。

貳、藝術

李煜書法，師承柳公權、王羲之等名家，然經其融會，悟得真髓，遂能獨創〝金錯刀〞及〝撮襟書〞流傳於世。金錯刀字體，如顫筆摎曲，蒼勁、古樸、強悍；撮襟書則改變用筆作書的傳統方式，以捲帛作書，字體如大刀闊斧，一副蠻強英雄氣，韻味更是豪邁美麗。張舜民說：

> 若以書觀後主，可不謂之崛強丈夫哉！[32]

另著《書述》及《書評》二書，《書述》係記載書法之〝撥鐙〞八字法，其中之導、送二法，係李煜自創[33]。《書評》係評論唐代書法名家之得失。世人推崇〝獨具慧眼，發前人所未法〞，對弘揚我國書法藝術，有不沒之功。

30 參見清·馮煦：《蒿庵論詞》，載於唐圭璋：《詞話叢編》，線裝書，第二十一冊，民二十三年版，P.前1。

31 參見明·胡應麟：《詩藪雜編》，（上海：上海古籍出版社，1979年版），P.291。

32 見宋·董史：《皇宋書錄》中篇，〈江南後主李煜〉，載於清·鮑廷博：《知不足齋叢書》，線裝書，第十六集，第一百二十一冊，P.前1。

33 見清·馮武：《書法正傳》，〈陸希聲傳筆法〉，載於清·紀昀等：《文淵閣四庫全書》第八二六冊，（台北：台灣商務印書館出版），P.383。

李煜繪畫與音樂，並無明顯師承，然自不免向名家學習。他又將獨創之金錯刀書法，融入繪畫中，其畫墨竹，由根至梢，一一勾勒而成。達到〝老榦霜皮、煙梢露葉〞藝術統一的境界，蓋有清爽極至的高度美感，此法謂之〝鐵鉤鎖〞畫法。後人遂相繼學習，如《宣和畫譜》載：

> 唐希雅嘉興人，妙于畫竹，作翎毛亦工。初學南唐偽主李煜金錯書，有一筆三過之法。雖若甚瘦，而風神有餘。晚年變而為畫，故顫掣三過處，書法存焉。[34]

《宣和畫譜》亦載：

> 江南偽主李煜字重光，政事之暇，寓意于丹青，頗到妙處。畫亦清爽不凡，別為一格。然書畫同體，故唐希雅初學李氏之錯刀筆，後畫竹乃如書法，有顫掣之狀。而李氏又復能為墨竹，此互相取備也。其畫雖傳於世者不多，然推類可以想見。[35]

　　李煜音樂則著《樂記》，作〈念家山破〉、〈振金鈴曲破〉等曲，也曾風靡一時。據馬令云：

> 後主嘗演念家山舊曲，后復作邀醉舞，恨未遲新破皆行于時。[36]

---

34 見宋·無名氏：《宣和畫譜》卷十七，〈花鳥〉，載於清·紀昀等：《文淵閣四庫全書》第八一三冊，（台北：台灣商務印書館出版），PP.181～182。
35 同前註，P.173。
36 見宋·馬令：《南唐書》卷六，《女憲傳》，載於清·紀昀等：《文淵閣四可見李煜書畫音樂亦對後世產生影響。

由之，李煜之文章、詩詞、書法、繪畫以及音樂，對後世皆有影響，尤是詞篇，其影響所及既深且遠。後世推崇他為〝詞中帝王〞，實當之無愧。

第七章　李煜之爭議探究

本單元係對李煜之歷史爭議做一探討，並分為：李昇身世之謎、煜作品辨偽，以及李煜死因之謎等三個單元論之，茲說明如下：

第一節　李昇身世之謎

　　關於先主李昇的身世大致有八種不同說法：

一、陸游謂李昇為：

> 唐憲宗第八子，建王恪之玄孫。恪生超，早卒。超生志，仕為徐州判司，卒官，因家焉。志生榮。榮性謹厚，喜從浮屠遊，多晦跡精舍，時號李道者。[1]

　　據此，李昇是建王恪之玄孫，建王恪是唐玄宗的兒子。後晉·劉徵《舊唐書》卷一、宋·歐陽修、宋祁等《新唐書》卷八皆有傳。宋·釋文瑩《玉壺清話》、宋·徐鉉《江南錄》、宋·龍袞《江南野史》、宋·馬令《南唐書》世裔表的記載皆同。

二、《周世宗實錄》及《薛史》載李乃：

> 唐玄宗第六子永王璘苗裔。[2]

---

[1] 見宋·陸游：《南唐書》卷一，〈烈祖本紀〉，載於清·紀昀等：《文淵閣四庫全書》第四六四冊，（台北：台灣商務印書館出版），P.387。
[2] 見宋·司馬光：《資治通鑑考異》卷三十，〈後晉紀〉，載於清·紀昀等：《文淵閣四庫全書》第三一一冊，（台北：台灣商務印書館出版），P.308。

永王璘，後晉‧劉徵《舊唐書》卷一○七，宋‧歐陽修、宋祁等《新唐書》卷八十二皆有傳。

三、《後主實錄》載：

唐嗣薛王知柔，為嶺南節度使，卒於官。其子知誥流落江淮，遂為徐溫養子。[3]

知柔，宋‧歐陽修、宋祁等《新唐書》卷八十一有傳。

四、司馬光謂：

唐主欲祖吳王恪。或曰，恪誅死，不若祖鄭王元懿。唐主命有司考二王苗裔，以吳王孫禕有功，禕子峴為宰相。遂祖吳王云。自峴五世至父榮，其名率皆有司所撰。[4]

吳王恪是唐玄宗的兒子，楊氏所出，後晉‧劉徵《舊唐書》卷七十六，宋‧歐陽修、宋祁等《新唐書》卷八十皆有傳。可見司馬光認為李　以吳王恪為祖是他自己選定的。

3　見陳芊梅：《李後主研究》，（台北：國立台灣大學碩士論文，民六十一年五月），P.6。

4　見宋‧司馬光：《資治通鑑》卷二百八十二，〈後晉高祖聖文皇帝本紀〉四部備要本，第二十冊，（台北：台灣中華書局），P.2。

五、鄭文寶謂李昇為：

> 有唐疏屬鄭王房之枝派。[5]

　　此說若依第四說，則鄭王大概是元懿，他是唐高祖的兒子。後晉·劉昫《舊唐書》卷六十四，宋·歐陽修、宋祁等《新唐書》卷七十九皆有傳。

六、錢儼謂：

> 本潘氏，湖州安吉縣人。父為安吉砦將，嘗因淮將李神福侵我吳興據潘氏而去，　遂為神福家奴。徐溫嘗造神福家，見而異之求為養子，至是乃隱本族而冒徐姓焉，後嘗致書於我，以昆陵求易吳興，仍引　田為說則本潘氏明矣。[6]

七、《十國紀年》載李昇為：

> 少孤遭亂，莫知其祖系，其曾祖超，祖志，乃與義祖徐溫曾祖，祖同名，知皆附會也。[7]

5　見宋·鄭文寶：《江表志》卷一，載於清·紀昀等：《文淵閣四庫全書》第四六四冊，（台北：台灣商務印書館出版），P.132。
6　見宋·錢儼：《吳越備史》卷三，〈文穆王〉，載於清·紀昀等：《文淵閣四庫全書》第四六四冊，（台北：台灣商務印書館出版），PP.548～549。
7　見陳芊梅：《李後主研究》，（台北：國立台灣大學碩士論文，民六十一年五月），P.7。

八、陳彭年謂：

> 信王景遷〔景達〕先娶〔李〕德誠之女，中興後，有司以同宗
> 姓請離之，制曰，南平王國之元老，婚不可離。信王妃可以南
> 平為氏。南平德誠所封也。[8]

後人認為，若　本李氏，必不娶媳於德誠，據此否定李昇為大唐後裔。

綜觀以上八說，第一、二、三及五說均肯定李昇為大唐後裔。第四說是司馬光認為李　以吳王恪為祖是他自己選定的，然他並未提出反駁或否定。第六說雖否定李昇為李唐後裔，然劉恕《十國紀年》謂〝李昇復姓，附會祖宗，固非李氏。而吳越與唐人仇敵，亦非實錄〞，足見此說不可信。由此，第七劉恕《十國紀年》之說與第八陳彭年《江南別錄》之說，遂成唯一否定之證據，後人凡否定李昇為大唐後裔，皆據此證。然筆者實不解，同為當時人所講的話，何獨相信劉恕、陳彭年二人，而陸游、劉徹、歐陽修、宋祁、鄭文寶、徐鉉、龍袞、馬令等人皆不信。何況劉恕也並未提出強而有力的證據，而陳彭年之說亦僅是間接證據，據此論定李昇非大唐後裔，實屬武斷。蓋婚姻事本就複雜，尤是政治連婚，乃自古以來所常見，難用常情評之。而且同姓婚姻在中國社會並非絕對禁止，亦常有聽聞。

---

8 見宋·陳彭年：《江南別錄》，載於清·紀昀等：《文淵閣四庫全書》第四六四冊，（台北：台灣商務印書館出版），P.124。

再者，縱觀歷史人物，有未取得天下前，為出師有名而自謂某王室後裔，或擁立王室血親而號召天下。如：秦末項梁擁立楚王室之後孫名心為楚懷王，以取楚國民心；三國劉備以王室後裔號召天下；三國曹操迎獻帝，以挾天子令諸侯等，不勝枚舉。但未聞有取得天下後，不知光宗耀祖，而甘願背祖者。

　　據此，筆者認為如無確切證據，實不可標新立異，故本文依從第一種陸游之說，李昇乃大唐後裔。

第二節　李煜作品辨偽

一、文章方面：

1.　《南唐金銅蟾蜍硯滴銘》：

　　本銘夏瞿禪認為：〝真贗猶難定〞[9]。

　　夏氏雖認為真贗猶難定，然僅止於懷疑，未提出確切證據。此銘元・陸友《硯北雜誌》卷下載有原文，若無確切證據，實不可以〝懷疑〞二字貿然否定，故本文從之。

2.　《即位上宋太祖表》：

　　本表夏瞿禪謂係：〝詞臣之筆〞[10]。

---

[9] 見夏瞿禪：《南唐二主年譜》，載於楊家駱：《南唐二主詞校注、南唐二主年譜》，四部刊要本，（台北：世界書局，民五十九年一月再版），P.92。
[10] 同前註。

夏氏雖認詞臣之筆，然亦未提出任何證據證之。此表元・脫脫等《宋史・南唐李氏》，清・董誥《全唐文》卷一二八均載有原文，若無確切證據，實不宜以一句話貿然否定。一般言，皇帝均有專臣修表章，但不意味表章皆專臣所寫。從文章上看，其充滿卑恭折節，曲意奉承的表文，連他〝膽怯〞的特性，盡在文中流露，誰能寫得如此逼真，故筆者認非詞臣之筆。

3.　《乞緩師表》：

　　　　本表夏瞿禪亦謂係：〝詞臣之筆〞[11]。

　　然此表在清・周在浚《南唐書注》卷三，清・董誥《全唐文》卷一二八均載有原文，如上述本文從之。

二、詩方面：

渡中江望石城泣下

　　　　江南江北舊家鄉，三十年來夢一場。

　　　　吳苑宮闈今冷落，廣陵臺殿已荒涼。

　　　　雲籠遠岫愁千片，雨打歸舟淚萬行。

　　　　兄弟四人三百口，不堪閒坐細思量！

　　此首夏瞿禪作楊溥詩謂：

11　見夏瞿禪：《南唐二主年譜》，載於楊家駱：《南唐二主詞校注、南唐二主年譜》，四部刊要本，（台北：世界書局，民五十九年一月再版），P.92。

案《江南餘載》下及鄭文寶《江表志》，以此詩為吳讓王楊溥在泰州作。《五國故事》上亦云讓王渡江時作。查路振《九國志》及《十國春秋》三，吳讓王溥為太祖楊行密第四子，烈祖渥為伯，高祖鴻演為仲。《五國故事》上謂行密四子。正與兄弟四人句合。吳都江都，故詩云廣陵宮殿。後主兄弟入宋時尚有六人，見《宋史》世家。《四庫・江表志提要》，亦謂〝鄭文寶，親事後主，所聞當得其真。〞此是楊溥詩無疑。馬書以屬後主，從《野史》而誤也。[12]

此詩原為宋・龍衮《江南野史》卷三所徵引：

後主與二弟太子而下登舟赴闕，百司官屬僅千艘。將發，號泣之聲溢於水陸。既行，後主於舟中時泣數行下。因命筆自賦詩云：〝江南江北舊家鄉，三十年來夢一場。吳苑宮閨今冷落，廣陵臺閣已荒涼。雲籠遠岫愁千片，雨打孤舟淚萬行。兄弟四人三百口，不堪閑坐細思量。〞[13]

宋・馬令《南唐書》卷五亦引作李煜詩，而游國恩亦力辨非楊溥詩，仍應歸李煜作，他說：

---

[12] 見夏瞿禪：《南唐二主年譜》，載於楊家駱：《南唐二主詞校注、南唐二主年譜》，四部刊要本，（台北：世界書局，民五十九年一月再版），PP.79～80。

[13] 見宋・龍衮：《江南野史》卷三，〈後主〉，載於清・紀昀等：《文淵閣四庫全書》第四六四冊，（台北：台灣商務印書館出版），P.84。

此詩《江表志》、《江南餘載》、《五國故事》併以為吳讓皇楊溥居泰州時作，文字略有異同，而《五國故事》只有後四句。惟《江南野史》及馬令《南唐書》則謂後主渡江時舟中所賦。《江表志》乃鄭文寶作，文寶親事後主，所聞當得其實，故周在浚陸游《南唐書》注及《四庫提要》併謂當作讓皇為是。不知《江表志》已非原書，不然，則鄭氏傳聞之訛或有意諱之，《江南餘載》又承其誤。兄弟四人指從益、從謙、從慶、從信，馬氏書《楚王傳》指為元宗、景遂、景達、景　則大誤。且《江南野史》二明言尹延范執楊溥二弟六十餘人殺之，〝與兄弟四人三百口〞的話不合。[14]

由此，足見〈渡中江望石城泣下〉一首，係李煜詩作無誤。

三、詞方面：

1.　〈漁父〉二首：

漁父（一）

浪花有意千重雪，桃李無言一隊春。

一壺酒，一竿身，世上如儂有幾人。

14　見游國恩：〈略談李後主詞的人民性〉，載於游國恩等著：《李煜詞討論集》，（北京：作家出版社編出版，1957年1月第一版），P.72。

漁父（二）

一櫂春風一葉舟，一綸繭縷一輕鉤。

花滿渚，酒滿甌，萬頃波中得自由。

此二首，王國維謂：

> 筆意凡近，疑非後主作也。[15]

李煜作此詞時，確切時間雖不可考，然係早期作品則可確定。少年不更事，一切都在學習摸索中，文學素養尚不足，"筆意凡近"自是難免。況北宋劉道醇曾在張文懿家中，親見衛賢《春江釣叟圖》上，有李煜以金索書所題之〈漁父〉詞二首[16]，足見確是李煜所作無誤。

2. 〈蝶戀花〉一首：

蝶戀花

遙夜亭皋閒信步，乍過清明，早覺傷春暮。數點雨聲風約住，朦朧淡月雲來去。　　桃李依依春暗度，誰在秋千，笑裏低低語。一片芳心千萬緒，人間沒箇安排處。

15 見清・王國維：《南唐二主詞》輯本，〈南唐二主詞補遺〉，載於清・沈宗畸：《晨風閣叢書》，線裝書，第十六冊，P.後2。

16 參見宋・劉道醇：《五代名畫補遺》，〈屋木門〉，載於清・紀昀等：《文淵閣四庫全書》第八一二冊，（台北：台灣商務印書館出版），P.441。

此首，各本《南唐二主詞》，宋・無名氏《尊前集》，皆作李煜詞。宋・楊繪《本事曲》則題為李冠作，但林大椿以為《本事曲》題李冠作不可信，他說：

> 考《南唐書》載李冠善吹洞簫，悲壯入雲。元宗將召之，會軍旅事興，不暇。周顯德中北游梁宋。每醉輒登市樓長嘯。後不知所終。李冠雖與後主同時。而冠善吹簫，未傳有他詞於世。且《尊前集》題李王作，則《本事曲》之說，未足徵信。[17]

　　王仲聞則認為《尊前集》多誤題他人詞，他說：

> 《尊前集》所題作者姓氏，並不完全可恃。溫庭筠〈更漏子〉兩首，誤題李王，一首誤題馮延巳。和凝〈春光好〉一首誤題歐陽炯。且《尊前集》與《本事曲》時代相距甚邇，不能以《尊前集》題李王而遽以《本事曲》為未足徵信也。[18]

王國維也說：

> 此闋《花庵詞選》亦題李冠。《後山詩話》云：「王介甫謂雲破月來花弄影，不如李冠朦朧淡月雲來去，亦以此闋為冠作，唯《尊前》作李後主，此本實襲《尊前》之誤耳。」[19]

---

[17] 見林大椿：《唐五代詞》，〈校記〉，（北京：文學古籍刊行社，1956年6月第一版），P.62。

[18] 見王仲聞：《南唐二主詞校訂》，（香港：大光出版社，1959年11月版），P.24。

[19] 見清・王國維：《南唐二主詞》輯本，〈南唐二主詞校勘記〉，載於清・沈宗畸：《晨風閣叢書》，線裝書，第十六冊，P.後2。

據上諸說，實可相信，此詞應斷李冠作。

3. 〈長相思〉一首：

長相思（一）

一重山，兩重山，山遠天高煙水寒，相思楓葉丹。

菊花開，菊花殘，塞雁高飛人未還，一簾風月閒。

此首，各本《南唐二主詞》皆不收。然明‧武陵逸史《類編草堂詩餘》卷一、明‧溫博《花間集補》卷下、明‧陳耀文《花草粹編》卷一、清‧沈辰垣《歷代詩餘》卷三、清‧聖祖敕《全唐詩》第十二函第十冊皆作李煜詞。但此詞最早見於宋‧鄧肅《栟櫚集》卷十一，唐圭璋《全宋詞》第二冊亦收入鄧肅詞內，並加註說：〝此首別誤李煜詞〞。查《栟櫚集》所收〈長相思〉共三首，今另錄二首如下：

長相思（二）

一重溪，兩重溪，溪轉山回路欲迷，朱闌出翠微。

梅花飛，雪花飛，醉臥幽亭不掩扉，冷香尋夢歸。

長相思（三）

紅花飛，白花飛，郎與春風同別離，春歸郎不歸。

雨霏霏，雪霏霏，又是黃昏獨掩扉，孤燈隔翠帷。

將此三首相比，其形式風格、修辭用句等皆同。上片開頭各以疊句〝一重山，兩重山〞、〝一重溪，兩重溪〞、〝紅花飛、白花飛〞起句；

下片亦各以疊句〝菊花開，菊花殘〞、〝梅花飛，雪花飛〞、〝雨霏霏，雪霏霏〞起句，其間僅換前後字而已。可見是同人作品，故應據《栟櫚集》、唐圭璋《全宋詞》之說斷為鄧肅詞。

4.　〈阮郎歸〉一首：

阮郎歸

東風吹水日銜山，春來長是閑。落花狼籍酒闌珊，笙歌醉夢間。

珮聲悄，晚妝殘，憑誰整翠鬟。留連光景惜朱顏，黃昏獨倚闌。

此首，被選入南唐‧馮延巳《陽春集》作馮氏詞，又入宋‧歐陽修《歐陽文忠公近體樂府》作歐陽氏詞，其調名為〈醉桃源〉。各本《南唐二主詞》亦有此首皆作〈呈鄭王十二弟〉，詹安泰也認為李煜詞，他說：

> 李煜兄弟封號屢改，煜初即位，封從善為韓王，後來封鄭王，除劉箋所引外，陸游《南唐書》卷三也有〝開寶四年……遣太尉中書令鄭王從善朝貢〞的說法。陸書〝徙……鄧王從善為韓王〞，《騎省集》卷六〝紀國公封鄧王加司空制〞有〝弟七子某識度淹通〞句，均可證明從善曾封鄧王。從善是初封鄧王，繼而徙封韓王，後來又徙封鄭王的。至於說從善是李璟第七子就不能說〝十二弟〞，也恐未必。古人排行，有連姊妹或者同祖併排以誇盛大的（唐人詩題常看到，近人間中也有這種排法）。如果認為〝十二弟〞不符合事實，那末，李煜文中有〝送鄧王二

十六弟牧宣城序〞（見《全唐文》卷一二八）就更不可理解了。
[20]

劉繼增又據明·武陵逸史《類編草堂詩餘》斷為後主詞，他說：

> 此詞又見歐陽修《六一詞》……與《草堂詩餘》同。又見馮延巳《陽春集》，又《蘭畹集》為晏殊作。今考本書有題有印，當從《草堂詩餘》作後主為確。[21]

此詞上的〝東宮書府〞印信，乃劉氏斷李煜詞之依據，但王仲聞認為：

> 〝東宮書府〞印是否為李煜為太子時所用之印，亦難以斷定。李煜工書，墨跡為人所重。此印或為宋宮中收藏李煜此詞真跡所鈐，亦未可知。[22]

《歐陽文忠公集》，〈近體樂府〉有羅泌校正語謂：

> 元豐中，崔公度跋馮延巳《陽春錄》，謂皆延巳親筆。[23]

王仲聞據此說：

---

[20] 引見謝世涯：《南唐李後主詞研究》，（上海：學林出版社，1994年4月精裝第一版），PP.59～60。

[21] 同前註，P.60。

[22] 見王仲聞：《南唐二主詞校訂》，（香港：大光出版社，1959年11月版），P.38。

[23] 見宋·歐陽修：《歐陽永叔集》，〈近體樂府〉第十五冊，（台北：台灣商務印書館出版），P.47。

羅泌跋《歐陽文忠公近體樂府》，既引崔公度跋《陽春錄》之語，其校語所據之《陽春錄》，當與崔公度所跋者為同一本。《歐陽文忠公近體樂府》卷一載〝東風臨水日銜山〞等〈阮郎歸〉三首，羅泌校語云：〝〈阮郎歸〉，三篇並載《陽春錄》，名〈醉桃源〉〞。今本《陽春集》亦載此三首，與崔公度所跋、羅泌校語所據之《陽春錄》相同。〈阮郎歸〉詞既收入《陽春錄》，據崔跋當有延巳親筆。延巳卒時，後主尚未嗣位。後主呈鄭王十二弟之作，延巳焉能書之。此詞殆為延巳所作。後主曾錄之以遺鄭王，後人遂據墨跡以為煜作。[24]

　　唐圭璋亦認為馮延巳詞[25]，且《陽春集》收入的詞既是馮氏親手編定，而〈阮郎歸〉又見於《陽春集》內，其調作〈醉桃源〉，故應歸馮氏詞無疑。

5.　〈玉樓春〉一首：

玉樓春

晚妝初了明肌雪，春殿嬪娥魚貫列。笙簫吹斷水雲開，重按霓裳歌遍徹。　　臨風誰更飄香屑，醉拍闌干情味切。歸時休放燭花紅，待踏馬蹄清夜月。

24　見王仲聞：《南唐二主詞校訂》，（香港：大光出版社，1959年11月版），P.38。

25　參見唐圭璋於：《全宋詞》，〈歐陽修〉，存目詞下注說：〝馮延巳詞，見《陽春集》。〞第一冊，（台北：明倫出版社，民五十九年十二月初版），P.159。

此首，各本《南唐二主詞》，明‧武陵逸史《類編草堂詩餘》後集卷下、明‧陳耀文《花草粹編》卷六、明‧溫博《花間集補》卷下、明‧蔣一葵《堯山堂外紀》卷四十一、明‧茅映《詞的》卷二、明‧卓人月《古今詞統》卷八、明‧潘游龍《古今詩餘醉》卷十、清‧朱彝尊《詞綜》卷二、清‧張宗橚《詞林紀事》卷二、清‧徐釚《詞苑叢談》卷六、清‧王奕清等《詞譜》卷十二等均作李煜詞。但宋‧曹勛《松隱文集》卷三十九，則作曹勛詞，周泳先亦認是曹氏詞，他說：

> 玉樓春既傳自勛家，何以又見於勛集。且松隱集共載詞一百七十餘闋，何以不見他詞與他家作品互見。[26]

然案《松隱文集》所收各詞不盡為曹勛之作，卷三十九尚有〈玉樓春〉二首俱非曹作。其一〝秋閨思入江南遠〞，據吳曾《能改齋漫錄》卷十七、趙聞禮《陽春白雪》卷一乃王采之作（彊村叢書本〈松隱樂府〉卷三載有此首，另一首未載）。另一首〝城上風光鶯語亂〞，據釋文瑩《湘山野錄》卷上、《苕溪漁隱叢話》後集卷三十九引侍兒小名錄，乃錢惟演之作，此兩首俱誤入《松隱文集》[27]。

可見周氏並未深考也，今查《南唐二主詞》原注云〝傳自曹功顯節度家〞，又云〝墨跡舊在京師梁門外李王寺一老居士處〞。後人可能據此以為曹氏所作，而誤編《松隱文集》內。由此，《松隱文集》所收

---

26 見王次聰：《南唐二主詞校注》，〈玉樓春〉，載於楊家駱編：《南唐二主詞校注、南唐二主年譜》四部刊要本，（台北：世界書局，民五十九年一月再版），P.43。

27 同前註。

各詞既不盡為曹勛之作，而《類編草堂詩餘》、《花草粹編》等皆證之為李煜詞，足見該詞應是李煜詞無誤。

6. 〈後庭花破子〉一首：

後庭花破子

玉樹後庭前，瑤草粧鏡邊。去年花不老，今年月又圓。莫教偏，和月和花，天教長少年。

此首為《南唐二主詞》補遺（晨風閣本）、明·陳耀文《花草粹編》卷一、清·沈雄《古今詞話詞辯》卷上等所收。陳耀文作無名氏詞，沈雄未指出何人所作，但說：

> 本《清商曲》賦〈後庭花〉，孫光憲、毛熙震都賦之，雙調四十四字。又有〈後庭花破子〉，李後主、馮延巳相率為之，則是："玉樹後庭前，瑤草妝鏡邊；去年花不老，今年月又圓。莫教偏，和月和花，天教長少年。"是單調三十二字，俱與古體"玉樹後庭花"異，非"璧月夜夜滿，瓊樹朝朝新"為商女所歌也。楊慎云："無限江南新樂府，君王獨賞後庭花"。[28]

案宋·王灼《碧雞漫志》卷五，詳考〈後庭花〉曲，未云有〈後庭花破子〉。元·王惲《秋澗先生大全集》錄有此首，元·邵亨貞《蟻術詞選》有〈後庭花〉而無破子二字，元·楊朝英《朝野新聲太平樂

---

28 見清·沈雄：《古今詞話》，〈詞辯〉卷上，載於唐圭璋：《詞話叢編》，線裝書，第六冊，民二十三年版，P.前7。

府》及《樂府新編陽春白雪》亦收有〈後庭花〉，作北曲〈仙呂調〉，其字句與此詞相同。王奕清認為：

> 此調創自金元，有邵亨貞、趙孟頫詞，及《太平樂府》、《花草粹編》無名氏詞可校。[29]

由此，足見〈後庭花破子〉乃金元小令，非五代十國詞，沈雄謂："李後主、馮延巳相率為之"，實是無稽之談。

此首〈後庭花破子〉始見於上述之金元人集中，尤是收錄在金·元好問《遺山樂府》卷下內，作元好問詞。他尚有一首，茲錄之比較：

> 夜夜璧月圓，朝朝瓊樹新。貴人三閣上，羅衣拂繡茵。後庭人，和花和月，共分今夜春。

二詞相較，其句法與押韻法皆同，內容亦一樣，均賦陳後主事，故此首〈後庭花破子〉應是元好問所作。

7. 〈三臺令〉一首：

三臺令

> 不寐倦長更，披衣出戶行。月寒秋竹冷，風切夜窗聲。

此首宋·郭茂倩《樂府詩集》卷七十五題作〈上皇三臺〉，並作唐無名氏詞。清·沈雄《古今詞話》卷上則作李煜詞，並說：

---

29 見清·王奕清等：《御定詞譜》卷二，載於清·紀昀等：《文淵閣四庫全書》第一四九五冊，（台北：台灣商務印書館出版），P.31。

三臺舞曲，自漢有之。唐王建、劉禹錫、韋應物諸人有宮中、上皇、江南、突厥之別。《教坊記》亦載五七言體，如："不寐倦長更，披衣出戶行；月寒秋竹冷，風分夜窗聲。"傳是李後主三臺詞。"鴈門關上鴈初飛，馬邑闌中馬正肥。陌上朝來逢驛使，殷勤南北送征衣。"傳是盛小叢三臺詞。今詞不收五七言，而收六言四句。[30]

　　清・王國維《南唐二主詞》輯本，根據《古今詞話》補入，唐圭璋《南唐二主詞彙箋》亦加轉錄。宋・洪邁《萬首唐人絕句》卷七、《全唐詩》第一函第六冊則作韋應物詞。然王仲聞以唐・《韋蘇州集》、《韋江州集》不載此詞而謂：

> 殆以《樂府詩集》此首前為韋應物三臺兩首，洪邁遂誤以為韋作。沈雄《古今詞話》云"相傳為李後主詞"，無據。[31]

　　王氏並據《樂府詩集》斷為唐無名氏詞，這或較為可信。

8.　〈開元樂〉一首：

開元樂

心事數莖白髮，生涯一片青山。空山有雪相待，野路無人自還。

---

30 見清・沈雄：《古今詞話》，〈詞辯〉卷上，載於唐圭璋：《詞話叢編》，線裝書，第六冊，民二十三年版，P.2。

31 見王仲聞：《南唐二主詞校訂》，（香港：大光出版社，1959年11月版），P.55。

此首為邵長光輯錄《南唐二主詞》稿本所收，唐圭璋《南唐二主詞彙箋》據此轉錄，以為李煜詞。宋·洪邁《萬首唐人絕句》卷二十六作顧況〈歸山〉詩。宋·蘇軾《東坡題跋》卷二亦載此詩並謂："李主好書神仙隱遁之詞，豈非遭離世故，欲脫世網而不得者耶"。王仲聞亦謂：

> 東坡云"好書"，則此首雖後主所書，實非自作。

又謂：

> 〈開元樂〉調名始見趙令時《侯鯖錄》卷七所載沈括詞四首，以此名李煜之詞，亦非。[32]

王氏所言甚是，本文從之。

9.　〈青玉案〉一首：

青玉案

梵宮百尺同雲護，漸白滿蒼苔路。

破臘梅花李蚤露。

銀濤無際，玉山萬里，寒罩江南樹。

鴉啼影亂天將暮，海月纖痕映煙霧。

修竹低垂孤鶴舞。楊花風弄，鵝毛天剪，總是詩人誤。

---

[32] 見王仲聞：《南唐二主詞校訂》，（香港：大光出版社，1959年11月版），P.56。

此首為明・潘游龍《古今詩餘醉》卷十四所收，題為《山林積雪》並作李煜詞，但未註明出處，不知何據。王仲聞謂：

> 此首筆意淺近，風格全不似後主，其偽處人所共見。[33]

雖不能以王氏〝筆意淺近〞一語，斷然認定非李煜詞，然潘氏亦無所據。況李煜詞絕大多是小令（五十八字以下），僅一首中調（〈破陣子〉計六十二字）而已。可見李煜很少作中調，尤是字數多的詞，該首〈青玉案〉計六十七字，此雖不足為證，然亦可供參考，故筆者同意王氏說法。

10.　〈南歌子〉一首：

南歌子

雲鬢裁新綠，霞衣曳曉紅。

待歌凝立翠筵中，一朵彩雲何事下巫峰。

趁拍鸞飛鏡，回身燕颺空。

莫翻紅袖過簾櫳，怕被楊花勾引嫁東風。

此首為楊文斌《三李詞》所收，作李煜詞，楊氏並註云：〝一本作蘇軾詞〞。明・毛晉《宋六十名家詞》、龍沐勛《東坡樂府箋》卷三、唐圭璋《全宋詞》第一冊皆收〈東坡詞〉內，作蘇氏詞，唐氏並註云：〝此首雲南楊氏刻《三李詞》誤作李煜〞。鄭振鐸亦謂：

33　見王仲聞：《南唐二主詞校訂》，（香港：大光出版社，1959年11月版），P.68。

此詞風格不類後主，不知楊氏據何本收入，疑係誤載。[34]

查宋・蘇軾《東坡先生全集》卷七十五載有此詞，並據以上諸說，是知此詞非李煜作，當是蘇軾詞。

11. 〈浣溪沙〉一首：

浣溪沙

轉燭飄蓬一夢歸，欲尋陳跡悵人非，天教心願與身違。

待月池臺空逝水，蔭花樓閣謾斜暉，登臨不惜更沾衣。

此首為《南唐二主詞》所補遺（晨風閣本），唐圭璋《南唐二主詞彙箋》亦加轉錄。清・沈辰垣等《歷代詩餘》卷六、《全唐詩》第十二函第十冊均作李煜詞。明・陳耀文《花草粹編》卷二，南唐・馮延巳《陽春集》則作馮氏詞。依上所述，《陽春集》既收此詞，理應馮延巳所作才對。

第三節　李煜死因之謎

關於李煜的死因，據史書記載，係被宋太宗以牽機藥毒死。如：王銍云：

徐鉉歸朝為左散騎常侍，遷給事中。太宗一日問：

---

34 見王次聰：《南唐二主詞校注》，〈南歌子〉，載於楊家駱編：《南唐二主詞校注、南唐二主年譜》四部刊要本，（台北：世界書局，民五十九年一月再版），P.66。

〝曾見李煜否？〞鉉對以：〝臣安敢私見之。〞上曰：〝卿第往，但言朕令卿往相見可矣。〞鉉遂徑往其居，望門下馬，但一老卒守門。徐言：〝願見太尉。〞卒言：〝有旨不得與人接，豈可見也。〞鉉云：〝我乃奉旨來見。〞老卒往報。徐入，立庭下。久之，老卒遂入，取舊椅子相對。鉉遙望見，謂卒曰：〝但正衙一椅足矣。〞頃間，李主紗帽道服而出。鉉方拜，李主遽下階引其手以上。鉉告辭賓主之禮。主曰：〝今日豈有此禮。〞徐引椅少偏乃敢坐。後主相持大哭，乃坐，默不言，忽長吁嘆曰：〝當時悔殺了潘佑、李平。〞鉉既去，乃有旨再對。詢後主何言。鉉不敢隱。遂有秦王賜牽機藥之事。牽機藥者，服之前卻數十回，頭足相就如牽機狀也。又後主在賜第，因七夕命故妓作樂，聲聞于外。太宗聞之大怒。又傳〝小樓昨夜又東風〞及〝一江春水向東流〞之句，併坐之，遂被禍云。[35]

邵博云：

李王煜以太平興國三年七月七日生日……，皆與賜器幣中使，燕罷暴死。[36]

《裨史彙編》載：

35 見宋‧王銍：《默記》卷上，載於清‧紀昀等：《文淵閣四庫全書》第一○三八冊，（台北：台灣商務印書館出版），PP.328～329。
36 見宋‧邵博：《河南邵氏聞見後錄》卷二十二，（上海：上海商務印書館，民二十五年十二月初版），P.142。

宋邵伯溫曰：二君歸宋〔李煜、錢俶〕……其卒之日，俱其始生之辰。太宗於是日遣中使賜以器幣，與之燕飲，皆飲畢卒。蓋太宗殺之也。[37]

夏瞿禪亦云：

陸紀三，"太平興國三年七月辛卯殂。是日七夕也。後主蓋以是日生。"案二十史朔閏表，本年七月甲申朔，辛卯是初八而非七夕。徐公文集二十九隴西公墓誌明云，"太平興國三年秋七月八日遘疾薨于京師之里第。"蓋宋主以其七夕生辰賜藥，次日卒。馬書云，"公病，命翰林醫官視疾，中使慰諭者數四，翌日薨。"可證。[38]

據以上諸說，皆足證李煜係在七夕生辰被宋太宗以牽機藥毒死無疑，此乃向來無爭議之事。然近人阮廷卓等卻提出異議，力主李煜非死於牽機藥，他說：

假如後主果真中牽機藥而死的話，則徐鉉便斷不致說"撫几興悼，投瓜軫悲"這一類肉麻的話，即徐鉉本人說之無愧，難道太宗聞了卻無反感嗎？[39]

---

[37] 見阮廷卓：〈李後主之死〉，載於《大陸雜誌》第十四卷第一期，（台北：大陸雜誌，民四十六年一月十五日出版），P.20。

[38] 見夏瞿禪：《南唐二主年譜》，載於楊家駱：《南唐二主詞校注、南唐二主年譜》四部刊要本，（台北：世界書局，民五十九年一月再版），P.84。

[39] 同註37，P.22。

又說：

> 又假如後主真有牽機藥之賜，則太宗斷不致更詔侍臣撰碑，若撰碑亦不會假手於後主的舊臣，況允其存故主之禮？及碑成反稱徐鉉忠義，覽其挽辭竟加歎賞，這豈是常理嗎？[40]

謝世涯亦說：

> 關於後主的死，一般多主宋太宗賜牽機藥之說，實則其時適值太宗嗣位之初，正宜廣施恩德，當不至對一位等同廢物的亡國君主遽下毒手。太祖以侮辱性的違命侯加封後主，太宗則將之晉昇為隴西郡公，且賜增月俸。待其子弟也極優厚，多授大將軍、衛將軍及刺史等官。迫後主逝世，太宗復命舊臣徐鉉為他撰碑立傳。尤重要者，牽機藥之說，不見於正史，如馬令《南唐書》謂其因病而卒，徐鉉《徐公文集》亦謂後主〝遘疾薨〞。馬書且謂後主的遘疾，太宗尚命〝中使慰諭者數四〞。凡此足見太宗的寬待後主，故牽機藥之說，頗不可信。[41]

李煜死因，不僅係史實問題，亦牽涉吾人感情及其文學地位，後世對他的評價與推崇，受此牽機藥之說影響頗大。尤是奢侈風流，懦弱失國，吾人卻持同情，不忍責備，蓋因其以身殉詞，致吾人讀其詞

---

40 見阮廷卓：〈李後主之死〉，載於《大陸雜誌》第十四卷第一期，（台北：大陸雜誌，民四十六年一月十五日出版），P.22。

41 見謝世涯：《南唐李後主詞研究》，（上海：學林出版社，一九九四年四月精裝第一版），P.243。

時，倍感傷心。若阮、謝之說屬實，自會降低吾人對李煜的同情，其文學地位亦將受嚴重影響，故非釐清不可。

據阮、謝之說，主要繞在宋太宗為人與正史無記載兩個問題上。茲列舉宋太宗之為人如下：

1. 眾所皆知，〝陳橋兵變〞的主角雖是宋太祖趙匡胤，然主導者之一，卻是其弟宋太宗趙光義。

2. 據宋‧李燾《續資治通鑑長編》、宋‧釋文瑩《湘山野錄》、張家駒《趙匡胤傳》等，皆謂宋太宗以篡弒其兄而得位，留下〝燭影斧聲〞之說。

3. 得位後，逼死異母弟秦王趙廷美，宋太祖次子燕王趙德昭。

4. 逼幸亡國君李煜之妻小周后。

5. 對待亡國之君，向以毒死手法著稱。如邵博謂：

> 李王煜以太平興國三年七月七日生日，錢王俶以雍熙四年八月二十四日生日，皆與賜器幣中使，燕罷暴死。並見國史。[42]

《裨史彙編》載：

---

42 見宋‧邵博：《河南邵氏聞見後錄》卷二十二，（上海：上海商務印書館，民二十五年十二月初版），P.142。

宋邵伯溫曰，二君歸宋〔李煜、錢俶〕，奉朝于京師，其卒之日，俱其始生之辰。太宗於是日遣中使賜以器幣，與之燕飲，皆飲畢卒。蓋太宗殺之也。[43]

復謂：

李之死，詞語促之也，因記錢鄧王（俶）有句云，帝鄉煙雨鎖春愁，故國山川空淚眼。其感時傷事，不減於李，然則其誕辰之禍，豈亦緣是耶。[44]

夏瞿禪亦謂：

宋滅六國，後蜀、南唐、吳越三君皆不得良死。南平高繼沖開寶六年卒于彭門，南漢劉鋹卒於太平興國五年，北漢劉繼元卒於淳化中，則死法不明。十國春秋謂：〝（宋）太宗將討晉陽，召近臣宴，（南漢）後主預之。自言朝廷威靈及遠，四方僭竊之主今日盡在坐中，旦夕平太原，劉繼元又至，臣率先來朝，願得執梃為諸降王長。太宗大笑，賞賜甚厚。其詼諧皆此類也〞。此殆其免禍之道，倘稍懷怨望，酖毒隨之矣。[45]

可見以毒藥毒死諸降王乃宋太宗慣用手法。

---

[43] 見阮廷卓：〈李後主之死〉，載於《大陸雜誌》第十四卷第一期，（台北：大陸雜誌，民四十六年一月十五日出版），P.20。

[44] 同前註，P.21。

[45] 見夏瞿禪：《南唐二主年譜》，載於楊家駱：《南唐二主詞校注、南唐二主年譜》四部刊要本，（台北：世界書局，民五十九年一月再版），PP.85～86。

據上所舉，當知宋太宗乃對國家不忠，對兄弟不義，對降王不仁，且好淫亂之人。一個大奸大惡的人，何事做不出，為達目的不擇手段，縱是矯揉造作，故作表態，亦是平常事，如此之人，豈能用常理推之。故阮、謝之說，僅以〝難道太宗聞了卻無反感嗎？〞、〝則太宗斷不致更詔侍臣撰碑……這豈是常理？〞、〝值太宗嗣位之初，正宜廣施恩德，當不至對一位等同廢物的亡國君主遽下毒手。〞等說，實無從證明李煜非死於牽機藥。至於〝徐鉉便斷不致說〞撫几興悼，投瓜軫悲〞這一類肉麻的話〞、〝牽機藥之說，不見於正史〞。所謂人在屋簷下，不得不低頭，徐鉉、馬令敢照實寫嗎？歷史上本就有諸多事，礙於當時帝王而不敢見正史，藉野史小道，才得於流傳，即是今日亦是如此。眾所皆知的〝唐太宗玄武門之變〞，唐末後晉人劉昫撰《舊唐書》時，亦礙於李氏天下而不敢見正史。至宋人歐陽修撰《新唐書》時，才把此事載在正史，可見不載於正史並不代表無此事。謝氏又以〝後主的遘疾，太宗尚命〞中使慰諭者數四〞〞，而贊謂太宗對李煜的寬待，但又何以不是宋太宗為確定李煜中毒而派去的。

　　由此，足見阮、謝之說，實不足證明李煜非死於牽機藥，故無從採信。

第八章　結　論

綜上所論，李煜係出帝王之家，天生貌俊神秀，然個性仁厚膽。從小即受長輩喜愛，終日覃思經籍，優遊自在，與文藝為伍。加上良好環境，遂培養出多方面才華，詩詞書畫音樂，樣樣精通，使其生活充滿文藝氣息。後承祖業，擁有物博財豐的南唐，在物質上不虞匱乏。與殊姿絕藝的大小周后締結良緣，在精神上甚感欣慰。生活幸福，令人羨慕。然人生有樂亦有苦，對李煜言，最苦莫過承擔那〝位不配才〞的霸業重任。他會是最好文學家，但絕不是政治家，故南唐自嗣位以來，國勢日衰，生計愈難。只知修貢苟安，不知圖強，甚而寄情聲色、皈依佛法慰其創痛心靈。然不論他如何諂媚奉承，仍無法改變宋祖一統天下的野心。不論他如何畏懼逃避，亦依舊無法避免亡國的命運。終因一曲〈虞美人〉的〝小樓昨夜又東風〞，而遭致牽機之恨。死訊傳來，江南父老無不巷哭設齋，向天遙祭。自古以來，身為亡國之君尚有臣民如此愛戴，除他外，實別無二人。綜觀李煜一生，就像一場豪華淒美的夢，亦是一首纏綿悱惻的詩。

　　李煜出自大唐後裔，性格愛好承襲其父，思想風格亦淵源有自。且深受時代背景及五代詞人影響。然其成就卻超越他們，另闢之新徑，又非其父所能局限。何也？蓋因遭受時代劇變所致，足令他有機會寫出意境遼闊，感慨深邃之作。李煜文學，雖大多反映自身狹隘的生活圈，然他不限於某一文體。他戀愛時寫詞，悼亡時寫詩文，亡國後亦寫詩詞，全以能將感情做最佳詮釋之文體為主，使作品充滿濃厚情感，令人讀之共鳴。而此濃厚情感所賴以抒發，則他在文章上的表現手法，該手法在章法上善用〝直抒〞、〝概括〞及〝塑像〞。在修辭上係〝經史雜運，詩文、方言合流〞。在格律上雖不愛拘泥，然尚能嚴守規範，故其〝形式單純，技巧則廣至矣〞。其運用手法之高超，恐無幾人可望其項背，尤以直抒感傷之情見長，加上善用白描，語文洗鍊貼切，使作品更顯得樸素自然，輕快靈巧，從而構成獨有之風格特色。

　　文學風格，雖有豪放、婉約之分，豪放當以蘇、辛為主，婉約則以花間、柳、周為代表。然李煜上承花間之婉約，下啟蘇、辛之豪放，故能身兼剛柔之美。李煜有此兩種不同風格。蓋因亡國前，生活安逸富貴，詩詞自多婉約秀逸。但李煜之婉約又與溫、韋花間雕琢濃艷的婉約不同，他力主清便，不雕琢，遂為後代婉約派開創〝清便宛轉，神逸俊秀〞風格的大道。亡國後，身困囹圄，生活艱苦，加上家愁國恨，其人生感慨遂益加深，題材亦隨之拓廣。心中一股悽惋悲愴之情，發而為詞，自是哀悼萬狀，遂從婉約的花間閨閣擴大至人生的無限面，卒成〝雄奇沉鬱、幽怨蒼涼〞之風，為後代豪放派奠下基礎。李煜〝雄奇幽怨〞的風格自非花間所能比擬，然若與蘇、辛相較，其雄奇豪邁的氣象，自顯不足。蓋因李煜詞中的氣象，係在開闊雄奇中，含有綿綿無盡的悲淒，故無蘇、辛那麼豪邁高遠。但李煜〝雄奇兼幽怨〞之詞風，亦是蘇、辛所不及。

　　李煜文學對後世影響是既深且遠，被推崇〝詞中帝王〞的美譽，雖當之無愧。然其荒淫奢侈，屈辱苟安，既不思圖強，又不察時勢，終致祖先心血付之一炬的亡國之罪，應問心有愧。若說〝天以百凶成就一詞人〞，其代價未免太大，實不足為後人效法。

附　錄

壹、年表（參考蔣勵材《李後主詞傳總集》）

帝號	紀年	干支	公元	年齡	紀事	備註
南唐烈祖	昇元元年	丁酉	九三七	一	七月七日後主生。十月，先主受吳禪，國號齊，改元昇元。中主景通受封吳王，改名璟。	後主生有奇表，為弘冀所忌，在此期間，惟覃思經籍，頗有棲隱意向，曾作漁父詞及病起題山舍壁詩以見志。
	昇元二年	戊戌	九三八	二	後主受封安定郡公，中主徙封齊王。	
	昇元三年	己亥	九三九	三	先主全家復姓李，更名昪，改國號曰唐，立唐宗廟。	
	昇元四年	庚子	九四〇	四	八月，立中主為皇太子。十月，先主如江都。	
	昇元五年	辛丑	九四一	五	四月，先主遣使如晉。	
	昇元六年	壬寅	九四二	六	正月，先主以宋齊邱知尚書省，五月，改鎮南節度使。	
南唐元宗	保大元年	癸卯	九四三	七	二月，先主卒，廟號烈祖。三月，中主嗣立，改元保大。尊母宋氏為皇太后，立妃鍾氏為皇后，以長子南昌王弘冀為江都尹東都留守。	
	保大二年	甲辰	九四四	八	十二月，中主遣兵伐閩。	
	保大三年	乙巳	九四五	九	八月，兵拔建州，執閩主王延政歸金陵。十月，皇太后宋氏殂。	
	保大四年	丙午	九四	十	八月，中主遣陳覺、	

		六		馮延魯攻福州,克其外郭。
保大五年	丁未	九四七	十一	正月,中主立景遂為皇太弟,徙景達為齊王,長子弘冀為燕王。三月,吳越救福州,唐師敗績。
保大六年	戊申	九四八	十二	九月,中主遣兵救河中李守貞,師次沂州。
保大七年	己酉	九四九	十三	正月,中主召大臣宗寶赴內香宴。十二月,後主徙神武軍都虞侯沿進巡撫使。是年小周后生。
保大八年	庚戌	九五〇	十四	九月,中主遣兵援楚平節度使馬希萼。
保大九年	辛亥	九五一	十五	七月,中主次子弘茂卒,年十九。
保大十年	壬子	九五二	十六	二月,復貢舉。四月,中主遣師攻桂州南漢軍,敗績。十月,朗州裨將劉言反。十一月,盡失楚舊地。
保大十一年	癸丑	九五三	十七	三月,金陵大火。六月,大旱。
保大十二年	甲寅	九五四	十八	後主納周氏娥皇為妃。周主威殂,晉王榮立,是為世宗。
保大十三年	乙卯	九五五	十九	十一月,周侵淮南。十二月,以安定郡公為沿江巡撫使。
保大十四年	丙辰	九五六	二〇	後主徙封鄭王。周主率師南征,中主遣使奉表屢請罷兵,不許。
保大十五年	丁巳	九五七	二一	二月,周主復帥兵南征。十二月,都城大

後主與周娥王結婚後,伉儷甚篤。在此期間,作有一斛珠、浣溪沙、

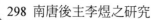

				火。	玉樓春等詞。
	中興元年	戊午	九五八	二二	後主長子仲寓生。正月，改元中興。三月，改元交泰。立燕王弘冀為太子。遣使上表，盡獻江北郡縣之未陷者於周。五月，下令去帝號，稱國主，奉周正朔。中主改名景以避周信祖諱。	
周世宗	顯德六年	己未	九五九	二三	六月，周世宗殂。九月，文獻太子弘冀卒，後主改封吳王。十一月，建洪州為南都南昌府。	
宋太祖	建隆元年	庚申	九六〇	二四	正月，宋太祖受周禪，建元建隆。三月，中主遣使朝貢於宋。	後主寵幸小周，作有菩薩蠻多首詞。
	建隆二年	辛酉	九六一	二五	二月，遷都洪州。立後主為太子，留金陵監國。三月，中主至南都。六月，中主殂於南都。廟號元宗。七月二十九日，後主嗣位於金陵，更名煜。尊母鍾氏為聖尊后，立妃周氏為國后。次子仲宣生。遣使如宋，奉朔稱號，悉尊周舊。	
	建隆三年	壬戌	九六二	二六	正月，葬元宗於順陵。三月、六月、十一月，陸續遣使入貢於宋。	
	乾德元年	癸亥	九六三	二七	十一月，宋改元乾德。十二月，乞呼名詔，不從。宋使至，始去鴟吻。與大周后	

				重製霓裳羽衣曲。	
乾德二年	甲子	九六四	二八	三月，行鐵錢。命韓熙載知貢舉。九月，封子仲寓為清源郡公，仲宣為宣城郡公。十月，仲宣薨，追封岐王。十一月，國后周氏殂，諡曰昭惠，其妹小周入宮，得私幸。十二月，募人為僧。	
乾德三年	乙丑	九六五	二九	正月，葬昭惠后於懿陵。九月，母聖尊后鍾氏殂，諡曰光穆皇后，冬，葬於順陵。	後主悼念亡子，作有悼詩、輓辭等詩。
乾德四年	丙寅	九六六	三〇	八月，遣使約南漢俱事宋，使至番禺被執。	後主悼念周后，作有長相思、謝新恩等詞及輓辭、書靈筵手巾、書琵琶背、梅花、感懷等詩。
乾德五年	丁卯	九六七	三一	三月，命群臣更直光政殿，召對率不如旨。	
開寶元年	戊辰	九六八	三二	正月，宋改元開寶。六月，遣弟吉王從謙貢宋。八月，作詩序送鄧王從鎰出鎮宣州，餞於綺霞閣。十一月，立小周為國后。	
開寶二年	己巳	九六九	三三	十一月，較獵青龍山，歸錄大理寺囚，原貸甚眾。普度諸郡僧。北僧小長老南來。	國事日非，鬱懷莫遣，曾作有搗練子令、烏夜啼等詞。
開寶三年	庚午	九七〇	三四	命境內崇修佛寺，與小周后拜佛誦經。歙州進士汪渙上封事諫佞佛，擢為校書郎。樊若冰奔宋上書，言江南可取狀。	

	開寶四年	辛未	九七一	三五	十月，遣弟鄭王從善朝宋被留。上表請去唐號，稱江南國主，所詔呼名，宋俱從之。	後主於城陷時，作有臨江仙詞。
	開寶五年	壬申	九七二	三六	正月，下令貶損儀制，改詔為教。官號亦多改易，降子弟封王者為公。殿闕悉去鴟吻。二月，宋以計鴆殺南都留守林仁肇。宋祖於汴京造禮賢館，待後主降。	
	開寶六年	癸酉	九七三	三七	五月，聞宋主欲興師，上表願受宋爵命，不許。十月，潘佑切諫被收，自殺。李平亦縊死獄中。	
南唐後主	甲戌歲 （宋開寶七年）		九七四	三八	五月，表求從善歸國，不許。九月，宋遣使邀往助祭不答。十月，兩遣使貢宋。閏十月，宋拔池州，吳越亦舉兵犯常潤，乃下戒嚴令，去開寶紀年，稱甲戌歲。	
	乙亥歲 （宋開寶八年）		九七五	三九	二月，宋師拔金陵城關。四月，誅皇甫繼勳。六月，兩遣使求宋緩兵，皆不報。十一月二十七日，城陷，後主欲自盡，左右泣諫乃出降。	

宋太祖	開寶九年	丙子	九七六	四〇	正月，曹彬俘後主還汴，詔封違命侯。十月，太祖崩，太宗即位。十一月，改封後主為隴西郡公。十二月，宋改元太平興國。	後主北上時作破陣子、清平樂等詞及渡中江望石城泣下詩。 後主入宋後，苦懷故國，作有烏夜啼、望江梅、望江南、子夜歌、浪淘沙、虞美人等詞。
宋太宗	太平興國二年	丁丑	九七七	四一	二月，命增給後主月俸。後主乞潘慎修掌記室手表。	
	太平興國三年	戊寅	九七八	四二	七月七日，後主被毒，翌日卒。宋贈太師，追封吳王。十月，以王禮葬洛陽之北邙山。徐鉉作墓誌。小周后悲不自勝，亦卒。	

貳、參考書目

一、古籍專書（按朝代排序）

[1] 《禮記》十三經注疏本（北縣：藝文印書館，民六十二年）。

[2] 南朝‧劉勰：《文心雕龍》四部叢刊本，（台北：台灣商務印書館）。

[3] 唐‧孟棨：《本事詩》文淵閣四庫全書本，（台北：台灣商務印書館）。

[4] 後蜀‧趙崇祚：《花間集》四部刊要本，（台北：世界書局，民四十五年）。

[5] 宋‧陸游：《入蜀記》文淵閣四庫全書本，（台北：台灣商務印書館）。

[6] 宋‧張炎：《山中白雲詞》文淵閣四庫全書本，（台北：台灣商務印書館）。

[7] 宋‧歐陽修：《六一詩話》文淵閣四庫全書本，（台北：台灣商務印書館）。

[8] 宋‧劉道醇：《五代名畫補遺》文淵閣四庫全書本，（台北：台灣商務印書館）。

[9] 宋‧無名氏：《五國故事》文淵閣四庫全書本，（台北：台灣商務印書館）。

[10] 宋・釋文瑩：《玉壺野史》文淵閣四庫全書本，（台北：台灣商務印書館）。

[11] 宋・鄭文寶：《江表志》文淵閣四庫全書本，（台北：台灣商務印書館）。

[12] 宋・陳彭年：《江南別錄》文淵閣四庫全書本，（台北：台灣商務印書館）。

[13] 宋・龍袞：《江南野史》文淵閣四庫全書本，（台北：台灣商務印書館）。

[14] 宋・無名氏：《江南餘載》文淵閣四庫全書本，（台北：台灣商務印書館）。

[15] 宋・周密：《武林舊事》文淵閣四庫全書本，（台北：台灣商務印書館）。

[16] 宋・邵博：《河南邵氏聞見後錄》，（上海：上海商務印書館），民二十五年。

[17] 宋・晁沖之：《具茨集鈔》宋詩鈔初集本線裝書。

[18] 宋・王季平：《東都事略》文淵閣四庫全書本，（台北：台灣商務印書館）。

[19] 宋・錢儼：《吳越備史》文淵閣四庫全書本，（台北：台灣商務印書館）。

[20] 宋・陳振孫：《直齋書錄解題》文淵閣四庫全書本，（台北：台灣商務印書館）。

[21] 宋・董史：《皇宋書錄》知不足齋叢書本線裝書。

[22] 宋・無名氏：《宣和書譜》文淵閣四庫全書本，（台北：台灣商務印書館）。

[23] 宋・馬令：《南唐書》文淵閣四庫全書本，（台北：台灣商務印書館）。

[24] 宋・陸游：《南唐書》文淵閣四庫全書本，（台北：台灣商務印書館）。

[25] 宋・高晦叟：《珍席放談》文淵閣四庫全書本，（台北：台灣商務印書館）。

[26] 宋・徐鉉：《徐公文集》四部叢刊本，（上海：上海商務印書館）。

[27] 宋・周密：《浩然齋雅談》文淵閣四庫全書本，（台北：台灣商務印書館）。

[28] 宋・洪邁：《容齋續筆》文淵閣四庫全書本，（台北：台灣商務印書館）。

[29] 宋・王堯臣等：《崇文總目》文淵閣四庫全書本，（台北：台灣商務印書館）。

[30] 宋・陶穀：《清異錄》文淵閣四庫全書本，（台北：台灣商務印書館）。

[31] 宋・無名氏：《釣磯立談》文淵閣四庫全書本，（台北：台灣商務印書館）。

[32] 宋・釋文瑩：《湘山野錄》文淵閣四庫全書本，（台北：台灣商務印書館）。

[33] 宋・尤袤：《遂初堂書目》文淵閣四庫全書本，（台北：台灣商務印書館）。

[34] 宋・沈括：《補筆談》文淵閣四庫全書本，（台北：台灣商務印書館）。

[35] 宋・無名氏：《硯譜》文淵閣四庫全書本，（台北：台灣商務印書館）。

[36] 宋・歐陽修：《新五代史》文淵閣四庫全書本，（台北：台灣商務印書館）。

[37] 宋・司馬光：《資治通鑑考異》文淵閣四庫全書本，（台北：台灣商務印書館）。

[38] 宋・郭若虛：《圖畫見聞誌》文淵閣四庫全書本，（台北：台灣商務印書館）。

[39] 宋・程大昌：《演繁露》文淵閣四庫全書本，（台北：台灣商務印書館）。

[40] 宋・張邦基：《墨莊漫錄》文淵閣四庫全書本，（台北：台灣商務印書館）。

[41] 宋・王栐：《燕翼詒謀錄》文淵閣四庫全書本，（台北：台灣商務印書館）。

[42] 宋・王銍：《默記》文淵閣四庫全書本，（台北：台灣商務印書館）。

[43] 宋・陸游：《避暑漫鈔》，（長沙：長沙商務印書館），民二十八年。

[44] 宋・張耒等：《蘇門六君子文粹》文淵閣四庫全書本，（台北：台灣商務印書館）。

[45] 宋‧李燾：《續資治通鑑長編》文淵閣四庫全書本，（台北：台灣商務印書館）。

[46] 宋‧陳彭年等重修、林尹校訂：《宋本廣韻》，（台北：黎明文化），民七十年。

[47] 宋‧歐陽修《歐陽永叔集》（台北：台灣商務印書館）。

[48] 元‧白樸：《天籟集》文淵閣四庫全書本，（台北：台灣商務印書館）。

[49] 元‧脫脫等：《宋史》四部備要本，（台北：台灣中華書局）。

[50] 元‧陸友：《研北雜志》文淵閣四庫全書本，（台北：台灣商務印書館）。

[51] 元‧袁桷：《清容居士集》四部備要本，（台北：台灣中華書局）。

[52] 明‧陳繼儒：《太平清話》，（上海：上海商務印書館），民二十五年。

[53] 明‧毛先舒：《南唐拾遺記》學海類編本線裝書。

[54] 明‧商輅等《御批續資治通鑑綱目》文淵閣四庫全書本，（台北：台灣商務印書館）。

[55] 明‧王世貞：《藝苑　言》詞話叢編本線裝書。

[56] 明‧胡應麟：《詩藪雜編》，（上海：上海古籍出版社），1979 年版。

[57] 清‧吳任臣：《十國春秋》文淵閣四庫全書本，（台北：台灣商務印書館）。

[58] 清‧王國維：《人間詞話》，（香港：中華書局），1961 年。

[59] 清‧周濟：《介存齋論詞雜著》詞話叢編本線裝書。

[60] 清·沈雄：《古今詞話》詞話叢編本線裝書。

[61] 清·董誥等：《全唐文》，（台北：台灣大通書局）。

[62] 清·王士禎：《花草蒙拾》詞話叢編本線裝書。

[63] 清·王國維：《南唐二主詞》晨風閣叢書本線裝書。

[64] 清·馮武：《書法正傳》文淵閣四庫全書本，（台北：台灣商務印書館）。

[65] 清·張德瀛：《詞徵》詞話叢編本線裝書。

[66] 清·王奕清等：《御定詞譜》文淵閣四庫全書本，（台北：台灣商務印書館）。

[67] 清·譚獻：《復堂詞話》詞話叢編本線裝書。

[68] 清·沈謙：《填詞雜說》詞話叢編本線裝書。

[69] 清·賀裳：《皺水軒詞筌》詞話叢編本線裝書。

[70] 清·馮煦：《蒿庵論詞》詞話叢編本線裝書。

[71] 清·查禮：《銅鼓書堂詞話》詞話叢編本線裝書。

[72] 清·李漁：《窺詞管見》詞話叢編本線裝書。

[73] 清·劉熙載：《藝概》，（台北：廣文書局），民五十八年。

[74] 清·畢沅：《續資治通鑑》四部備要本，（台北：台灣中華書局）。

[75] 清·孫岳頒等：《御定佩文齋書畫譜》文淵閣四庫全書本，（台北：台灣商務印書館）。

[76] 清·成肇：《唐五代詞選》，（上海：上海商務印書館）。

[77] 蔡東藩：《五代史通俗演義》會文堂線裝書。

[78] 王次聰：《南唐二主詞校注》四部刊要本，（台北：世界書局），民五十九年。

[79] 朱彝尊：《詞綜》四部備要本，（台北：台灣中華書局）。

[80] 夏瞿禪：《南唐二主年譜》四部刊要本，（台北：世界書局），民五十九年。

[81] 陳洵：《海綃說詞》詞話叢編本線裝書。

二、現代專書（按作者姓氏筆畫排序）

[1]　王仲聞：《南唐二主詞校訂》，（香港：大光出版社），1959 年。

[2]　王孝：《中國文學史》，（台北：台灣商務印書館），民七十八年。

[3]　王運熙等：《中國文學批評史》（全二冊），（台北：五南圖書），民八十二年。

[4]　尹雪曼：《中國文學概論》，（台北：三民書局），民八十年。

[5]　西爾格德（Ernes R. Hilgard ect）等著、張東峰、鄭伯壎合譯、楊國樞、張春興合編，（台北：桂冠圖書公司），民七十八年。

[6]　李榮德等：《唐宋詩詞選析》，（香港：香港文苑書屋），1964 年。

[7]　李璟、李煜：《南唐二主詩詞》，（香港：大光出版社），1960 年。

[8]　佘雪曼：《李後主詞欣賞》，（香港：雪曼藝文院），1955 年。

[9]　吳梅：《詞學通論》，（香港：太平書局），1964 年。

[10] 吳熊和：《唐宋詞通論》，（杭州：浙江古籍出版社），1985 年。

[11] 范純甫：《帝王詞人李後主》（臺北：莊嚴出版社），1977 年。

[12] 林尹：《中國聲韻學通論》，（台北：世界書局），民六十七年。

[13] 林大椿：《唐五代詞》，（北京：文學古籍刊行社），1956。

[14] 金達凱：《歷代詩論》，（台北：民主評論社），民五十一年。

[15] 胡雲翼：《中國詞史》，（台北：經氏出版社），民六十五年。

[16] 俞平伯：《讀詞偶得》，（香港：萬里書店），1959 年。

[17] 徐楓：《李後主》，（台北：知書房出版社），1994 年。

[18] 唐圭璋：《全宋詞》，（台北：明倫出版社），民五十九年。

[19] 唐文德：《李後主詞創作藝術的研究》（台中：光啟出版社），1975 年。

[20] 章崇義：《李後主詩詞年譜》（香港：龍門出版社），1969 年。

[21] 孫康宜著、李奭學譯：《晚唐迄北宋詞體演進與詞人風格》，（台北：聯經出版），民八十三年。

[22] 富蘭克林‧鮑默（Franklin L. Baumer）著、李日章譯：《西方近代思想史》，（台北：聯經出版），民八十一年。

[23] 張春興合編：《心理學》，（台北：桂冠圖書），民七十八年。

[24] 張璋、黃畬：《全唐五代詞》，（上海：上海古籍），1986 年。

[25] 張淑瓊：《唐宋詞新賞 2》，（台北：地球出版社），民八十三年。

[26] 張家駒：《趙匡胤傳》，（南京：江蘇人民出版社），1959 年。

[27] 清聖祖御定：《全唐詩》，（台北：文史哲出版社），民六十七年。

[28] 梁明：《名家詞欣賞》，（香港：聯大書院中文學會），1966 年。

[29] 游國恩等：《李煜詞討論集》，（北京：作家出版社），1957 年。

[30] 黃進德：《唐五代詞》，（台北：萬卷樓圖書），民八十二年。

[31] 黃慶萱：《修辭學》，（台北：三民書局），民六十七年。

[32] 黃伯榮等：《現代漢語》，（北京：高等教育出版社），1991 年。

[33] 楊曉榕：《唐宋詞選》，（香港：香港中華書局），1991 年。

[34] 詹幼馨：《南唐二主詞研究》（武漢：武漢出版社），1992 年。

[35] 葉慶炳：《中國文學史》（全二冊），（台北：台灣學生書局），民八十一年。

[36] 葉嘉瑩：《迦陵談詞》，（台北：純文學出版社），民五十九年。

[37] 葉嘉瑩：《王國維及其文學批評》，（香港：中華書局），1980 年。

[38] 葉嘉瑩：《唐宋名家詞賞析 1》，（台北：大安出版社），民七十七年。

[39] 蔡茂雄：《珠玉詞研究》，（台北：文津出版社），1975 年。

[40] 劉子庚：《詞史》，（台北：盤庚出版社），出版日期不詳。

[41] 劉大杰：《中國文學發展史》，（香港：古文書局），1964 年。

[42] 劉維崇：《李後主評傳》（臺北：黎明文化），1978 年。

[43] 蔣勵材：《李後主詞傳總集》，（台北：國立編譯館），民六十七年。

[44] 龍榆生：《唐宋名家詞選》，（香港：香港商務印書館），1992 年。

[45] 謝世涯：《南唐李後主詞研究》，（上海：學林出版社），1994 年。

[46] 繆鉞：《詩詞散論》，（香港：太平書局），1962 年。

三、期刊論文（按作者姓氏筆畫排序）

[1]　王力堅：〈亡國之君的淒惶——試析李煜詞虞美人〉，《中國語文》，1996 年 470 期。

[2]　王力：〈悲劇人生鑄偉詞〉，《語文教學通訊》，2011 年第 3 期。

[3]　王岩、劉藝虹：〈南唐詞人李煜詞的藝術特色--李煜詞的情感與意象〉，《白城師範學院學報》，2011 年第 1 期。

[4]　牟鷺瑋：〈李煜、李清照後期詞情感比較之初探〉，2000 年第 1 期。

[5]　成松柳、耿蕊：〈李煜詞夢意象探析〉，《湘潭大學社會科學學報》，2000 年第 2 期。

[6]　朱大銀：〈砧與中國古代搗衣詩及思婦詩〉，《淮南師範學院學報》，2001 年第 4 期。

[7]　朱麗華：〈明月照水——試論李煜後期詞的藝術魅力之因〉，《長春大學學報》，2002 年第 3 期。

[8]　李李：〈李後主菩薩蠻詞賞析〉，《國文天地》，2002 年第 12 期。

[9]　李放、武懷軍：〈李煜及李清照後期詞的構思方式及其創作淵源〉，《武漢大學學報》，2004 年第 5 期。

[10]　李星：〈南唐宮廷文化對李煜前期詞創作的影響〉，《求索》，2010 年 5 月。

[11]　李志遠：〈認知詩學視閾的李煜後期詞作解讀〉，《重慶科技學院學報》，2012 年第 7 期。

[12]　李平：〈淺析李煜詞的藝術魅力〉，《文藝探究》，2011 年 4 月刊。

[13] 呂桂萍：〈從中國傳統審美心理看李煜詞的特色〉，《甘肅高師學報》，2011 年第 6 期。

[14] 余我：〈李後主的破陣子析語〉，《中國語文》，1998 年第 496 期。

[15] 余淼：〈李煜詞花意象探微〉，《中國古典文學研究現代語文》，2008年 4 月。

[16] 何敏華：〈李煜詞風的探究〉，《中國語文》，1997 年 9 月。

[17] 沈謙：〈李煜後期的詞〉，《中國語文》，1998 年 493 期。

[18] 阮廷卓：《李後主之死》，（台北：大陸雜誌第十四卷第一期），民四十六年一月十五日版。

[19] 邢紅平：〈童心的構築：賦得真美在人間--試論李煜詞的真與美〉，《開封教育學院學報》，2011 年第 2 期。

[20] 范松義：〈李後主詞中月意象的解讀〉，《南陽師範學院學報》，2008年第 5 期。

[21] 施蟄存：〈南唐二主詞敘論〉，《中國人民大學報刊》，1980 年第 29期。

[22] 侯貴運：〈素月生輝──李煜筆下的月〉，《山東商業職業技術學院學報》，2008 年第 4 期。

[23] 韋金滿：〈李後主詞欣賞〉，（香港：香港新亞書院中國文學系年刊第四期），1966 年）。

[24] 師文瑞：〈論李煜詞中的意象選擇與情感表達〉，《新疆職業大學學報》，2012 年第 2 期。

[25] 徐思：〈李煜、李清照詞之比較〉，《文學語言學研究考試周刊》，
2008 年第 16 期。

[26] 徐文婷：〈論李煜詞中的夢意象〉，《文教資料》，2012 年 1 月號中
旬刊。

[27] 徐志華：〈佛教意識對李煜詩詞的影響〉，《內蒙古電大學刊》，2007
年第 5 期。

[28] 曹淑娟：〈金劍已沉埋──李後主的人間行〉，《鵝湖月刊》，1978
年 2 月。

[29] 陳紀蘭：〈由「一江春水」到李後主的「愁」〉，《中國語文》，1983
年第 6 期。

[30] 陳滿銘：〈李煜清平樂詞賞析〉，《國文天地》，1998 年第 1 期。

[31] 楊石隱：〈李後主的生平及其作品〉，《漢家雜誌》，1986 年 7 月。

[32] 暘毅：〈轉燭飄蓬一夢歸：論李煜詞中夢的母題意蘊〉，《內蒙古社
會科學報》，1998 年。

[33] 曹治邦：〈李煜、李清照藝術魅力比較〉，《青高開學報》，1999 年
第 4 期。

[34] 許傳東：〈李煜詞中的女性意象探析〉，《北方文學》，2012 年 7 月
刊。

[35] 黃雲峰：〈攬月入詞，托月述懷--悅讀李煜詞中月之意象〉，《文學
語言學研究考試週刊》，2008 年第 45 期。

[36] 張雲：〈試論李煜詞中的佛教意識〉，《文化縱橫》，2010 年 9 月
刊。

[37] 張琰：〈論李煜詞的藝術特徵〉，《南通紡織職業技術學院學報》，2011 年第 4 期。

[38] 張曉寧：〈試談李煜前期詞中的悲劇意識〉，《株洲師範高等專科學校學報》，2003 年第 2 期。

[39] 彭金蓮：〈李煜詞中夢境解析〉，《濮陽職業技術學院學報》，2005 年第 2 期。

[40] 廖育菁：〈李煜詞中色彩之變化與情感之表現〉，《人文社會學報》，2007 年第 3 期。

[41] 謝皓燁：〈論李煜和李清照後期中悲劇體驗的差異〉，《泰安師專學報》，2001 年第 3 期。

[42] 霍明宇：〈李煜詞生命意識研究〉，《濰坊學院學報》2007 年 3 期。

[43] 霍仙梅：〈小詞身情之美，異曲同工之妙--李煜、李清照詞風探究〉，《忻州師範學院學報》，2008 年第 4 期。

[44] 戴瑞娟：〈李煜詞中的夢意象簡析〉，《文學教育》，2007 年 2 月。

[45] 羅悅玲：〈讀李後主晚期的詞〉，《中國語文》，1973 年第 2 期。

四、學位論文（按作者姓氏筆畫排序）

[1] 王廣琪：《動亂中的詞人--李煜李清照比較研究》，（國立彰化師範大學碩士論文），2008 年。

[2] 李寶玲：《五代詩詞比較研究》，（台北：國立政治大學中國文學研究所碩士論文），民七十九年。

[3]　李金芳：《李後主文學研究》，（國立高雄師範大學碩士論文），2005年。

[4]　沈鯤：《李煜及其詞創作的心理分析》，（東北師範大學碩士論文），2006年。

[5]　胡雅雯：《李煜詞篇章意象探析》，（國立台灣師範大學碩士論文），2007年。

[6]　陳芊梅：《李後主研究》，（台北：國立台灣大學碩士論文），民六十一年。

[7]　陳本源：《李煜詞研究》，（香港：香港能仁書院中國文史研究所碩士論文），民七十九年。

[8]　陳芊梅：《李後主研究》，（國立台灣大學碩士論文），1971年。

[9]　莊淑如：《李煜詞的鑑賞與研究》，（國立彰化師範大學碩士論文），2003年。

[10] 張筱萍：《兩宋詞論研究》，（台北：國立台灣師範大學國文研究所碩士論文），民六十四年。

[11] 劉春玉：《李後主詞研究》，（玄奘大學碩士論文），2007年。

[12] 謝佳涯：《南唐後主李煜研究》，（國立台灣大學碩士論文），1972年。

國家圖書館出版品預行編目資料

南唐後主李煜之研究 / 蔡輝振、楊秋珊 著

臺中市：天空數位圖書　2020.04

面：17X23 公分

ISBN：978-957-9119-75-7（平裝）

1.南唐後主　2.李煜　3.詩詞　4.詞中帝王　5.歷史爭議

624.9　　　　　　　　　　　　　　　109004861

發　行　人：蔡秀美

出　版　者：天空數位圖書有限公司

著　作　人：蔡輝振、楊秋珊

版面編輯：採編組

美工設計：設計組

出版日期：2020 年 04 月（初版）

銀行名稱：合作金庫銀行南台中分行

銀行帳戶：天空數位圖書有限公司

銀行帳號：006-1070717811498

郵政帳戶：天空數位圖書有限公司

劃撥帳號：22670142

定　　　價：新台幣 390 元整

電子書發明專利第　Ⅰ　306564　號

Family Sky

紙本書編輯印刷：
電子書編輯製作：
天空數位圖書公司　E-mail：familysky@familysky.com.tw　http://www.familysky.com.tw/
地址：台中市忠明南路787號30樓　Tel:04-22623893　Fax:04-22623863